FELICIDADE ESPONTÂNEA

Andrew Weil, MD

FELICIDADE ESPONTÂNEA

Tradução de
Rosana Watson

Título original
SPONTANEOUS HAPPINESS

Copyright © 2011 *by* Andrew Weil, MD

Todos os direitos reservados. Nenhuma parte desta obra pode ser reproduzida ou transmitida por qualquer forma ou meio eletrônico ou mecânico, inclusive fotocópia, gravação ou sistema de armazenagem e recuperação de informação, sem a permissão escrita do editor.

Excerto de "Depression's Upside" de *The New York Times*, 28/2/2010.
© 2010 *The New York Times*. Todos os direitos reservados.
Usado com autorização e protegido pela Lei do Copyright dos Estados Unidos.
Proibida qualquer tipo de reprodução sem a expressa autorização por escrito.

Direitos para a língua portuguesa reservados
com exclusividade para o Brasil à
EDITORA ROCCO LTDA.
Avenida Presidente Wilson, 231 – 8º andar
20030-021 – Rio de Janeiro – RJ
Tel.: (21) 3525-2000 – Fax: (21) 3525-2001
rocco@rocco.com.br
www.rocco.com.br

Printed in Brazil/Impresso no Brasil

revisão técnica
Dr. PAULO DE TARSO LIMA

preparação de originais
LUCIANA DIAS

CIP-Brasil. Catalogação na fonte.
Sindicato Nacional dos Editores de Livros, RJ.

W439f	Weil, Andrew
	Felicidade espontânea/Andrew Weil; tradução de Rosana Watson. – Rio de Janeiro: Rocco, 2012.
	16x23cm
	Tradução de: Spontaneous happiness. ISBN 978-85-325-2763-9
	1. Saúde mental. 2. Corpo e mente. 3. Emoções. 4. Felicidade. 5. Bem-estar. I. Título.
12-1987	CDD–613 CDU–613

Sumário

Introdução 7

PARTE UM: TEORIA
1. O que é bem-estar emocional? 19
2. A epidemia de depressão 28
3. A necessidade de uma nova abordagem em saúde mental 48
4. Integrando a psicologia oriental e ocidental 63

PARTE DOIS: PRÁTICA
5. Otimização do bem-estar emocional com cuidados para o corpo 75
6. Otimização do bem-estar emocional com reprogramação
   e cuidados para a mente 129
7. Espiritualidade secular e bem-estar emocional 168

PARTE TRÊS: JUNTANDO OS PEDAÇOS
8. Programa de oito semanas para otimizar o bem-estar emocional 197

Agradecimentos 224
Apêndice A: A dieta anti-inflamatória 225
Apêndice B: Sugestões de leitura, fontes e complementos 230
Notas 236

Introdução

No início dos anos 1970, morei na Colômbia, estudando os usos de plantas medicinais e psicoativas pelos nativos. Durante minha estada, fiz várias viagens para o território de Vaupés, na Bacia Amazônica, para visitar uma tribo de índios Cúbeos. Para chegar até lá, tive de viajar da capital Bogotá, que fica a 2.400 metros acima do nível do mar, para uma cidade nas planícies mais baixas e quentes ao leste, e depois pegar um avião de carga para a minúscula cidade fronteiriça de Mitú, na floresta tropical. De lá, fiz uma viagem com meio dia de duração, em um barco a motor, para a vila dos índios Cúbeos. O clima era extremamente quente e úmido e havia limitação da quantidade de alimentos e bebidas na vila. Quando não estava entrevistando os índios ou os acompanhando em caminhadas pela floresta, passava horas em uma rede sob um mosquiteiro, boa parte do tempo sonhando com alguma bebida bem gelada.

Particularmente, não conseguia parar de pensar na minha loja de sucos preferida na Sétima Avenida, no centro de Bogotá, e nas deliciosas bebidas geladas que eles preparam, feitas de combinações de frutas frescas, das mais familiares às mais exóticas. Quando estou pelos arredores, não consigo resistir ao suco de maracujá, que tem o toque suficiente de açúcar para equilibrar a acidez natural e a dose certa de gelo picado. Eu daria qualquer coisa para tomar um suco daquele enquanto me deitava morto de sede e suando em bicas em minha rede na floresta, sem nada para beber a não ser água fervida, agora morna, ou a bebida espessa e amarga, parecida com cerveja (*chicha*), que os índios faziam com o tubérculo de uma planta, também morna. Eu ficava a imaginar que, se pudesse tomar aquele suco gelado naquele momento, ficaria imensamente feliz.

Quando chegou a hora de partir, fiquei obcecado em planejar minha visita à loja de sucos. Eu me via pegando um táxi diretamente para lá assim que chegasse a Bogotá, mas qual tomaria primeiro? Será que deveria ir diretamente para o suco de maracujá dos meus sonhos, ou deveria construir pouco a pouco minha expectativa e prazer começando por um *frost* de manga? Ou quem sabe um *shake* de abacaxi com coco? Durante o trajeto de barco rio abaixo, que parecia uma noite interminável em um hotel barato em Mitú, no avião de carga (sem porta) e na longa viagem até Bogotá, tudo o que eu fazia era contemplar a felicidade que estava reservada para mim. Mas assim que a estrada começou a subir as cadeias de montanhas ao leste dos Andes em direção aos altos platôs da capital, senti minha expectativa dissipar-se enquanto a realidade interrompia, sem permissão, as minhas fantasias. Conforme minha viagem progredia, ficava cada vez mais frio e, ao chegar à periferia da cidade, estava envolto em uma névoa gelada e úmida. Eu sonhara com minha bebida gelada enquanto estava na floresta e não podia tê-la. Agora que estava perto de consegui-la, não estava mais com calor ou sede e já não a queria tanto. Quando cheguei, estava mais interessado em dar entrada no hotel e vestir roupas quentes do que ir à loja de sucos. Então, enquanto via a possibilidade da satisfação se evaporar, fiquei desapontado ao perceber a tolice de minhas fantasias juntamente com a minha tendência em querer ser feliz contanto que conseguisse algo que não estivesse disponível no aqui e agora.

O psicólogo de Harvard Daniel Gilbert fez um estudo de mais de uma década sobre a capacidade deplorável dos seres humanos em prever que eventos futuros os farão felizes. Ele descobriu que tendemos a ignorar o quanto o contexto futuro – como a mudança de clima que eu encontrei – desvalorizará a felicidade potencial do objetivo que buscamos – como o suco refrescante. Nesse caso, a ciência confirma o conselho de santos e sábios durante eras: o bem-estar emocional deve vir de dentro, pois atingir objetivos externos com frequência nos desaponta.

É evidente que muitas pessoas hoje em dia são infelizes. Eu ouço as palavras "estou deprimido" com muita frequência – de pacientes, amigos, conhecidos, estranhos – e já as pronunciei eu mesmo em mais de uma ocasião. Porém, o que as pessoas querem dizer quando afirmam que estão deprimidas?

Para alguns indivíduos, nada mais é que um modo de descrever um dia ruim ou uma decepção por causa do clima ou por causa da derrota de um time. Outros admitem que sofrem de uma doença crônica mental que pode ser incapacitante. Entre os dois extremos há um amplo espectro de humores negativos e estados emocionais, incluindo a tristeza, o pessimismo e a incapacidade de vivenciar o prazer e manter o interesse nos aspectos alegres e gratificantes da vida.

A raiz do verbo "deprimir" é empurrar para baixo. Estar deprimido é ter o humor ou a energia diminuídos. Quem ou o que provoca o empurrão? E como podemos definir "para baixo" se não for relativamente a alguma coisa? Qual é o equivalente emocional do nível do mar a partir do qual todas as posições acima ou abaixo podem ser medidas? Estaríamos em melhor situação nos posicionando ou deveríamos nos esforçar para ficar acima?

Essas questões me interessam demais, tanto em meus esforços contínuos para chegar a uma conclusão quanto em mudanças das minhas próprias emoções e para entender por que tantas pessoas estão sofrendo de depressão. Também não estou certo sobre como responder à pergunta "Você é feliz?" – que frequentemente me fazem. "Feliz" pode significar "contente", "alegre", "extasiado" ou simplesmente não triste. E o quanto eu – ou qualquer um – deve ser feliz? Há ferramentas de autoavaliação para ajudá-lo a observar seu nível de felicidade, mas considero frustrante responder às perguntas e não achá-las úteis.[1]

Há muitos livros excelentes que oferecem maneiras de se chegar à felicidade e não são poucos os livros sobre depressão e como tratá-la (com ou sem drogas populares, como o Prozac). Este livro é diferente. É sobre *bem-estar emocional* e segue os moldes de uma nova ciência chamada saúde mental integrativa, um campo que ajudei a desenvolver.

A saúde mental integrativa trabalha com base na filosofia geral da medicina integrativa (MI), começando pela ênfase na capacidade inata dos organismos humanos para a autorregulagem e a cura.* A medicina integrativa vê a mente e o corpo como inseparáveis: dois polos de um mesmo

---

[1] O melhor é o Questionário da Felicidade de Oxford. Veja http://www.meaningandhappiness.com/oxford-happiness-questionnaire/214/.

* Estado de amplo bem-estar e não somente a ausência de doenças ou sintomas. (N. do R. T.)

ser humano. Ela leva em consideração todos os aspectos do estilo de vida que influenciam a saúde e os riscos de doença. Também faz uso de todos os métodos disponíveis para manter a saúde e dar suporte à cura – tanto as terapias convencionais como as "alternativas" cuja eficácia tem comprovação científica.

Compreendo *saúde* como uma condição dinâmica de plenitude e equilíbrio, que permite nos movimentarmos pela vida não sucumbindo ao mau funcionamento da nossa própria fisiologia ou sofrendo danos com todas as influências nocivas que encontramos. Se você é saudável, pode interagir com germes e não contrair infecções, com alergênios e não ter reações alérgicas, com toxinas e não ser prejudicado. Além disso, uma pessoa saudável tem uma reserva de energia que propicia um engajamento gratificante com a vida. As qualidades essenciais para a saúde são a resiliência e a energia.

Quando descrevo saúde como "dinâmica", quero dizer que ela está sempre mudando, permitindo ao organismo descobrir novas configurações de equilíbrio, enquanto as condições externas e internas se modificam. Os psicólogos usam o termo *homeóstase* para se referir a essa autorregulagem dinâmica dos organismos vivos. Graças à homeóstase, nossos corpos são capazes de manter temperatura, nível de açúcar no sangue, composição química dos tecidos e outras funções de maneira relativamente constante, apesar das grandes variações das condições e demandas ambientais. Se, como acredito, corpo e mente são vistos, de forma prática, como dois aspectos de uma só realidade do nosso ser, então a homeóstase deve ser essencial para otimizar a saúde emocional. Fazendo analogias a partir da psicologia e usando princípios da medicina integrativa, tentarei responder às questões que levantei nesta introdução.

Deixe-me começar apontando algumas novas descobertas sobre a função do coração humano. Ao longo de toda a história e em diversas culturas, as pessoas têm considerado o coração o centro das emoções. Nossa língua reflete essa associação (*coração partido, dor no coração, coração de pedra*); no chinês e no japonês escritos, a mesma grafia denota tanto *coração* quanto *mente*.[2] É comum sentirmos fortes emoções no peito, provavelmente por-

---

[2] No chinês *xin*, no japonês *shin* ou *kokoro*.

que comunicações hormonais e nervosas contínuas entre o coração e o cérebro fazem a ligação da atividade desses órgãos.

Quando aprendi a fazer exames físicos na faculdade de medicina, ensinaram-me primeiro a medir os batimentos cardíacos do paciente registrando o tempo de pulsação da artéria radial no pulso. Também me ensinaram a avaliar se a pulsação estava regular ou irregular e caso estivesse irregular, se estava "regularmente irregular" (como nas contrações prematuras brandas) ou "irregularmente irregular" (como na fibrilação atrial, uma doença mais séria). A maioria dos pacientes que eu examinava tinha o pulso regular, na faixa normal entre 70-80 batimentos por minuto. Passei a considerar o coração saudável como um tipo de metrônomo vivo, batendo perfeitamente em intervalos regulares e entendi que, se um coração batia rápido demais, lento demais ou abandonava seu ritmo regular, não estava muito bem e poderia colocar em risco a saúde geral.

Isso foi nos idos da década de 1960. Desde então, análises mais minuciosas de eletrocardiogramas têm revelado um fato surpreendente: os corações saudáveis não batem como relógios mecânicos ou metrônomos. Ao contrário, os intervalos entre os batimentos variam sutilmente em duração e, além disso, essa variabilidade do batimento cardíaco é uma característica fundamental da saúde cardíaca. Os cardiologistas agora sabem que a perda da variação nos batimentos cardíacos é um sinal inicial de doença; se mais acentuado, é um sinal inicial de recuperação de um ataque cardíaco. Também descobrimos maneiras de manter e aumentar a variabilidade do batimento cardíaco em indivíduos saudáveis usando combinações de exercícios, redução de estresse e intervenções corpo/mente.

Você pode estar pensando por que os corações saudáveis batem em intervalos variáveis. Vejo isso como um sinal de resiliência e flexibilidade em resposta às mudanças que acontecem o tempo todo no resto do corpo. Obviamente, extremos nos batimentos cardíacos são anormais e não são saudáveis. Mas "normal" e "saudável" não querem dizer "estático". Nessa função fundamental do corpo humano, podemos ver a realidade e a importância da mudança dinâmica que é característica da saúde.

Os estados emocionais humanos também variam, de extremamente negativos a extremamente positivos. De um lado está o desalento total, com a dor da experiência diária tão intolerável que o suicídio parece ser a única opção. Do outro está a glória arrebatadora tão intensa que atender às necessidades básicas corporais torna-se impossível. Os exemplos da primeira são abundantes; você pode muito bem conhecer pessoas infelizes assim. Exemplos da última não são comuns hoje, mas tenho pesquisado o registro histórico de alguns, como Ramakrishna Paramahansa (1836-1886), famoso santo indiano. Ele passou a maior parte da vida em um estado de "intoxicação de Deus", vagando, dançando e cantando em êxtase,[3] ao mesmo tempo em que negligenciava totalmente seu corpo. As pessoas comuns o achavam insano, e ele não teria sobrevivido se seus seguidores não tivessem cuidado dele.

Tenho certeza de que concordamos que tais extremos de humor, tanto negativo quanto positivo, não são normais nem desejáveis caso persistam, mas será que podem – ao marcarem os limites da variação emocional – nos ajudar a descobrir o meio-termo da saúde emocional?

Posso lhe dizer, para começar, que não considero a felicidade como sendo esse meio-termo neutro. Tampouco a considero um estado no qual deveríamos estar a maior parte do tempo. Já mencionei que não estou certo sobre o que significa ser feliz, especialmente ao observar o significado da raiz da palavra: felicidade, em inglês, deriva de *happ* (do inglês *happiness*), uma raiz proveniente da antiga Noruega que quer dizer "acaso" ou "sorte" e está intimamente ligada a "casualidade" e "acontecimento." Evidentemente, nossos antepassados consideravam a sorte como base para a felicidade, colocando a fonte dessa emoção tão almejada fora do nosso controle e no âmbito das circunstâncias – de maneira alguma, eu argumentaria, um bom lugar. A felicidade proveniente de ganhar uma aposta ou qualquer outro golpe de sorte é temporária e não muda o ponto de ajuste da nossa variação emocional. Além disso, como todos sabemos, a sorte é inconstante. Se atarmos nossos humores a ela, estaremos sujeitos a baixas tanto quanto a altas marés.

Contudo, observo que muitas pessoas buscam a felicidade "do lado de fora". Imaginam que a felicidade virá se tiverem um aumento, um carro novo, um novo amante, um copo de suco refrescante ou qualquer outra

---

[3] A palavra êxtase é de origem grega e significa "do lado de fora", por exemplo, a alma (ou consciência) estando deslocada do corpo.

coisa que elas queiram, mas não possuam. Minha experiência pessoal, repetida inúmeras vezes, é de que a recompensa pessoal real de conseguir e ter é normalmente muito menor do que a imaginada. Todas as recomendações neste livro irão ajudá-lo a criar um estado interno de bem-estar que é relativamente imune aos altos e baixos transitórios da vida, independentemente do que você tenha ou não.

Já disse anteriormente que não considero a felicidade como nossa referência ou humor mais normal. Antes que você me acuse de iludi-lo a ler este livro baseado em um título sedutor, gostaria de explicar minha escolha pela palavra "espontânea". Usei a mesma palavra no título de um livro anterior, *Cura espontânea*, com a intenção de construir confiança nas capacidades inatas do corpo humano em manter e reparar, regenerar e adaptar-se às perdas e danos. Chamo esses processos de "espontâneos" para ressaltar que são naturais e surgem de motivações internas, independentemente de fatores externos, fato biológico importante e geralmente mal compreendido e não valorizado, tanto por médicos quanto por pacientes. O conceito de autocura é um princípio básico da medicina integrativa e tem sido há muito tempo o foco do meu trabalho. Estou certo de que, se as pessoas confiassem mais no potencial de autocura do próprio corpo e se mais médicos confiassem no poder de cura da natureza, haveria menor necessidade de serviços e intervenções custosos na área de saúde.

A realidade da cura espontânea não o isenta de fazer tudo o que você puder para apoiá-la com escolhas sábias de estilo de vida. Tampouco significa dizer que os cuidados médicos prudentes sejam desnecessários. O termo simplesmente chama a atenção para o fato de que a cura é uma capacidade inata do organismo, com raízes na natureza. Ao unir as palavras "felicidade" e "espontânea", estou lhe pedindo que questione o hábito predominante de fazer com que as emoções positivas dependam de fatores externos e pense na felicidade como um dos muitos estados de espírito à nossa disposição se permitirmos uma variação saudável em nossa vida emocional.

Minha opinião pessoal é de que a posição neutra no espectro dos humores – o que chamei de "nível do mar emocional" – não é felicidade, mas sim contentamento e a calma aceitação que é o objetivo de muitos tipos de prática espiritual. A partir dessa perspectiva, é possível aceitar a vida em sua plenitude, tanto o lado bom como o ruim, e saber que tudo está bem, como deve ser, incluindo você e seu lugar no mundo. Surpreendentemente, essa aceitação não gera passividade. Descobri que sou mais capaz de criar mudanças positivas quando estou nesse estado – a energia normalmente empregada para repelir a frustração com a oposição ou o medo do fracasso é, ao contrário, canalizada precisamente para onde precisa ir. A partir do momento em que fui capaz de me colocar ali, tive a certeza de que é onde quero estar a maior parte do tempo.

Seguem aqui alguns princípios básicos que permeiam minha escrita sobre bem-estar emocional:

- É normal e saudável vivenciar oscilações de estados de espírito e emoções, tanto positivos quanto negativos.
- Muitas pessoas hoje em dia estão sendo diagnosticadas ou estão sofrendo de depressão.
- Pode ser normal, saudável e até produtivo experimentar uma depressão leve a moderada ocasionalmente, como parte do espectro de oscilações emocionais, mas não é normal ou saudável ficar preso a esse estado ou sofrer de uma depressão mais séria.
- O ponto de ajuste da variação emocional na nossa sociedade ficou deslocado demais na direção da zona negativa. Muitos de nós somos tristes e descontentes.
- É ilusório querer ser feliz o tempo todo.
- A felicidade surge espontaneamente de nossas fontes interiores. Procurá-la fora de nós é contraproducente.
- É desejável cultivar o contentamento e a serenidade calma como um ponto central neutro da variação emocional.
- É desejável e importante desenvolver maior flexibilidade de reação emocional, tanto para os aspectos positivos quanto os negativos da vida e do mundo.
- É possível aumentar a resiliência emocional e mudar o ponto de ajuste emocional de uma pessoa na direção de maior positividade.
- É possível evitar e controlar as formas mais comuns de depressão usando a abordagem mais ampla de saúde mental integrativa.
- Alcançar maior bem-estar emocional é tão importante quanto manter uma melhor saúde física.

Esses princípios não são meramente opiniões minhas; cada um deles é sustentado por um acervo crescente de rigorosas pesquisas científicas. Se você concorda com eles, eu o convido a prosseguir com a leitura.

No primeiro capítulo deste livro, passarei a noção de bem-estar emocional, o objetivo da nossa jornada e o papel que a felicidade desempenha nele.

O capítulo dois é uma visão geral sobre depressão, incluindo meu entendimento sobre as causas da atual epidemia de depressão.

O capítulo três examina as limitações do modelo biomédico dominante na psiquiatria atual, em particular as suas falhas em nos ajudar a prevenir a depressão, em tratá-la de forma eficaz na nossa população ou em melhorar o bem-estar geral. Também compartilharei meu entusiasmo com a área de saúde mental integrativa emergente e explicarei como sua concepção das causas da depressão difere da do modelo biomédico.

O capítulo quatro apresenta evidências da eficácia das estratégias integrativas da psicologia oriental e ocidental para otimizar o bem-estar emocional, valendo-se tanto das antigas tradições quanto da neurociência contemporânea.

Na segunda parte deste livro, farei recomendações específicas.

O capítulo cinco apresenta uma lista abrangente de terapias orientadas para o corpo, que têm como objetivo dar apoio ao bem-estar emocional.

O capítulo seis focaliza maneiras de treinar e cuidar da mente para mudar hábitos mentais que desestabilizam a resiliência emocional e nos mantêm presos a estados de espírito negativos.

O capítulo sete considera a importância de cuidar da dimensão extrafísica da nossa experiência – o que chamo de espiritualidade secular – trabalhando em prol de um melhor bem-estar emocional.

O capítulo final lhe dá um guia detalhado, ajudando-o a usar essas estratégias para atender às suas necessidades individuais. Tenha você propensão à depressão ou não, minhas sugestões irão ajudá-lo a desenvolver maior resiliência e positividade emocional, além de contribuir para a sua saúde e bem-estar geral.

Farei um esforço para apresentar as evidências científicas das minhas recomendações em termos que não cientistas irão entender. Os leitores que quiserem mais informações ou detalhes sobre a ciência das emoções humanas acharão referências-chave de literatura médica nas notas, começando na página 236. Um apêndice na página 230 irá direcioná-lo a fontes de mais informações, produtos e serviços que o apoiarão na jornada à otimização do bem-estar emocional.

Finalizarei esta introdução com uma garantia. Se você ou alguém que você ama está lutando contra a depressão ou se você apenas quer mais felicidade em sua vida ou quer se sentir melhor durante períodos difíceis e problemáticos, sei que as sugestões nessas páginas irão ajudá-lo. Elas são todas baseadas em comprovações científicas e nos meus 40 anos de experiência clínica. Leia-as atentamente e coloque-as em prática no seu próprio ritmo. Você *pode* se sentir melhor – muito melhor. Será um prazer guiá-lo em sua jornada.

PARTE UM

TEORIA

1

O que é bem-estar emocional?

Não tenho a pretensão de ter alcançado o mais completo bem-estar emocional. Na verdade, acho que esse é um objetivo para a vida toda. Para mim, trata-se de um processo contínuo que requer consciência, conhecimento e prática. Sei qual é a sensação da boa saúde emocional e isso me motiva a manter a prática, por isso gostaria de compartilhar um pouco da minha experiência com você.

Às vezes, quando as coisas vão bem ou mesmo quando não vão, tenho um sentimento profundo de que tudo está acontecendo exatamente como deveria acontecer e que minhas opiniões sobre minha situação são irrelevantes. Essa compreensão é libertadora. Ela me ajuda a me sentir confortável nas proximidades do nível do mar emocional, a zona de contentamento e serenidade que mencionei na introdução.

Vou lhe contar duas ocasiões em que isso aconteceu.

Em junho de 1959, durante várias semanas antes e depois da minha formatura no ensino médio numa escola pública na Filadélfia, estava espontaneamente feliz, não no sentido comum dessa palavra, mas no sentido de um conhecimento profundo de que eu estava bem, no caminho certo, fazendo o que era esperado de mim. As coisas estavam indo muito bem para mim naquela época. Tinha ótimas amizades, um bom relacionamento com meus pais, o afeto e apoio de excelentes professores, sentia-me seguro e animado para sair de casa e via muitas oportunidades abrindo-se diante de mim em termos de viagens, aventuras, aprendizados e descobertas. Gostava de mim. Tinha muito para ser feliz, muita sorte; porém, o sentimento mais profundo vinha de saber que eu era a pessoa que tinha de ser, equipada para navegar no mundo e enfrentar quaisquer desafios com os quais viesse a me deparar. Pensei que seria capaz de manter aquele sentimento para sempre. Para dizer a verdade, aquele sentimento ficou comigo durante alguns dias e sempre que ele volta eu fico grato.

    Quarenta e sete anos mais tarde, no fim de julho de 2006, fui acordado por uma ligação incomum durante minhas férias de verão na Colúmbia Britânica. Meu sócio no consultório, o dr. Brian Becker, contou-me que uma inundação repentina devastara minha fazenda no deserto, que fica nas proximidades de Tucson, no Arizona. Minha primeira pergunta foi: "Alguém se machucou?" Fiquei muito aliviado em saber que as duas pessoas que estavam lá escaparam sem ferimentos quando uma parede de 4,20 metros de água invadiu a fazenda no meio da noite. Meu escritório foi o mais atingido. Nas horas e dias seguintes soube que todos os meus arquivos, boa parte de meus documentos e muitos livros foram perdidos. A inundação levou fotografias e recordações desde o tempo da escola, móveis e objetos pessoais de minha mãe (falecida há pouco tempo), muitas das minhas plantas favoritas. Embora aquelas perdas tivessem me deixado triste por algum tempo, por estranho que pareça, senti-me em paz com tudo aquilo. Para surpresa do meu sócio, que não conseguia entender como pude ficar calmo diante daquelas notícias, recusei-me a voltar ao Arizona, sentindo que não havia necessidade de supervisionar a limpeza e a avaliação dos prejuízos. Eu era capaz de me desapegar das minhas posses e novamente, desta vez em circunstâncias nas quais esperava ficar muito infeliz, estava espontaneamente envolvido por um sentimento de que tudo era como deveria ser, de que minhas opiniões não importavam e de que estava emocionalmente livre.

    Experiências como essa me dão uma sensação de bem-estar emocional, em especial a resiliência e o equilíbrio, fatores fundamentais para isso. Eu já os mencionei como características determinantes de saúde, que permitem aos organismos interagir com influências potencialmente nocivas sem sofrer perdas e danos. No âmbito emocional, a resiliência permite que você se recupere de perdas e reveses da vida sem ficar preso a estados de espírito nos quais não quer ficar. Pense em uma tira elástica que pode ser torcida e esticada, mas sempre volta ao seu formato mais ou menos original. Se você cultivar a resiliência emocional, não terá de resistir ao sentimento de tristeza no momento apropriado; você aprenderá que seus estados de espírito são dinâmicos, flexíveis e logo voltam ao ponto de equilíbrio, à zona de contentamento, conforto e serenidade.

Quando peço às pessoas para pensarem em imagens que lhes trazem contentamento, normalmente pensam em coisas como:

- uma criança tomando um sorvete;
- uma pessoa deitada no sofá depois de um jantar maravilhoso na companhia da família e amigos;
- uma vaca leiteira ruminando uma grama verdinha em um campo digno de cartão-postal;
- um cão deitado em frente à lareira recebendo carinho de seu dono.

Chamo essas imagens de satisfação, uma resposta temporária às necessidades preenchidas ou desejos gratificantes. Contentamento, na minha opinião, tem mais a ver com estar em paz e sentir-se bem em relação a quem você é e o que tem, sem levar em conta satisfazer desejos e necessidades. É duradouro. Você leva consigo. O filósofo chinês do séc. VI a.C. Lao Tzu consegue definir (como sempre) em poucas palavras: "Aquele que tem conteúdo está sempre contente." Um aspecto impressionante desse estado da mente é que ele não estimula a passividade (que os ocidentais com frequência criticam nas filosofias orientais). Tanto em 1959 quanto em 2006, e toda vez que esse sentimento voltava, a sensação de que tudo estava bem no mundo me incentivava a tomar uma ação efetiva e melhorava minha eficiência.

Sugiro que a capacidade de sentir contentamento seja um componente-chave do bem-estar emocional. É também um objetivo de muitas religiões e filosofias que reconhecem a fonte da infelicidade humana como nosso hábito de comparar nossas experiências às dos outros e achar nossa realidade insatisfatória. A escolha é nossa: podemos continuar desejando ardentemente o que não temos e assim perpetuarmos nossa infelicidade, ou ajustamos nossa atitude voltando-nos para aquilo que temos, para que nossas expectativas estejam de acordo com nossas experiências. Há muitas discussões de filósofos e professores sobre esse tema, pois todos aprendemos em algum momento que não podemos ter sempre aquilo que queremos. Quantos de nós trabalhamos no sentido de valorizar o que temos?

Se você não sabe o que eu quero dizer com "trabalhar para valorizar o que temos", ficará interessado em saber que existem técnicas específicas para esse tipo de prática. São formas antigas de meditação e novas formas de psicoterapia e irei explicá-las no capítulo seis, onde lhe contarei sobre as maneiras de mudar hábitos mentais destrutivos para melhorar o bem-estar emocional.

E a sensação de conforto? A palavra, de raiz latina, quer dizer "força" e denota um estado de relaxamento e libertação da dor e da ansiedade. Estar *confortável* é apreciar o contentamento e a segurança, tornando-se, como consequência, supostamente mais forte. Eu diria que, assim como o contentamento, o conforto é algo que você pode levar consigo, um sentimento que você deveria ser capaz de acessar em uma ampla variedade de circunstâncias.

Por ter crescido na cidade e nunca ter vivido fora do ambiente urbano até meus vinte e tantos anos, sentia-me desconfortável na natureza, incapaz de achar bom acampar ou ficar em uma mata por mais de algumas horas. Tive de aprender como relaxar na natureza, mas assim que consegui programar minha mente para fazer isso, o processo não foi difícil. Aquilo me transformou, deixou meu corpo e minha mente mais saudáveis, abriu um mundo de novas experiências que muito enriqueceram minha vida. Um aspecto favorável da mudança foi perder minha ansiedade com relação a insetos, especialmente abelhas e vespas, que faziam com que fosse impossível para mim relaxar ao ar livre. Não sei dizer exatamente como aconteceu, mas no momento em que aconteceu, pude entender o comportamento dessas criaturas, apreciar sua beleza e tornar-me capaz de coexistir pacificamente com elas. Agora tenho vivido em meio à natureza selvagem ou próximo a ela boa parte da minha vida adulta e não tenho mais problemas com insetos.

É bom sentir-se confortável na natureza, mas é ainda mais importante estar confortável na própria pele. Sejam quais forem suas circunstâncias externas, você não conhecerá a tranquilidade se não estiver tranquilo consigo mesmo. Quanto mais confortável estou comigo mesmo, mais eficiente sou em me comunicar, ensinar e trabalhar com pacientes, muitos dos quais dizem que sou uma presença confortadora, o que faz com que seja mais fácil para eles falar sobre suas preocupações e problemas, contando-me o que preciso saber para fazer diagnósticos mais precisos e determinar o melhor plano de tratamento.

Serenidade é outra qualidade que identifico com o nível do mar emocional. Nós podemos imaginar a calma pacificadora de uma brisa suave e um céu límpido, ou um lago tranquilo, mas a palavra *serenidade* também se refere à ausência de estresse mental e de ansiedade. Novamente, esse é um estado emocional que pode ser cultivado e mantido, até mesmo em meio à agitação externa. Uma fábula sufi nos conta sobre um navio de peregrinos submersos por uma enorme tempestade no mar. Os passageiros são tomados pelo medo: choram e lastimam, certos de que a morte é iminente. Somente quando a tempestade diminui eles notam que um deles, um daroês, sentou-se durante o tumulto em calma meditação. Os outros reúnem-se ao seu redor sem entender e vários o questionam: "Você não sabe que quase morremos?" Ele responde: "Sei que posso morrer a qualquer momento sempre e aprendi a viver em paz com esse conhecimento."

A serenidade pode ser um presente do ato de envelhecer se você estiver aberto a ela. Muitas pessoas idosas me dizem que têm maior equilíbrio emocional do que quando eram jovens e mais habilidade para viver os altos e baixos da vida. A serenidade também vem naturalmente com a aceitação, especialmente com "as coisas que não podemos mudar", nas palavras da tão falada Prece da Serenidade.[4] Porém, ganhar serenidade é também um processo e uma prática. Meus próprios esforços para cultivá-la através da meditação e da prática de desapego têm trazido o benefício prático de me capacitar para ficar muito calmo em emergências, reagir com presteza, eficiência e não entrar em pânico, exatamente como aconteceu quando minha fazenda foi inundada.

Se você tem boa saúde emocional, deve ser capaz de responder de maneira apropriada a quaisquer situações que encontre: sentir-se adequadamente feliz com relação à sorte e também adequadamente triste com relação ao que acontece de ruim, ser capaz de sentir-se apropriadamente zangado ou frustrado com relação à situação do mundo e ao comportamento inoportuno dos outros – *bem como se liberar desses sentimentos uma vez que você os tenha reconhecido.* É importante lembrar que nossos estados

---

[4] Escrita em 1943 pelo teólogo Reinhold Niebuhr.

de espírito devem variar, tanto para as regiões positivas quanto para as negativas do espectro emocional.

Assim como existem os dias nublados e ensolarados, todos nós ficamos tristes algumas vezes e felizes em outras; tais mudanças fazem parte do equilíbrio dinâmico. Emoções fora de equilíbrio são mais óbvias em indivíduos com transtorno bipolar, marcados por ciclos anormais de euforia (humor, energia e excitação exagerados) e depressão. O transtorno bipolar pode causar grande sofrimento, tanto para os indivíduos afetados como para os que estão ao redor. Muitas pessoas com talento criativo carregam esse diagnóstico, e algumas são grandes realizadoras, especialmente nas fases maníacas, mas, sem tratamento, têm pouca chance de manter relacionamentos e produtividade estáveis e é grande o risco de suicídio. Pesquisas sobre as causas do transtorno bipolar sugerem que tanto fatores genéticos quanto sociais estão envolvidos e apontam para disfunções em áreas específicas do cérebro. O tratamento conta com drogas psiquiátricas e psicoterapia.

Ao longo dos anos, muitos pacientes bipolares procuraram minha ajuda. Insatisfeitos com os tratamentos comuns, principalmente com os efeitos colaterais das medicações, esperavam encontrar formas de estar mais no controle de seus humores instáveis. Ao rever as histórias detalhadas que registrei deles, notei que o desequilíbrio emocional nesses pacientes sempre acontece concomitantemente com desequilíbrios em todas as áreas de suas vidas. Os padrões de sono são inconstantes, assim com sua alimentação, atividade física e a capacidade de manter a ordem nos espaços em que vivem. O problema principal que percebo em todos eles é *vida fora de equilíbrio*. Os distúrbios de humor que os atormentam me parecem exageros na variabilidade emocional normal, diferentes das mudanças de humor que todos nós vivenciamos de uma forma mais quantitativa do que qualitativa. Eu jamais aconselharia um paciente com transtorno bipolar a descontinuar a medicação, mas o aconselho enfaticamente a cultivar um equilíbrio maior em sua vida sempre que possa, comendo em intervalos regulares, aderindo a um horário fixo de dormir e acordar, criando ordem em seus ambientes, fazendo exercícios físicos regularmente, praticando ioga ou tai chi e tentando alguma forma de meditação. Fazendo isso, eles podem indiretamente melhorar sua saúde emocional e gastar menos tempo nos extremos do espectro de humor e mais tempo na direção do ponto central. Eu sigo esse conselho e o tenho incorporado ao plano de ação que mostrarei no capítulo oito.

A oscilação de humor do transtorno bipolar exemplifica um tipo de problema emocional. Assim como a variabilidade do batimento de um coração saudável é sutil, a oscilação das emoções humanas também deveria ser moderada. É perfeitamente normal "ficar mal", assim como é perfeitamente normal vivenciar alegria e felicidade, mas otimizar o bem-estar emocional significa ganhar controle sobre a variação dos estados de espírito, amortecendo as oscilações e apreciando as recompensas de estar em um estado intermediário. Isso também quer dizer não se fechar à variabilidade dinâmica, não ficar emocionalmente inerte. Imagine-se em uma gangorra. O objetivo é ter afastamentos prazerosos ao redor do ponto de equilíbrio e não aturar oscilações violentas ou parar de se mover. E certamente você não vai querer ficar preso ao chão.

Próximo ao ponto de equilíbrio você encontrará resiliência, contentamento, conforto e serenidade. Esse é seu porto seguro, o qual você poderá deixar mas deverá ser capaz de retornar facilmente e naturalmente. Eu o aconselho a ter cuidado com os infindáveis livros, websites, programas de TV, seminários, religiões e drogas (especialmente drogas) que prometem a felicidade sem fim. A noção de que um ser humano deve estar constantemente feliz é uma ideia exclusivamente moderna, exclusivamente americana, exclusivamente destrutiva.

Uma amiga alemã recentemente me contou que o ritual americano de cumprimentar (a pessoa "A" pergunta "Tudo bem?" e a pessoa "B" deve colocar um sorriso no rosto e responder: "Tudo ótimo, tudo ótimo!") lhe parece bizarro, artificial e excessivamente exaustivo além da medida. Eu concordo. Perguntaram-me como estou o tempo todo e, enquanto recito o obrigatório "Tudo ótimo!", não posso deixar de pensar no que estou fazendo. A pergunta parece invasiva, a resposta insincera, a coisa toda soa falsa.

Apesar de forçada, quase intimidadora, a animação domina nossa cultura. Em seu livro, *Bright-Sided: How the Relentless Promotion of Positive Thinking Has Undermined America* (A face resplandecente: como a promoção implacável do pensamento positivo debilitou a América), Barbara Ehrenreich escreve que, quando foi diagnosticada com câncer de mama em 2000, descobriu a absurdamente otimista "cultura do laço de fita rosa" cercando as condições quase tão desalentadoras como a própria doença. Ela não lhe permitia expressar medo, raiva, preocupação – respostas perfeitamente normais a um diagnóstico que potencialmente ameaçava sua vida. Em vez disso, lhe disseram repetidas vezes que o câncer era sua oportunidade de crescer espiritualmente, abraçar a vida, encontrar Deus. A mensagem imposta a ela era: "O que não a destrói, para parafrasear Nietzsche, faz de você uma pessoa mais corajosa, mais evoluída." Então coloque um sorriso no rosto.

Ela prossegue analisando a carreira de George W. Bush, um animador de torcidas do ensino médio (animação de torcidas, Ehrenreich observa, é uma invenção americana), que manteve esse papel por todo o seu mandato na presidência, permanecendo obstinada e destrutivamente otimista com relação a tudo, da incapacidade de Wall Street de fiscalizar a si mesma até os esforços americanos antiterroristas. "O presidente quase exigia otimismo", observou Condoleezza Rice, a Secretária de Estado de Bush. "Ele não gostava de pessimismo, preocupações excessivas ou dúvidas." Seus oponentes chamavam essa atitude de "otimismo tóxico".

Os habitantes dos Estados Unidos são mais ou menos felizes do que as pessoas em outras partes do mundo? Essa não é uma pergunta fácil de responder, em parte porque diferentes culturas definem *felicidade* de formas diferentes e as traduções da palavra podem não expressar o mesmo significado. Um grande número de artigos acadêmicos sobre esse assunto esteve no *Journal of Happiness Studies*. Um deles, de 2004, observa que na Europa e América do Norte, onde a independência do eu é uma norma cultural, a felicidade é frequentemente interpretada como um atributo positivo do eu, a ser conquistada através do esforço pessoal e da realização. Na Ásia Oriental, por outro lado, a felicidade depende de relacionamentos sociais positivos dos quais o eu faz parte; nessas culturas, a busca pela felicidade pessoal geralmente arruína os relacionamentos sociais criando inveja nos outros e há menos desejo de conquistá-la. Outros artigos acadêmicos reportam diferenças significativas de país para país nos graus de felicidade relatados, com os norte-americanos no topo. No entanto, não está nada claro se os americanos na realidade são mais felizes que os alemães ou gregos ou se apenas são mais propensos a dizer que são. (Uma descoberta interessante é que, enquanto o significado da palavra *felicidade* em inglês não mudou, o adjetivo *feliz* se enfraqueceu, de forma que muitas pessoas o usam agora intercaladamente com *OK* ou *bom*, em frases como: "Fiquei feliz com o novo horário.")

Nossa insistência cultural em sermos felizes torna-se mais contraproducente durante a época das festas de fim de ano. Em quase todo o período da história de que se tem registro, as pessoas que viviam no Hemisfério Norte consideravam os dias próximos ao solstício de inverno uma época de perigo, com a fonte de luz e calor no seu ponto mais baixo e mais fraco no céu, os meses de temperaturas mais rigorosas chegando, uma época de dias mais curtos e noites mais longas, quando somente os mais experientes conseguiam discernir a volta da luz. A resposta cultural natural era as pessoas reunirem-se dentro de casa e se aconchegarem em frente à lareira, socializando, contando histórias e buscando forças a partir de laços emocionais. Em vez disso, nossa cultura nos diz que essa é a época mais maravilhosa do ano, em que deveríamos estar constantemente felizes. Somos bombardeados com essa mensagem, repetidas vezes, alto e bom som, em todos os canais, de forma a não conseguirmos escapar, criando expectativas impossíveis. A discordância entre as expectativas de felicidade e as realidades emocionais das festas de fim de ano é o maior motivo para a alta incidência de depressão nessa época.

Existe uma palavra estrangeira que descreve um objetivo emocional mais realista. *Lagom* é um termo sueco que não tem equivalente exato no português; significa algo como "o suficiente" ou "a medida certa". Tem sido considerada a palavra mais sueca entre todas as palavras da língua e permeia toda a cultura sueca: arquitetura, política, economia e todos os aspectos da vida diária.

Contentamento, serenidade, conforto, equilíbrio, resiliência, todos eles constituem uma versão *lagom* das emoções positivas e, acredito, uma alternativa saudável à felicidade perpétua esperada e exigida em nossa sociedade. Deveria ser mais que suficiente para nos sustentar e não sermos extintos ou condenados se alternarmos ciclos de alegria e desespero. Foi assim que me senti em 1959 e em 2006, e em outras oportunidades da minha vida longa e repleta de acontecimentos. Acredito que esse estado deva ser cultivado até se tornar nosso estado emocional padrão. É isso o que tento fazer na minha vida. É o que este livro o ajudará a fazer na sua.

2

A epidemia de depressão

"Todas as pessoas que conheço estão deprimidas, inclusive eu", diz uma amiga que mora em Nova York. Ela acrescenta: "Acho que o país inteiro está deprimido."

Isso é exagero, claro, mas as estatísticas indicam que algo entrou seriamente em colapso em nossas emoções. A Organização Mundial de Saúde prevê que, até 2030, a depressão será a doença que mais afetará pessoas no mundo todo. O número de americanos que tomam antidepressivos dobrou na década de 1996 a 2005: de 13,3 milhões para 27 milhões. Hoje, uma espantosa estatística mostra que uma em cada dez pessoas nos Estados Unidos toma um ou mais desses medicamentos, incluindo milhões de crianças.

A depressão sempre existiu, embora não tão expressivamente. Os gregos antigos chamavam-na de *melancolia*, que literalmente significa "bílis negra". Eles acreditavam que o equilíbrio dos quatro humores (fluidos corporais) afetava a saúde de uma pessoa, sendo que o excesso de bílis negra resultava em tristeza. Uma das palavras de origem latina para "tristeza" é *lúgubre*, com a raiz significando "luto", indicativo de que a depressão há muito tem sido aceita como uma resposta natural à perda de um ente querido, patológica somente quando persiste além dos limites normais do luto. Os leões, alguns pássaros e animais podem responder dessa forma à morte de um companheiro, perdendo o interesse pela comida e pelo cuidado consigo próprios, ocasionalmente chegando a morrer como consequência. Às vezes, os cães exibem tal comportamento quando perdem um companheiro próximo, tanto canino como humano.

A tristeza do luto é um exemplo de *depressão situacional*, reação a uma perda terrível ou outra catástrofe, e faz sentido para nós, principalmente se ela se estende após um período de tempo apropriado. Porém, quando a depressão vem por si própria sem motivo aparente e, pior, recusa-se a ir embora, ficamos confusos. Antônio, na peça *O mercador de Veneza*, de Shakespeare, reclama de uma tristeza sem causa – uma reflexão, alguns biógrafos acreditam, da própria melancolia do escritor:

Na verdade, não sei por que estou tão triste
Essa tristeza me consome; tu dizes que consomes a ti
Mas como a peguei, a encontrei ou a herdei,
De que matéria é feita, de onde nasceu,
Ainda não sei...

Ao longo da história, as pessoas têm lutado para explicar as depressões *endógenas* (que vêm de dentro). A distinção entre a depressão endógena e a situacional ainda me parece útil, embora o *Manual Diagnóstico e Estatístico de Transtornos Mentais* (DSM), publicado pela Associação Americana de Psiquiatria, subdivida agora a depressão em muitos tipos e subtipos. O tipo mais grave é o transtorno depressivo maior.

A edição atual do DSM fornece critérios específicos para o diagnóstico dessa forma mais severa de depressão. Para cair nessa categoria, um paciente deve ter vivenciado pelo menos um episódio de depressão maior, definido como:

[Um] período de pelo menos duas semanas durante o qual há tanto o humor depressivo quanto a perda de interesse ou prazer em quase todas as atividades. Em crianças e adolescentes, o humor pode ser irritável mais do que triste. O indivíduo também deve ter pelo menos quatro sintomas adicionais de uma lista que inclui mudanças no apetite ou peso, sono e atividade psicomotora; diminuição de energia; sentimentos de inutilidade ou culpa; dificuldade em pensar, concentrar-se ou tomar decisões, ou ainda pensamentos recorrentes de morte ou ideias, planos ou tentativas de suicídio. Para contar como episódio de depressão maior, um sintoma deve ser novo ou ter claramente piorado se comparado ao estado pré-episódio daquela pessoa. Os sintomas devem persistir na maior parte do dia, por pelo menos duas semanas consecutivas. O episódio deve ser acompanhado por sofrimento clinicamente significativo ou incapacitação nas áreas social, ocupacional ou outras áreas importantes para a vida do indivíduo.

O transtorno depressivo maior é uma doença grave e com alto risco de suicídio, que sempre requer acompanhamento competente por profissionais de saúde mental. **As recomendações deste livro podem ser úteis como tratamentos auxiliares para o transtorno depressivo maior, mas nunca usados em substituição a medicamentos ou outra terapia padrão.**

A linguagem clínica do DSM está longe de expressar o sofrimento de pessoas com depressão severa. O romancista William Styron, autor de *A escolha de Sofia*, nos propicia uma visão interior eloquente e dilacerante sobre esse tema em seu livro *Perto das trevas*, de 1992:

> A dor da depressão severa é inimaginável àqueles que não a sofreram... O que comecei a descobrir é que, misteriosamente e de maneiras totalmente diferentes da experiência normal, a garoa cinzenta de horror induzida pela depressão adquire a qualidade de dor física. Entretanto, ela não é uma dor imediatamente identificável, como a de um membro quebrado. Talvez seja mais preciso dizer que o desespero, devido a alguma peça cruel pregada no cérebro doente pela psiquê que o habita, chega a lembrar o desconforto infernal de estar aprisionado em um quarto brutalmente superaquecido. E como nenhuma brisa movimenta esse caldeirão, como não há escapatória para este confinamento sufocante, é natural que a vítima comece a pensar incessantemente em esquecer essa dor.

Eu nunca senti uma dor emocional tão duradoura nem tive um episódio de depressão maior. Em várias ocasiões na minha vida, entretanto, vivenciei o humor depressivo na maior parte do dia, por vários dias, semanas, e até meses. Durante esses períodos tinha pouco ânimo, sentimentos de desesperança e pouco desejo de contato social. Algumas vezes, ficava ansioso e agitado também. Como meu sono não era revigorante, achava difícil sair da cama de manhã para enfrentar outro dia de ruminações melancólicas sobre minhas decepções com a vida e minhas deficiências. Daquela perspectiva emocional, não conseguia ver nada que me deixasse mais animado, não encontrava nada de que gostasse, nenhum motivo para rir. Por sorte, não tentei melhorar meu humor com álcool ou outras substâncias. (Tinha consciência da forte associação entre depressão, abuso de substâncias e dependência.) Procurei consolo na comida, com frequência comendo exageradamente coisas que normalmente não comeria, como sorvete e batatas fritas.

Algumas das minhas memórias mais dolorosas são de depressões que tomavam conta de mim quando estava em lugares especialmente belos. Em 1972, por exemplo, passei um mês em um chalé na margem do Lago de Atitlán, na Guatemala, a caminho para a América do Sul. O escritor inglês Aldous Huxley escreveu sobre este lugar: "O Lago de Como [na Itália], na minha opinião, toca os limites da permissividade pitoresca, mas o Lago de Atitlán é o Lago de Como com os adornos adicionais de imensos vulcões. É realmente algo maravilhoso." Para todos os lados que olhava, eu via beleza: o azul profundo, a superfície espelhada do lago, cones vulcânicos cobertos de neve, índios Maya vestidos com roupas coloridas em estradas rudimentares que levavam até as vilas às margens do lago. E eu infeliz, incapaz de me desvencilhar do meu estado de espírito sombrio. O contraste entre meu estado de espírito e o que me rodeava fez com que, de alguma maneira, eu me sentisse contaminado e indigno daquele lugar. Aquilo não apenas aumentou meu desespero, mas deixou-me ainda mais avesso a me aventurar e buscar contato social. Disse a mim mesmo que não deveria submeter os outros às minhas emoções negativas ou arriscar "infectar" qualquer pessoa com elas.

Com o passar dos anos, tentei várias formas de psicoterapia e aconselhamento, mas não me beneficiei com eles. Uma vez, aos quarenta e poucos anos, receitei-me um antidepressivo (Zoloft), mas desisti depois de alguns dias porque não consegui tolerar seus efeitos colaterais. O medicamento entorpeceu meu corpo e obscureceu minha mente. Embora soubesse que aqueles efeitos imediatos deveriam passar e que eu teria de esperar várias semanas para uma melhora, não estava disposto a tolerá-los.

Por fim, acabei por aceitar meus episódios depressivos como existenciais por natureza – como parte do meu ser – para serem suportados e não infligidos aos outros. Esse modo de pensar aumentou minha tendência a ser antissocial e isolado, traços nada incomuns nos escritores. Eu inclusive suspeitava que aquela introspecção, associada com esses episódios, poderia ser uma fonte de criatividade e inspiração. (Em retrospecto, acho que o isolamento social foi um fator importante no aprofundamento e prolongamento das minhas depressões.) Esse padrão emocional foi frequente aos 20, 30 e 40 anos e depois começou a minguar. Tal comportamento começou a diminuir de maneira estável e agora ocorre raramente, não durando mais de um dia ou dois, mesmo quando me deparo com situações difíceis. Possivelmente a melhora seja uma recompensa natural do envelhecimento; mais provavelmente seja o resultado cumulativo das mudanças que fiz na vida. Segundo a classificação do DSM, teria sido diagnosticado com transtorno distímico ou distimia,[5] a forma mais comum de depressão leve a moderada. Esse diagnóstico responde por grande parte da epidemia de depressão que ocorre hoje em dia e é o tipo mais receptivo às intervenções sugeridas neste livro.

O transtorno distímico é diferente da depressão associada com psicose, episódios maníacos, efeitos diretos de drogas psicoativas ou medicações ou doenças médicas em geral (como hipotireoidismo). O critério diagnóstico para a distimia inclui humor depressivo na maior parte do dia, durante a maior parte do tempo, por pelo menos dois anos e a presença durante a depressão de dois (ou mais) dos seguintes sintomas:

- pouco apetite ou excesso de apetite;
- insônia ou hipersônia (sonolência excessiva);
- pouca energia ou fadiga;
- baixa autoestima;
- baixa concentração ou dificuldades de tomar decisões;
- sentimento de desânimo.

---

[5] Distimia é derivada do grego e significa "desordem da mente".

Além do mais, durante o período de dois anos, o humor depressivo e outros sintomas não ficaram ausentes por mais de dois meses seguidos e causam angústia significativa clinicamente ou expressiva incapacitação nas áreas social, ocupacional ou outras áreas de funcionamento.

Sou cauteloso ao tentar classificar nossos estados emocionais em categorias organizadas, como faz o DSM, principalmente com códigos numéricos. O DSM aloca os transtornos de ansiedade em uma seção diferente daquela de formas de depressão com códigos numéricos distintos, mas, como no meu caso, a depressão com frequência vem acompanhada da ansiedade. (Um website conhecido sobre saúde observa que, em um grupo pesquisado, 85% dos que possuem transtorno depressivo maior também foram diagnosticados com transtorno de ansiedade generalizada.) Receio que, apesar dos esforços sinceros da psiquiatria em copiar a precisão de outras especialidades médicas, a depressão não pode ser facilmente classificada em diagnósticos ordenados. Ela é tão variável quanto a própria condição humana. Se você sofre de depressão, meu conselho é não perder tempo com as descrições técnicas no DSM e suas formas variadas, a não ser para se certificar de que você não tem algo que requeira acompanhamento médico e medicação, como o transtorno depressivo maior ou transtorno bipolar. Em vez disso, concentre-se em maneiras de se libertar emocionalmente e mover o ponto de ajuste dos seus estados de espírito para longe da depressão.

Voltando à questão que levantei no início deste capítulo: Por que existe uma epidemia de depressão hoje? Por que tantas pessoas estão infelizes? O que pode ter mudado na sociedade norte-americana nas últimas décadas que justifique a escalada sem precedentes de diagnósticos de depressão? Digo sociedade americana porque, embora a depressão ocorra em todos os lugares, em lugar algum ela afeta tantas pessoas como nos países desenvolvidos, ricos e tecnologicamente avançados.

A predisposição genética tem sido associada à depressão, mas nossos genes não mudaram tanto nos últimos 20 anos.

Sabemos que os hormônios desempenham um papel significativo. As mulheres têm duas vezes mais probabilidade de sofrer de depressão do que os homens; aproximadamente uma em cada quatro mulheres pode sofrer um episódio de depressão maior no decurso de uma vida. Antes da puberdade, os números de depressão são iguais em meninos e meninas, sugerindo que as influências hormonais são responsáveis por grande parte da disparidade na população adulta. Esses fatos são interessantes, porém não explicam a nova tendência.

Sabemos também que é comum a depressão coexistir com doenças físicas: ela afeta 25% de pacientes com câncer, diabetes ou AVC; 33% dos sobreviventes de ataques cardíacos; e 50% dos pacientes com mal de Parkinson. Muitas dessas doenças crônicas são predominantes hoje, mas não justificam tantos casos de depressão.

Será que a epidemia tem algo a ver com o envelhecimento da população, uma mudança recente e expressiva? Pessoas mais velhas têm maiores possibilidades de terem vivenciado luto, doenças, perda da independência e outros fatores de estresse cotidiano que podem minar o bem-estar emocional, principalmente na ausência de um forte apoio social. Contudo, especialistas em envelhecimento concordam que a depressão não é uma consequência normal de envelhecer. Além disso, um grupo bastante afetado está no extremo oposto a essa faixa etária.

O National Institute of Mental Health informa que, anualmente, 4% dos adolescentes nos Estados Unidos sofrem de depressão severa. A depressão também vem sendo diagnosticada com muito mais frequência em pré-adolescentes, como jamais ocorrera antes. Juntamente com o transtorno de déficit de atenção e hiperatividade e o transtorno autístico, a depressão responde pelo uso sem precedentes e em grande escala de medicamentos psiquiátricos prescritos para a geração jovem.

A situação do mundo de hoje é certamente motivo de ansiedade e tristeza, mas isso não é novidade. Na primeira metade do século XX, um número considerável de pessoas passou pelas guerras mais terríveis de todos os tempos, bem como as piores crises econômicas; ainda assim, estavam melhores emocionalmente do que muitas pessoas hoje. Lembre-se das famosas frases de abertura de Dickens em *Um conto de duas cidades*: "Foi o melhor dos tempos, foi o pior dos tempos, foi... a temporada da Luz, a temporada da Escuridão, foi a primavera da esperança, foi o inverno do desespero, tínhamos tudo diante de nós, não tínhamos nada diante de nós..." Essa é a situação do mundo – no passado, no presente e, muito provavelmente, no futuro. É nossa escolha prestar mais atenção à sua beleza ou à sua feiura.

Duas explicações me parecem as mais convincentes para a epidemia atual, e de forma alguma elas se excluem mutuamente. A primeira é a de que uma parte significativa da epidemia tenha sido fabricada pelo sistema médico-industrial. A segunda é a de que mudanças dramáticas nas condições de vida alteraram funções cerebrais humanas, enfraquecendo a variabilidade emocional e deslocando seu ponto de ajuste na direção da depressão.

Vamos examinar cada explicação separadamente.

Questionar a legitimidade da crescente incidência dos diagnósticos de depressão é algo polêmico e polarizante. Contudo, é inegável que lucros extraordinários estão sendo obtidos com a epidemia atual – pela indústria farmacêutica, por grandes seguradoras e por planos de saúde corporativos; todos têm enormes incentivos para manter a epidemia em andamento e crescimento. Hoje em dia, nos Estados Unidos, a propaganda de medicamentos antidepressivos direta ao consumidor transmite a ideia de que toda infelicidade é sinônimo de depressão e tratável com medicamento. Em 1996, a indústria farmacêutica gastou US$ 32 milhões em marketing de antidepressivos diretamente ao consumidor; entre 1996 e 2005, esse número quase quadruplicou, chegando aos US$ 122 milhões.

A estratégia certamente funcionou. Mais de 164 milhões de antidepressivos foram prescritos em 2008, totalizando US$ 9,6 bilhões em vendas nos Estados Unidos. É por esse motivo que hoje em dia comerciais de televisão como este são abundantes:

> Uma pessoa melancólica olha fixamente pelo vidro da janela de um quarto escuro riscado pelas gotas de chuva.
>
> Corte para o logo de um IRRS (inibidor receptivo de reabsorção de serotonina, o tipo mais comum de antidepressivo farmacêutico).
>
> Volta lentamente a cena para a mesma pessoa, medicada e sorridente, saindo para colher flores num dia de sol, andando de bicicleta ou servindo um pedaço de bolo para uma criança risonha.
>
> Uma voz gentilmente sugere: "Pergunte ao seu médico se [nome da droga] é adequado para você."

A mensagem clara é a de que a tristeza, qualquer que seja sua duração, é depressão; que depressão é um desequilíbrio químico do cérebro; e que um comprimido poderá torná-lo feliz – portanto, peça ao seu médico para prescrevê-lo para você.

Depois de terem criado um vasto mercado de antidepressivos, os fabricantes de medicamentos estão agora exportando entusiasticamente esta mensagem dúbia mundo afora. O livro *Crazy Like Us: The Globalization of the American Psyche* (Loucos como nós: a globalização da psiquê americana), do jornalista Ethan Watters, faz uma avaliação perturbadora de como os conceitos da psiquiatria americana estão deslocando visões culturais tradicionais de doença e saúde mental – particularmente as relacionadas com o sentimento de tristeza. Os transtornos de humor afetam pessoas de todas as culturas, mas suas formas de expressão variam. Segundo Watters, um nigeriano: "pode vivenciar uma forma de depressão culturalmente diferente, descrevendo uma sensação de irritação em sua cabeça. Um fazendeiro chinês pode falar apenas de dores nos ombros ou estômago. Um indiano pode mencionar a perda de sêmen, o coração dilacerado ou a sensação de calor. Um coreano pode relatar uma 'doença de fogo', que é sentida como uma queimação no estômago. Um iraniano pode mencionar aperto no peito e um americano pode descrever a experiência de depressão como algo parecido com solidão".

Até muito recentemente, o termo psiquiátrico para depressão no Japão era *utsubyô*, designando "uma doença mental tão devastadora e crônica quanto a esquizofrenia" que torna impossível manter o emprego ou uma vida normal e requer hospitalização de longo prazo. *Utsubyô* era um distúrbio incomum e rodeado por sério estigma social. Não propiciou às indústrias farmacêuticas oportunidade de lucro.

Na década passada, entretanto, uma campanha de marketing gigantesca lançada no Japão pela GlaxoSmithKline, fabricantes de Paxil e outros medicamentos ISRS (inibidores seletivos de recaptação de serotonina), mudou completamente essa situação. Informados por psiquiatras acadêmicos ocidentais sobre como os conceitos japoneses de depressão se diferenciavam dos conceitos americanos – e, mais diretamente ao ponto, como esses conceitos deveriam ser transformados –, a GlaxoSmithKline promoveu a ideia de que a depressão deveria ser renomeada *kokoro no kaze*, significando algo como "um resfriado do coração-mente". A nova determinação atingiu três pontos:

- Implicou que a depressão não era uma condição severa e, portanto, não deveria carregar um estigma social.
- Sugeriu que tratar depressão seria tão simples quanto tomar medicação para um resfriado.
- Indicou que, da mesma forma que todos nós pegamos um resfriado de vez em quando, também ficamos deprimidos às vezes.

O fato de o marketing direto ao consumidor ser ilegal no Japão não foi um impedimento; a empresa passou esse conceito sutilmente em anúncios de serviço público na televisão, bem como em artigos de revistas, livros e em outros meios de comunicação de forma ostensiva. O resultado: em 2000, seu primeiro ano no mercado japonês, o Paxil atingiu US$ 100 milhões em vendas. Em 2008, as vendas anuais no Japão passaram de um bilhão de dólares. Ao ser indagado como se sentia em ajudar as indústrias farmacêuticas a abrir esse mercado, um professor de psiquiatria americano riu e comentou: "Fomos prostitutas muito baratas."

Os médicos, estejam eles nas garras da indústria farmacêutica nos Estados Unidos, no Japão, ou em qualquer outro país, deveriam ser a última opção na linha de defesa contra o bombardeio infindável de anúncios de medicamentos e merchandising editorial. Afinal de contas, nada disso funcionaria se os médicos se recusassem a prescrever os produtos.

No entanto, os médicos *de fato* os prescrevem. Por quê?

A realidade é que o marketing agressivo da indústria farmacêutica encontra pouca resistência dos profissionais sobrecarregados que trabalham no sistema de saúde de grande parte do mundo desenvolvido. Principalmente nos Estados Unidos, os médicos com frequência rotulam os pacientes de "deprimidos" sem tomar nota de históricos médicos detalhados e completos. O uso desse diagnóstico tornou-se uma maneira comum e negligente de lidar com aqueles que possuem sintomas vagos ou confusos. De forma semelhante, medicar crianças frequentemente substitui a abordagem de causas complexas de transtornos de humor, comportamento e aprendizado – ou ainda dores e sofrimentos inexplicáveis. Adolescentes irritáveis, hostis ou rebeldes podem ser julgados como "deprimidos" e tratados com medicamentos antidepressivos mesmo que não se sintam tristes.

No meu ponto de vista, a prescrição de antidepressivos é geralmente um substituto rápido e fácil ao desenvolvimento de um plano de tratamento que aborde, na sua totalidade, preocupações com saúde e estilo de vida que impactem em bem-estar, incluindo o bem-estar emocional. Tendo em vista que as consultas estão cada vez mais abreviadas nos dias de hoje, com a medicina e os tratamentos conduzidos e direcionados para o lucro, a tendência em prescrever antidepressivos piorou.

Portanto, quanto da epidemia de depressão é real e quanto é forjada? Um estudo publicado na edição de abril de 2007 da *Archives of General Psychiatry*, baseado em uma pesquisa com mais de 8 mil americanos, concluiu que estimativas do número dos que sofrem de depressão pelo menos uma vez na vida são cerca de 25% altas demais. Os autores notaram que as perguntas usadas pelos clínicos para determinar se os pacientes estão deprimidos não consideram a possibilidade de que as pessoas possam estar reagindo *normalmente*, por um tempo determinado, a mudanças repentinas, como a perda do emprego ou um divórcio. (Somente o luto devido à morte é considerado na análise clínica padrão.)

Mesmo que grande parte da epidemia atual seja fabricada, ainda assim temos um aumento na incidência de depressão real nos últimos 20 anos; na verdade, a taxa mais que dobrou. Tal índice não é apenas preocupantemente alto nos Estados Unidos; também está aumentando no resto do mundo desenvolvido, em países onde a maioria das pessoas goza de vidas confortáveis e dos benefícios da tecnologia. Apesar do conforto e segurança – invejável do ponto de vista dos que vivem em áreas menos desenvolvidas –, há maior infelicidade.

Quando deixo para trás a vida moderna e viajo para as áreas menos desenvolvidas, muitas vezes encontro menos depressão e melhor saúde emocional geral. Passei algum tempo com pessoas da área rural na Índia, Tailândia, América Latina, África e no Ártico. Descobri que elas são de modo geral mais felizes e satisfeitas do que a maioria dos americanos, mesmo que lhes faltem as conveniências e os confortos da sociedade avançada. (Obviamente, eles tinham comida, água, abrigo e segurança.) Amigos e colegas que moraram em países pobres do mundo confirmam minha impressão. Abaixo está um trecho de uma carta que recebi do dr. Russell Greenfield, médico que trabalha com medicina de emergência e um dos primeiros graduados em medicina integrativa no Centro de Medicina Integrativa do Arizona, o qual dirijo. Russ passou várias semanas no Haiti como médico voluntário acompanhando o terremoto devastador de 12 de janeiro de 2010.

> Gostaria de compartilhar a história de um rapaz (de 19 anos) de quem ajudei a cuidar, chamado Júnior.
> Ele estava no quarto andar de um prédio que ruiu e ficou preso nele por dias, até que foi encontrado embaixo de um sofá e uma geladeira. Quando conheci Júnior, semanas após o terremoto, ele havia perdido as duas pernas abaixo dos joelhos e o braço direito, logo abaixo do ombro. Ainda assim, todos os dias, quando chegava à clínica e perguntava em meu "creole improvisado" como estava, sempre respondia da mesma forma, levantando o braço esquerdo bem alto e exclamando com um sorriso luminoso e arrebatador: "Estou ótimo, dr. Rus!" Um dia, enquanto batíamos um longo papo, Júnior me contou dos seus planos de se tornar pastor. Aparentemente, ele seguiu em frente.
> Juro que foi dessa maneira com a maioria de todos os pacientes de que cuidei. Às vezes eles se abriam e falavam sobre o que tinha ocorrido, mas esse não era o foco deles. Eles olhavam para a frente; rapidamente atingiam um grau de aceitação que eu jamais esperaria, dadas as circunstâncias. Em vez de ficarem obcecados com o que tinha acontecido, estavam preocupados com o que fariam dali por diante. Eu admirava esses pacientes, mas estava completamente confuso.
> Depois de mais de 25 anos de prática de medicina e com mais de 50 anos de experiência de vida, tinha confiança na minha compreensão da natureza humana; entretanto, meu treinamento e experiência prévia não me prepararam para o que testemunhei no Haiti. As pessoas com as quais meu grupo se deparou tinham todos os motivos para estarem deprimidas e com raiva, e eu esperava por isso. Afinal de contas, elas haviam perdido seus entes amados, partes do corpo, suas casas e seus meios de sobrevivência, e os dias que tinham pela frente eram, no mínimo, os mais incertos. Porém, elas não reagiam com pensamentos negativos, mas com impressionante resiliência emocional que desafiava suas circunstâncias. Sentiam-se imensamente gratas por estarem vivas e pelo que ainda tinham e constantemente expressavam esperança no

futuro. Nas tendas do hospital, onde cantos e preces irrompiam sem aviso, a comunidade de apoio a elas verdadeiramente se expandia.

De modo algum, estou reduzindo o sofrimento do povo haitiano. Sou, entretanto, fascinado pela sua formidável resiliência emocional, como observado pelo dr. Greenfield e outros.

De fato, existe evidência abundante de que a depressão seja a "doença da riqueza abundante", um transtorno da vida moderna no mundo industrializado, embora um estudo intercultural recente sugira que um índice de felicidade, chamado "satisfação com a vida", de fato aumenta com o ganho financeiro. O mesmo estudo informa, contudo, que a sensação do quanto uma pessoa é feliz no dia a dia ("sentimentos positivos") é quase que inteiramente desvinculada de seus ganhos financeiros. Em minha experiência, quanto mais as pessoas têm, menor a probabilidade de estarem contentes. Considere o seguinte:

- O risco de desenvolver uma depressão maior multiplicou por dez desde a Segunda Guerra Mundial.
- Pessoas que moram em países mais pobres têm menor risco de depressão do que as que moram em países industrializados.
- Em países desenvolvidos, as taxas de depressão são mais altas em habitantes de áreas urbanas do que em pessoas que residem em áreas rurais.
- Em geral, países com estilos de vida mais distantes dos padrões modernos têm os níveis mais baixos de depressão.
- Dentro dos Estados Unidos, a taxa de depressão dos membros da Velha Ordem Amish – uma seita religiosa que evita a modernidade em favor de estilos de vida que, grosso modo, imitam os dos americanos rurais do século passado – é cerca de um décimo da de outros americanos.
- Sociedades de caçadores e coletores no mundo moderno têm níveis extremamente baixos de depressão. A tribo Toraja da Indonésia, os trobriandeses da Melanésia e o povo Kaluli de Papua Nova Guiné são alguns exemplos. Entre os milhares de Kaluli avaliados, um pesquisador foi capaz de encontrar apenas uma pessoa com transtorno de depressão maior.

O psicólogo Martin Seligman, criador da psicologia positiva e diretor do Centro de Psicologia Positiva na Universidade da Pensilvânia, estudou a Velha Ordem Amish e os Kaluli. Ele reporta: "Nenhuma dessas culturas pré-modernas tem depressão nos altos níveis que nós temos." E conclui: "Juntando os fatos, parece haver alguma coisa na cultura moderna que cria solo fértil para a depressão."

Outro pesquisador importante cujo trabalho eu respeito muito é Stephen Ilardi, professor de psicologia da Universidade do Kansas e autor de *The Depression Cure* (A cura da depressão). Ele observa: "Quanto mais 'moderno' for o modo de vida de uma sociedade, mais alta é a taxa de depressão. Pode parecer confuso, mas a explicação é simples: o corpo humano não foi projetado para viver no ambiente moderno pós-industrial."

Se a epidemia de depressão é real, poderia ela derivar da divergência entre o ambiente e nossa herança genética? Seria ela um produto de estilos de vida fortemente influenciados pela riqueza e tecnologia e radicalmente diferente dos estilos de vida de nossos pais e avós?

Acredito que sim. Nós estamos cada vez mais sedentários e passamos a maior parte do tempo dentro de ambientes fechados. Comemos alimentos industriais muito alterados de suas fontes naturais e temos motivo para nos preocuparmos sobre como nossos hábitos alimentares modificados afetam nossos cérebros e nossos humores. Estamos submersos por uma sobrecarga sem precedentes de informação e estímulos nessa era de internet, e-mails, celulares e multimídia, todos eles favorecendo o isolamento social e, certamente, afetando nossa saúde emocional (e física).

Note que os comportamentos fortemente associados com a depressão (atividade física e contato humano reduzidos, consumo excessivo de alimentos processados, procura incessante por distrações) são exatamente os comportamentos que cada vez mais pessoas *podem* ter; elas são inclusive forçadas a tal comportamento pela natureza de seus trabalhos sedentários em ambientes fechados.

Esse tipo de vida simplesmente não era uma opção em grande parte da história humana, pois não havia infraestrutura para dar suporte a ela, muito menos exigi-la. Ninguém nesse mundo está tão distante do estilo de vida dos caçadores e coletores. A agricultura começou há 10 mil anos e, até 1801, 95% dos americanos ainda viviam em fazendas. Em 1901, a estimativa era de 45%; na virada do século XXI, menos de 2%. E, antes do início da agricultura industrial, os fazendeiros viviam uma vida muito mais saudável do que a maioria das pessoas atualmente. Sem os benefícios da medicina moderna e os avanços da saúde pública, eles tinham maior risco de contrair doenças infecciosas, mas passavam muito mais tempo ao ar livre e na natureza, condicionavam seus corpos com exercícios funcionais do trabalho manual, comiam comida integral, comunicavam-se cara a cara e usufruíam do apoio social das comunidades rurais.

Seligman, Ilardi e eu não estamos argumentando que a vida de nossos antecessores ou de nossos contemporâneos que evitam a modernidade era (ou é) fácil. Sem dúvida, era bastante árdua de maneiras que mal podemos imaginar nos dias de hoje, mas *árduo* não significa *depressivo*, nem *fácil* significa *satisfeito*. Na verdade, vidas árduas, como as dos nossos ancestrais e de contemporâneos "primitivos", parecem manter o ponto de ajuste emocional mais bem regulado. Para afirmar uma mudança complexa de maneira simples: nossas vidas no mundo desenvolvido passaram, predominantemente, de *árdua* e, *via de regra, satisfeita* para *fácil* e, *com frequência, deprimida*.

Os seres humanos evoluíram para prosperar em ambientes naturais e em grupos sociais unidos. Poucas pessoas podem, nos dias de hoje, desfrutar de uma vida assim e do equilíbrio emocional que ela promove, mas nossa predisposição genética para isso não mudou. O termo "transtorno de déficit de natureza" entrou recentemente para o vocabulário popular, embora ainda não faça parte do DSM nem tenha sido aceito pela comunidade médica. O termo, cunhado há alguns anos[6] para explicar a ampla variedade de problemas comportamentais em crianças que passam pouco tempo ao ar livre, agora é empregado como a causa fundamental de uma gama ainda maior de enfermidades físicas e emocionais em pessoas de todas as idades que se encontram afastadas do contato com a natureza.

Acredito que estamos reunindo evidências científicas em favor dos benefícios de se viver próximo à natureza, não apenas para apreciar sua beleza ou buscar sustentação espiritual, mas para manter nosso cérebro e sistema nervoso em bom funcionamento. Alguns exemplos:

---

[6] Por Richard Louv, em seu livro *Lost Child in the Woods* (A criança perdida no bosque), de 2005.

- Obtemos vitamina D, agora reconhecida necessária para melhorar a saúde do cérebro, passando um certo tempo sob o sol.
- Nossos ciclos de sono e vigília e outros ritmos circadianos são mantidos pela exposição à luz natural durante o dia e escuridão à noite. A falta de luz natural durante as horas de vigília e exposição à luz artificial à noite tumultuam esses ritmos, interferindo em nosso sono, energia e humor.
- Os caçadores-coletores e outros povos "primitivos" não desenvolvem problemas de visão ou a necessidade de lentes corretivas tão precocemente quanto as pessoas da nossa sociedade, provavelmente porque eles crescem olhando para paisagens distantes com mais frequência do que lendo livros, escrevendo ou olhando fixamente para a TV ou uma tela de computador. Como o olho é uma extensão direta do cérebro, a saúde do olho é um indicador da saúde do cérebro.
- Nossa audição evoluiu para acompanhar e analisar mudanças nos complexos padrões acústicos da natureza, como os das florestas, água corrente, chuva e vento. A evolução não nos preparou para suportar os tipos de som produzidos pelo homem que permeiam nossas cidades e vidas hoje. O barulho afeta intensamente nossas emoções, sistema nervoso e fisiologia. Considero o ruído urbano uma das grandes causas de ansiedade.

Os problemas derivados do transtorno de déficit de natureza são exemplos de um descompasso entre nossos genes e o ambiente moderno. Nossos cérebros simplesmente não são adequados para o mundo moderno. Possivelmente, a degeneração do bem-estar emocional típico da vida urbana moderna represente um efeito cumulativo de mudanças no estilo de vida que vêm ocorrendo há muitos anos, efeito este que agora subitamente ficou óbvio. Ainda assim, pergunto-me quais mudanças em particular poderiam ser responsáveis pelo aumento expressivo na depressão nos últimos vinte anos. A urbanização e a falta de contato com a natureza vêm ocorrendo há tempos. A proliferação de alimentos industriais tem aumentado nos últimos 50 anos, mas duvido que este seja o principal motivo. Se tivesse de optar por uma única mudança recente, apontaria para as novas tecnologias de comunicação e informação, que acredito estarem alterando a atividade dos nossos cérebros e levando ao nosso isolamento social. Não sofremos apenas de déficit de natureza, estamos também vivenciando uma sobrecarga de informações. Muitas pessoas hoje passam grande parte do seu tempo navegando na internet, enviando mensagens de texto e falando em celulares, lidando com e-mails, assistindo à televisão e recebendo estímulos de outras mídias – experiências jamais disponíveis até agora. Acredito que todos esses estímulos, sem precedentes tanto na característica como na quantidade, sejam o principal desafio para o bem-estar emocional e, provavelmente, um fator significativo na atual epidemia de depressão.

À proporção que as pessoas ficam mais prósperas, tornam-se mais isoladas. A abundância material nos convence de que não precisamos de grupos de amigos íntimos (e todo o conflito pessoal inevitável que resulta de grandes famílias ou tribos). Antes que as pessoas pudessem ter recursos para comprar um ar-condicionado, por exemplo, passavam as noites de verão nas varandas das casas, socializando com os vizinhos. (Lembro-me muito bem disso na minha infância em uma casa geminada na Filadélfia.) O ar-condicionado e outros confortos modernos nos permitem ficar dentro de casa sozinhos. "Agora posso cuidar de mim mesmo", dizemos, pensando ser algo bom. Enquanto isso, o fascínio pelo entretenimento sintético – televisão, internet – é assustadoramente comparável à falsa promessa dos alimentos industriais. Parece a essência dos bons aspectos da vida social, sempre entretendo, ainda que fácil de abandonar quando se torna entediante ou desafiador. Contudo, de forma similar à *junk food* – que não possui valor nutritivo – esse tipo de entretenimento é acima de tudo insatisfatório e potencialmente prejudicial. Nossos cérebros, geneticamente adaptados para nos ajudar a encontrar um bom percurso pelos ambientes naturais complexos, mutáveis e frequentemente perigosos, são subitamente confrontados com uma superabundância de informações e estímulos, independentemente da realidade física.

E aqui estamos nós, muito mais deprimidos do que nunca. A única solução que vejo é ajustarmos nossos estilos de vida, não nos tornando fazendeiros, caçadores-coletores ou homens das cavernas, mas adaptando os hábitos e comportamentos daqueles grupos ao contexto da vida moderna. Para prevenir e tratar a depressão e conquistar maior bem-estar emocional, temos de nos alimentar e nos exercitar adequadamente, mas também precisamos prestar atenção às formas como usamos nossa mente, trabalhando na redução de dispersões e do isolamento social. Serei mais específico na parte dois deste livro.

Antes de finalizar as considerações sobre depressão, gostaria de encarar esse tema a partir de outra perspectiva, a do campo relativamente novo da psicologia evolucionista, que tenta explicar nossos traços psicológicos como adaptações ou mecanismos da seleção natural. Ao descrever minhas experiências de depressão, disse que achava a intensa introspecção associada a ela, de alguma forma, fonte de inspiração. Sentia que a profunda interiorização, mesmo com humor negativo, permitia-me acessar uma energia criativa normalmente fora de alcance. Sabia, obviamente, que muitas pessoas altamente criativas e notáveis lutaram contra a depressão. Se pudesse enumerar todos os escritores, artistas, compositores e atores afetados pela depressão, a lista seria com certeza bastante longa. Muitos tornaram-se dependentes de álcool ou drogas que alteram o humor, e não foram poucos os que cometeram suicídio.

Mais de 20 estudos embasam a relação entre depressão e criatividade. Possivelmente escritores, artistas e outras pessoas criativas são mais inclinados a compreender a si mesmos e, portanto, voltam suas mentes para o interior de si mesmos, refletindo sobre possibilidades, buscando respostas, mentalmente explorando o que está errado e como pode ser aprimorado. Uma palavra para esse processo mental é *ruminação*, geralmente considerada como aspecto da patologia da depressão. *Ruminar* é pensar muitas e muitas vezes, devanear, meditar, ponderar. Os psicólogos clínicos veem a ruminação como "um modo de reagir ao sofrimento que envolve focalizar repetidamente os sintomas dessa angústia e suas possíveis causas e consequências." Mas ruminação também parece ser um processo mental interior direcionado, que é a base da criatividade. Será que a ruminação, ou mesmo a suscetibilidade humana para a depressão, tinha um propósito, a partir de uma perspectiva evolutiva?

Andy Thomson, psiquiatra da Universidade de Virgínia, e Paul Andrews, psicólogo evolucionista da Virginia Commonwealth University, sugerem uma resposta a essa questão. Os dois pesquisadores dizem, em um artigo na revista *New York Times,* em 2010, intitulado "Depression's Upside" (O lado positivo da depressão):

Começou com a observação de que a ruminação era com frequência a resposta a um golpe psicológico, como a morte de um ente querido ou a perda de um emprego. (Darwin mergulhou em luto debilitante depois que sua filha de 10 anos de idade, Annie, veio a falecer após ter contraído escarlatina.) Embora o manual DSM, a bíblia de diagnósticos da psiquiatria, não leve tais fatores em consideração ao diagnosticar um transtorno depressivo – a exceção é o sofrimento causado por luto, contanto que não dure mais de dois meses –, fica claro que os problemas da vida diária desempenham um papel considerável na causa de doenças mentais. "É claro que a ruminação é desagradável", Andrews diz. "Mas é normalmente uma reação a algo real, uma adversidade real. Não parecia certo que o cérebro ficasse confuso justamente quando mais precisávamos dele."

Imagine, por exemplo, uma depressão provocada por um divórcio difícil. A ruminação pode adotar a forma de arrependimento ("Eu deveria ter sido um cônjuge melhor"), hipóteses recorrentes ("E se eu não tivesse tido um caso?") e ansiedade com relação ao futuro ("Como as crianças vão lidar com o divórcio? Vou poder pagar a pensão alimentícia?"). Enquanto esses pensamentos reforçam a depressão – e por isso os terapeutas tentam impedir o ciclo de ruminação – Andrews e Thomson perguntam-se se ela poderia também ajudar as pessoas a se prepararem para a vida de solteiro ou permitir que aprendam com seus erros. "Comecei a pensar sobre como, mesmo estando você deprimido há alguns meses, a depressão poderia ser válida se o ajudasse a compreender os relacionamentos sociais", diz Andrews. "Talvez você se dê conta de que precisa ser menos rígido ou mais carinhoso. Essas são percepções que podem advir da depressão e podem ser muito valiosas."

Do mesmo modo que Thomson e Andrews, como mencionei na introdução deste livro, acredito que possa ser normal, saudável, até mesmo produtivo vivenciar uma depressão leve a moderada de vez em quando, como parte do espectro de variação emocional, tanto como reação apropriada a uma situação ou como forma de acessar seu interior e ruminar mentalmente os problemas para encontrar soluções. Ainda valorizo meus períodos ocasionais de humor depressivo como fontes de conhecimento intuitivo, inspiração e energia criativa, porque, quando saio deles, sinto-me revigorado e mais produtivo. Encontrei estratégias que me ajudam a superá-los e fico muito aliviado por não ficar mais preso a eles.

O poeta John Keats escreveu em uma carta: "Você não consegue ver o quanto um mundo de dores e provações é necessário para treinar a inteligência, transformando-a em alma?" Entretanto, não quero ir longe demais para justificar ou romantizar a depressão, pois ela pode render frutos que compensem a dor emocional ocasional, mas ninguém, creio eu, tira proveito de meses ou anos de tristeza, autodepreciação e ciclos infindáveis de ruminação. Estou certo de que a maioria das pessoas atingidas pela atual epidemia de depressão querem se ver livres dela. A melhor forma de superá-la é compreender e ponderar todos os fatores sob nosso controle que influenciam tanto a nossa resiliência quanto os nossos limites emocionais. Continue lendo: eu lhe direi como fazer isso depois de explicar as formas novas e antigas para entender e mudar a relação entre as atividades de nossos cérebros e nossas emoções. Eu lhe asseguro que isso é possível. Você vai chegar lá.

3

A necessidade de uma nova abordagem em saúde mental

A epidemia de depressão vem ocorrendo em uma época em que a área de saúde mental mostra-se muito ativa. Nunca houve tantos profissionais diversos de saúde mental tratando de um número tão grande de pessoas: psiquiatras, psicólogos clínicos, assistentes sociais e terapeutas de todos os tipos. Temos um "arsenal terapêutico" de medicamentos para nos tornar mais felizes, mais calmos e mais sãos. Quando folheio os anúncios farmacêuticos que tomam tanto espaço nas revistas de psiquiatria, tenho a sensação de que todos deveríamos estar em excelente estado emocional. Depressão e ansiedade deveriam estar erradicadas, como varíola e pólio. Porém, cada vez mais estamos descontentes, sem usufruir de melhor bem-estar emocional. O que há de errado nesse quadro? Por que essa vasta demanda de profissionais de saúde mental não é capaz de melhorar nosso bem-estar?

Considere a possibilidade de os pressupostos básicos predominantes na comunidade de medicina psiquiátrica estarem obsoletos e não nos servirem adequadamente. Esses pressupostos fazem parte do modelo biomédico de saúde mental e prevalecem em toda a psiquiatria.

Em 1977, a revista *Science* publicou um artigo controverso cujo título era "The Need for a New Medical Model: A Challenge for Biomedicine" (A necessidade de um novo modelo médico: um desafio para a biomedicina). Eu o considero um marco na filosofia médica e na fundamentação intelectual da medicina integrativa de hoje. O autor foi um professor de psiquiatria da Universidade de Medicina de Rochester (Nova York), dr. George L. Engel. Determinado a ultrapassar as influências limitantes do dualismo cartesiano, que designa corpo e mente como sistemas diferentes, Engel idealizou estudantes de medicina do futuro aprendendo que saúde e doença resultam da interação de fatores biológicos, psicológicos, sociais e comportamentais, e não de fatores biológicos isoladamente. Foi pioneiro na medicina psicossomática, dedicando grande parte de sua carreira a ampliar nosso entendimento sobre as doenças. Seu interesse especial era pela saúde mental.

George Engel morreu em 1999 com sua visão em grande parte irrealizada. Na verdade, a medicina psicossomática perdeu força algum tempo antes de sua morte e não foi mais capaz de desafiar a ascendência da medicina biológica.

O pensamento de que "a biologia explica tudo" estava no auge quando eu era estudante da Faculdade de Medicina de Harvard, no fim da década de 1960. Naquela época, aprendi que somente quatro doenças eram psicossomáticas: úlcera péptica, artrite reumatoide, bronquite asmática e colite ulcerativa. Quatro enfermidades de um catálogo inteiro não é muito, mas, pelo menos nessas, os médicos admitiam que fatores mentais/emocionais desempenhavam algum papel. A úlcera péptica foi retirada da lista no início dos anos 1980 quando uma infecção bacteriana (*Helicobacter pylori*) foi identificada como a causa "real" das úlceras, tratáveis agora com antibióticos. A investigação de fatores biológicos associados às três doenças remanescentes levaram a tratamentos com medicamentos mais poderosos para as mesmas e diminuíram muito o interesse em investigar quaisquer fatores psicológicos, sociais ou comportamentais envolvidos. Os reumatologistas de hoje, por exemplo, estão mais entusiasmados com uma nova classe de medicamentos imunossupressores, chamados bloqueadores do TNF-alfa,[7] que frequentemente parecem colocar a artrite reumatoide e a colite ulcerativa em completa remissão. Não importa que esses medicamentos sejam altamente tóxicos e muito caros; uma vez que os médicos os prescrevem para essas doenças, já não veem motivos para abordar fatores emocionais ou relacionados a estilo de vida dos pacientes que as apresentam.

Embora os esforços de George Engel na medicina psicossomática estivessem à frente do seu tempo, é grande sua relevância nos dias de hoje e aconselho a todos os profissionais de saúde, especialmente os de saúde

---

[7] Para fator de necrose tumoral TNF-alfa, um mensageiro químico do sistema imunológico; o Remicade (infliximab) é um medicamento popular.

mental, a ler o artigo datado de 1977 publicado na revista *Science*. Resumirei seu "Desafio para a biomedicina" aqui, pois ele expõe as grandes limitações do modelo conceitual que hoje domina a medicina em geral e a psiquiatria em particular. Esse modelo geralmente falha em ajudar os médicos a manter e curar nossos corpos físicos e atrasou enormemente nossa compreensão e capacidade de lidar com a epidemia de depressão e outros transtornos de humor que assolam nossa sociedade. Ele não aponta o caminho para a satisfação, consolo, serenidade e resiliência, nem nos mostra como conquistar maior bem-estar emocional.

Modelos são sistemas de crenças – conjuntos de pressupostos e explicações que construímos para dar sentido às nossas experiências. Nas palavras de Engel: "Quanto mais socialmente destrutivo ou individualmente angustiante for o fenômeno, mais urgente a necessidade dos humanos em conceber sistemas explicativos." Doenças são fenômenos muito angustiantes e os seres humanos, ao longo da história, criaram uma variedade de sistemas de crenças para explicá-las, da ira dos deuses à possessão de espíritos e a desarmonia com as forças da natureza. O modelo dominante de doenças em nosso tempo é o biomédico, constituído sobre a base da biologia molecular. Conforme Engel explica:

> Esse modelo pressupõe que a doença seja totalmente explicada através de desvios de uma norma com variáveis biológicas (somáticas) mensuráveis. Não há espaço nesse contexto para as dimensões social, psicológica e comportamental da doença. O modelo biomédico não apenas exige que se lide com a doença como uma entidade independente do comportamento social, como também demanda que as aberrações comportamentais sejam explicadas com base no processo de desordem corporal (bioquímico e neurofisiológico). Portanto, o modelo biomédico abarca tanto o reducionismo – a visão filosófica na qual fenômenos complexos são, em última análise, derivados de um único princípio primário – quanto o dualismo mente-corpo.

Engel continua dizendo: "O modelo biomédico... tornou-se uma imposição cultural, com suas limitações facilmente negligenciadas. Em resumo, este modelo adquiriu agora o status de *dogma*... O dogma biológico requer que as doenças, incluindo as enfermidades 'mentais', sejam conceituadas como desordens com base em mecanismos físicos." Ele propôs uma alternativa: um modelo *biopsicossocial* de saúde e doença.

Não há dúvida de que, no século passado, a biomedicina avançou nosso conhecimento sobre biologia humana, mas o verdadeiro teste de um modelo científico – a medida de sua superioridade em relação a um sistema de crenças alternativo – é se ele aumenta nossa capacidade em descrever, prever e controlar fenômenos naturais. Em meus livros sobre saúde e cura, escrevi muito sobre como a aplicação rigorosa do modelo biomédico na realidade dificultou nosso entendimento e nossa maneira de lidar com doenças comuns. Por exemplo, salientei que há falhas em justificar por que muitas pessoas infectadas com *H. pylori* jamais desenvolvem úlcera péptica ou apresentam quaisquer sintomas. Elas convivem com a bactéria de maneira equilibrada. Obviamente, outros fatores, e não a simples presença daquele germe, influem na úlcera péptica, incluindo a força ou a limitação das defesas do hospedeiro, a resistência de um indivíduo. Uma dessas defesas é o suco gástrico, cuja produção é influenciada pelo sistema nervoso autônomo, por meio das emoções. Na reação de "luta ou fuga", o sistema nervoso simpático (que faz parte do sistema nervoso autônomo) inibe a função gastrointestinal, que é desnecessária em uma emergência, com o objetivo de desviar energia e fluxo sanguíneo para os músculos. Isso inclui interromper a produção de ácido no estômago. Na ansiedade crônica e estresse, o sistema nervoso simpático está constantemente hiperativo e, portanto, há constantemente menos ácido no estômago para impedir que germes potencialmente invasivos causem dano nos tecidos. Dizer que a infecção por *H. pylori* está fortemente relacionada com a úlcera péptica está correto. Dizer que é a única causa da úlcera é o mesmo que ignorar a complexidade das causas e a possível influência das emoções.

Em 1980, a Associação Americana de Psiquiatria revisou radicalmente o Manual de Diagnósticos e Estatísticas de Transtornos Mentais (DSM-III) para que estivesse de acordo com o modelo biomédico. Como resultado, o papel dos psiquiatras mudou: em vez de facilitarem o insight de seus pacientes, a direção tomada foi a de receitar medicamentos que modificam a química do cérebro. Embora alguns psiquiatras ainda façam uso da conversa como forma de terapia, a profissão como um todo, de todas as especialidades médicas, é a mais completamente dominada – e, a meu ver, a mais limitada – pela fé cega na biomedicina. Os psiquiatras foram facilmente seduzidos por conta de um complexo de inferioridade coletivo em relação ao seu lugar na hierarquia médica. Ainda chamados de "médicos bruxos" e *shrinks* (os que encolhem as cabeças), eles mesmos têm um histórico de questionamento em relação ao seu real status como médicos, assim como à necessidade do mesmo treinamento médico básico de cardiologistas e cirurgiões. Com a ascendência espetacular da biomedicina, o seu desconforto cresceu e, não querendo ficar para trás, procuraram maneiras de ser até mais biologicamente corretos que seus colegas de outras especialidades. Conseguiram seu passaporte para a aceitação em uma área nova e em franco desenvolvimento, a psicofarmacologia – que investiga medicamentos para tratar transtornos mentais e emocionais.

Em 1921, Otto Loewi (1873-1961), um farmacologista alemão, demonstrou que as células nervosas (os neurônios) se comunicam liberando substâncias químicas. Anteriormente, os neurocientistas achavam que a comunicação nervosa se dava por meio de impulsos elétricos. Dentre os vários avanços importantes que se seguiram a partir do trabalho de Loewi, estavam a identificação de neurotransmissores e a descoberta de receptores na superfície das células que os unem. Neurotransmissores são substâncias químicas produzidas em nosso corpo e armazenadas em pequenas bolsas agrupadas no interior de um neurônio e liberadas para o interior da sinapse (a fenda entre o neurônio e a célula-alvo), que pode ser outro neurônio (o neurônio pós-sináptico), um músculo ou uma glândula. As moléculas liberadas então se ligam aos receptores – proteínas especializadas na superfície da membrana da célula-alvo – promovendo mudanças nessa célula, tornando-a mais ou menos predisposta a produzir um sinal elétrico (no caso de um neurônio) ou secretar um hormônio (no caso de uma glândula.) Mais tarde, os neurotransmissores podem se separar dos seus receptores e serem recolhidos pelas células pré-sinápticas, para serem reutilizados ou divididos por enzimas em metabólitos inativos. Os neurocientistas compilaram recentemente longas listas de neurotransmissores, descreveram suas ações e identificaram muitos tipos e subtipos de receptores.

Os três neurotransmissores mais estudados são a noradrenalina, a dopamina e a serotonina, todos relevantes ao assunto deste livro, pois influenciam nossos humores e emoções. Por exemplo, a dopamina está envolvida no que é conhecido como "circuito de recompensa cerebral"; drogas que o afetam podem alterar a experiência de prazer. A cocaína é uma delas. Ela bloqueia a reabsorção da dopamina pelo neurônio pré-sináptico, aumentando de forma eficiente sua ação na sinapse e produzindo uma resposta de intenso prazer. Com o uso prolongado da cocaína, os neurônios póssinápticos tornam-se menos capazes de responder à dopamina, levando à depressão e consequente dependência da droga para aliviá-la. A hipótese da dopamina na esquizofrenia relaciona a psicose à hiperatividade desse neurotransmissor. A noradrenalina regula tanto o circuito de recompensa cerebral quanto a excitação sexual. Distúrbios nesse sistema neurotransmissor estão associados com o transtorno de ansiedade. A serotonina, por sua vez, afeta o humor e o sono.

As drogas psiquiátricas mais usadas hoje influenciam a produção e os efeitos desses neurotransmissores. Os psicofarmacologistas conquistaram seu primeiro grande avanço na década de 1950, a partir do trabalho com anti-histamínicos, usados para eliminar sintomas de alergia. Embora os anti-histamínicos sejam mais conhecidos por bloquear os efeitos do composto químico responsável por certas respostas imunológicas, eles também afetam o cérebro, com frequência fazendo com que as pessoas se sintam grogues, sonolentas e desanimadas. Ao fazer experimentos com essas moléculas, os químicos produziram uma nova classe de medicamentos psicoativos – as fenotiazinas – que conseguiram bloquear a transmissão da dopamina. O Thorazine e outras fenotiazinas foram comercializados com sucesso como tranquilizantes importantes e antipsicóticos e rapidamente revolucionaram o tratamento da esquizofrenia. Os psiquiatras o aclamam como compostos químicos mágicos que curam a psicose, enquanto seus críticos argumentam que eles apenas deixam os psicóticos mais atordoados, sedados e fáceis de lidar, inclusive os pacientes tratados fora dos hospitais. Estimulados por esse avanço, os psicofarmacologistas voltaram sua atenção para a depressão. Nos últimos 60 anos, foram propostos inúmeros medicamentos para tratá-la.

Tais esforços nos deram uma oportunidade de avaliar a utilidade do modelo biomédico na psiquiatria. Na prática, a medicina psiquiátrica é hoje sinônimo de psicofarmacologia. A crença dessa área é a de que "não existe pensamento deformado sem uma molécula deformada".[8] O modelo biomédico explica a depressão como resultado de um desequilíbrio quí-

---

[8] Palavras do neurofisiologista americano Ralph Gerard (1900-1974).

mico no cérebro, especificamente de neurotransmissores, afetando nosso humor. Até que ponto essa explicação nos permite descrever, prever e controlar as doenças depressivas? Em outras palavras, será que são eficazes os medicamentos antidepressivos desenvolvidos pelos psicofarmacologistas, vendidos em larga escala pelas grandes indústrias farmacêuticas e consumidos por um número considerável de pessoas atualmente? Receio dizer que a resposta seja: não muito.

O primeiro antidepressivo foi descoberto acidentalmente em 1952. Descobriu-se que o Iproniazid, agente antimicrobiano sendo estudado como possível tratamento para a tuberculose, afetava o humor, fazendo com que até pacientes terminais ficassem mais animados e otimistas. A investigação de um possível mecanismo para esse efeito psicoativo inesperado revelou que a droga bloqueava a divisão das enzimas de três grandes neurotransmissores: noradrenalina, dopamina e serotonina. Os químicos farmacêuticos procuraram então outras drogas com a mesma ação e, logo depois, produziram uma classe diferente de antidepressivos modificando os tranquilizantes fenotiazínicos. Essa nova classe ficou conhecida como "antidepressivos tricíclicos", dos quais o protótipo foi a amitriptilina. A empresa Merck deu-lhe o nome comercial de Elavil. Em 1961, o FDA aprovou o Elavil para o tratamento da depressão maior, e ele rapidamente se tornou campeão de vendas. Os medicamentos tricíclicos bloqueiam a reabsorção pré-sináptica da noradrenalina e da serotonina, sem afetar a dopamina.

Tendo em vista que os primeiros antidepressivos tinham efeitos colaterais desagradáveis e interações graves com outras drogas e medicamentos, os químicos farmacêuticos continuaram sua procura por medicamentos melhores, com ações mais específicas. Mas que ações específicas seriam essas? Alguns pensavam que a deficiência de noradrenalina era a causa bioquímica da depressão. Outros argumentavam ser a deficiência de serotonina e procuravam compostos para impedir sua queda e reabsorção. Os defensores da hipótese sobre a serotonina foram vitoriosos; sua grande descoberta veio na década de 1970. É interessante que, novamente, ela surgiu a partir de pesquisas com um anti-histamínico.

É bem provável que você já tenha tomado Benadryl (difenidramina) em algum período da vida. É um dos anti-histamínicos mais antigos e mais usados, o primeiro medicamento desse tipo a ser aprovado (em 1946) pelo

FDA para prescrição. O Benadryl é tão sedante que agora é vendido sem prescrição médica como indutor do sono. Na década de 1960, descobriu-se que este medicamento consagrado tinha uma ação independente do seu efeito sobre a histamina: ele seletivamente inibia a recaptação de serotonina. Ao modificar sua molécula, os cientistas da empresa Eli Lilly and Company, nos anos 1970, produziram o primeiro inibidor seletivo de recaptação de serotonina seguro, a fluoxetina, mais conhecido pelo seu nome comercial, Prozac. Hoje em dia, a explicação biomédica de depressão é a de que ela resulta da deficiência de serotonina em sinapses em áreas fundamentais do cérebro; portanto, aumentar a atividade desse neurotransmissor com medicamentos que bloqueiem sua reabsorção poderá tratar ou curar o problema.

Aposto que 30 anos atrás nem um americano em mil tinha ouvido falar deste neurotransmissor – ou de qualquer neurotransmissor, no que diz respeito a esse assunto. Hoje, quando você procura no Google a palavra "serotonina", cerca de 14 milhões de resultados aparecem, e a Amazon vende cerca de 3 mil livros com a palavra no título (incluindo *The Serotonin Solution: The Potent Brain Chemical That Can Help You Stop Bingeing, Lose Weight, and Feel Great* – A serotonina resolve: a potente substância química cerebral que o ajuda a parar com a comilança, perder peso e sentir-se bem). "*Serotonin*" é o nome de um time de luta livre profissional e um álbum de uma banda inglesa, The Mystery Jets. Você pode até anunciar sua tristeza com a chegada do outono para os amigos em um cartão que diz: "As folhas e o meu nível de serotonina estão caindo." O neurotransmissor antes obscuro é parte da cultura popular e elevar os níveis da substância química do prazer se tornou uma obsessão pública.

Nada disso aconteceu por acaso. Para vender medicamentos antidepressivos, a indústria farmacêutica lançou uma implacável campanha de publicidade mundial promovendo a serotonina como a essência química da felicidade. A mensagem é a de que inibidores seletivos de reabsorção de serotonina – ISRS – aumentam os níveis sinápticos da serotonina no cérebro, diminuindo sua taxa de reabsorção pelos neurônios pré-sinápticos e acabando com a depressão. Psiquiatras e outros médicos obtiveram uma versão técnica da mensagem, enquanto os consumidores ficaram com a mais simplificada, com frequência reduzida ao brado de guerra: "Aumente sua serotonina!"

O único problema é que isso provavelmente não é verdade.

Assim como a hipótese sobre a dopamina na esquizofrenia e outras tentativas de atribuir fenômenos mentais complexos a causas bioquímicas simplistas, a hipótese sobre a serotonina é, no mínimo, duvidosa. Vários estudos comprovaram que baixar os níveis de serotonina *não* tem impacto negativo sobre o humor. Na verdade, um novo produto farmacêutico conhecido como tianeptina – vendido na França e em outros países europeus sob o nome comercial de Coaxil – tem se mostrado mais eficaz que o Prozac. A tianeptina trabalha no sentido de *diminuir* a serotonina sináptica. Irving Kirsch, professor de psicologia da Universidade de Hull, na Inglaterra, faz a seguinte afirmação, publicada na *Newsweek*: "Se a depressão pode ser igualmente afetada pelas drogas que aumentam a serotonina e por outras que, diversamente, a diminuem, torna-se difícil imaginar que benefícios podem ser atribuídos às suas reações químicas."

Na realidade, o acúmulo de evidências demonstra que, na maioria dos casos, os ISRS não diferem dos placebos para melhorar o humor. A primeira análise desse tipo, publicada em 1998, examinou 38 estudos patrocinados por fabricantes e que incluíam mais de 3 mil pacientes deprimidos. A diferença de melhora entre os que tomaram a medicação e os que tomaram uma pílula neutra (placebo) foi insignificante. Pelo menos 75% dos benefícios desta classe de antidepressivos pareciam ter um efeito placebo. Essa descoberta vem sendo confirmada por outras pesquisas.

Dizer que os médicos influenciados pela medicina biomédica têm relutado em aceitar esse fato, ou modificar seus hábitos de prescrição, seria uma grande mitigação. A mídia profissional e a popular vêm tentando minimizar a importância dessa nova pesquisa e, em alguns casos, a relataram de maneira imprópria. Em abril de 2002, a Revista da Associação Médica Americana (*JAMA*) publicou resultados de um amplo estudo, com procedimentos aleatórios e controlados, patrocinado pelo Instituto Nacional de Saúde dos Estados Unidos para avaliar o tratamento popular com fitoterápicos para depressão, a erva-de-são-joão (*Hypericum perforatum*). Seu efeito foi comparado ao do fármaco ISRS amplamente prescrito, Zoloft (sertralina), e ao placebo, em 340 pacientes com transtorno de depressão maior. A conclusão que gerou notícias de primeira página no mundo todo foi a de que a erva-de-são-joão teve ação semelhante à do placebo para aliviar a depressão. Noticiários de televisão mostraram repórteres em lojas de suplementos alimentares apontando para produtos com a erva-de-são-joão, alertando os consumidores para não desperdiçarem dinheiro com remédios naturais cujos supostos benefícios nada mais são do que histórias da carochinha.

Não se levou em conta o fato de que a erva-de-são-joão não é indicada para o tratamento de depressão maior, o que faz com que o argumento desse estudo se torne questionável. (Existem evidências de que seja eficiente para depressão leve a moderada e falarei sobre isso no capítulo cinco.) A constatação desse estudo clínico bem elaborado, que deveria ter ocupado a primeira página das notícias, foi a de que o Zoloft não teve ação melhor que o placebo. Na realidade, o tratamento com placebo foi mais eficaz do que o Zoloft e a erva-de-são-joão em pacientes muito deprimidos!

Irving Kirsch resume as evidências crescentes contra os antidepressivos ISRS em seu livro, lançado em 2010, *The Emperor's New Drugs: Exploding the Antidepressant Myth* (As novas drogas do imperador: acabando com o mito dos antidepressivos), o qual recomendo. Em resposta, defensores dos medicamentos e da hipótese da serotonina recuaram para uma posição mais defensiva: antidepressivos ISRS devem muito de seu benefício aparente à crença dos pacientes, eles admitem, mas esses medicamentos têm ainda um efeito bioquímico real que os torna úteis no tratamento da depressão *severa*. Infelizmente para os defensores dos ISRSs, uma análise mais recente, publicada na edição de 6 de janeiro de 2010 da *JAMA*, avalia o efeito bioquímico real dos antidepressivos ISRS como sendo de inexistente a desprezível, mesmo na maioria dos casos de depressão severa. Somente em pacientes com sintomas muito severos os pesquisadores conseguiram detectar benefícios estatisticamente significativos, em comparação ao placebo. Cerca de 13% das pessoas com depressão têm sintomas muito graves. Um dos colaboradores da Revista da Associação Médica Americana (*JAMA*), Steven D. Hollon, PhD, da Vanderbilt University, observa: "A maioria das pessoas [com depressão] não precisa de medicação psicoativa. Muitos ficariam tão bem com um comprimido de açúcar ou conversando com seus médicos, em comparação com os efeitos da medicação. Não importa o que você faça; o que importa é fazer alguma coisa."

Eu argumentaria que o desempenho deplorável de Prozac, Zoloft, Paxil e outros medicamentos antidepressivos em relação ao placebo não apenas deixam a hipótese da serotonina sem uma das bases de apoio, mas também expõem o fracasso do modelo biomédico no sentido de melhorar nossa compreensão e capacidade de lidar com os transtornos emocionais. Acredito firmemente que a natureza da depressão jamais será desvendada apenas com estudos sobre a bioquímica do cérebro, isolada do resto da experiência humana. Assim como a doença coronária, a depressão é um problema de saúde multifacetado, com origem em variáveis complexas de interações biológicas, psicológicas e sociais, melhor entendidas e administradas por um modelo biopsicossocial mais abrangente, como o proposto por George Engel.

A solidão, por exemplo, é um indicador poderoso de depressão. Inúmeros estudos mostram que pessoas com poucos relacionamentos íntimos estão mais propensas a ficarem deprimidas do que aquelas que gozam de uma rede valiosa de amigos e família. Os reducionistas podem alegar que fazer parte de um grupo estimula a serotonina, mas acredito que exista algo na vida social bem-sucedida que transcende qualquer efeito na função química do cérebro, pelo menos na medida do quanto entendemos a respeito dessa bioquímica. Em outras palavras, uma vida familiar feliz provavelmente aumenta a serotonina em alguns e a reduz em outros, deixando-a ainda inalterada em outros. Mesmo assim, tal situação deixa todos mais satisfeitos, serenos e relativamente imunes a transtornos de humor através da interação entre corpo, mente e meio social, interação essa que não pode ser reduzida aos elementos que a constituem.

O NOVO MODELO

No capítulo dois, escrevi sobre possíveis causas da epidemia de depressão na sociedade americana, entre elas o estilo de vida, como dietas com quantidades elevadas de comida processada, a falta de atividades físicas, o isolamento social devido à riqueza e a atividade cerebral alterada pelo excesso de informações. Com seu foco restringido pela biologia molecular, o modelo biomédico não se vale dessa realidade e os médicos sob seu encanto não podem dar aos pacientes deprimidos os conselhos necessários para solucionar as causas complexas de seus problemas. Tudo o que fazem é receitar medicamentos que, para a maioria dos pacientes, terão o mesmo efeito de comprimidos de açúcar.

Empenhado em propiciar aos profissionais de saúde mental mais e melhores opções, organizei o primeiro congresso nacional nos Estados Unidos, em março de 2010, sobre saúde mental integrativa. Com a dra. Victoria Maizes, diretora-executiva do Centro de Medicina Integrativa do Arizona, convidei psiquiatras, psicólogos, assistentes sociais e outros profissionais de saúde para participarem de um evento de três dias em Phoenix, Arizona, com o objetivo de "aprender como tratar os pacientes dentro de um novo paradigma da saúde mental integrativa, que se utiliza de métodos alternativos comprovados, em combinação com medicamentos e terapia tradicional para lidar com as necessidades físicas, psicológicas e espirituais dos pacientes". O uso da palavra *espiritual* aqui é significativo; expande o conceito de George Engel para incluir outra dimensão da vida humana, frequentemente deixada de lado na medicina. Ao acrescentá-la, criamos o modelo *biopsicossocial-espiritual*. Por conveniência, prefiro o termo *integrativo* para descrever esta nova maneira de pensar sobre saúde e doença em geral, e mental em particular.

A dra. Maizes e eu convidamos médicos e pesquisadores líderes para compartilhar suas experiências e descobertas com nossos participantes. Planejamo-nos para um público de 300 pessoas, mas, em um período de grande recessão econômica, a conferência atingiu um total de 700 inscritos seis semanas antes do início. Se tivéssemos um local maior, poderíamos ter dobrado esse número, tão grande foi o interesse no assunto – o que acredito ser uma prova de que os profissionais estão ainda mais cansados do que os próprios pacientes com a falta de perspectiva representada pelo tratamento restrito à prescrição de medicamentos.

No dia do encerramento do congresso, falei sobre os insucessos do modelo biomédico e das importantes vantagens do novo modelo de saúde mental integrativo. Citei Albert Einstein com relação aos modelos conceituais:

> Criar uma nova teoria não é como destruir um celeiro antigo e fazer subir um arranha-céu em seu lugar. É mais como escalar uma montanha, adquirindo visões novas e mais abrangentes, descobrindo conexões inesperadas entre

nosso ponto de partida e seu valioso ambiente. Mas o ponto de onde partimos ainda existe e pode ser visto, embora pareça menor e represente uma parte diminuta de nossa visão ampliada, conquistada pelo domínio dos obstáculos em nossa corajosa escalada.

O novo modelo de saúde mental integrativo não ignora a atividade bioquímica do cérebro. Ele leva em consideração as correlações entre desequilíbrios nos neurotransmissores e transtornos de humor. Tampouco rejeita a psicofarmacologia. Os planos do tratamento integrativo para a depressão, particularmente para a depressão severa, podem certamente incluir medicação, mas meus colegas e eu preferimos tentar outros métodos primeiro, fazendo uso de medicamentos antidepressivos para administrar a crise no curto prazo, evitando recorrer às drogas farmacológicas como soluções de longo prazo. (Explicarei no capítulo cinco como e quando recomendo usá-las.) Um dos palestrantes convidados, um conhecido especialista em psicofarmacologia, fez uma apresentação otimista sobre os medicamentos psiquiátricos do futuro, mais específicos e com ações mais bem direcionadas. As pessoas o ouviram com interesse, mas demonstraram maior entusiasmo pelas palestras sobre a importância crítica de dietas ricas em ácidos graxos ômega-3 para otimizar a saúde emocional e a mais nova comprovação da neurociência sobre os benefícios da meditação, entre outros tópicos.

Segue uma amostragem das apresentações:

- Controle nutricional no transtorno bipolar em adultos e jovens
- Terapia do riso
- Medicina mente-corpo: hipnose clínica para doenças e saúde mental
- A criação da química da alegria: integrando terapias naturais e de atenção plena para ansiedade e depressão
- Acupuntura e medicina chinesa para saúde mental
- A transformação da mente através de mudanças no cérebro: meditação e neuroplasticidade
- Deficiências de ácidos graxos essenciais e ômega-3 e mecanismos de abuso de substâncias
- Sono, sonhos e saúde mental: uma inter-relação crucial

A NECESSIDADE DE UMA NOVA ABORDAGEM EM SAÚDE MENTAL ✦ 61

Se dissesse que os psiquiatras, psicólogos e outros profissionais de saúde mental presentes gostaram dessa perspectiva mais ampla, estaria omitindo seu entusiasmo. Um deles nos contou que esperava há anos um congresso desse tipo. Outro comentou que levaria as informações recebidas e as usaria para mudar práticas padronizadas em grandes grupos de assistência em saúde mental em seu estado. Muitos demonstraram interesse em buscar treinamento formal em saúde mental integrativa, o que eu e meus colegas na Universidade do Arizona esperamos propiciar. A dra. Ulka Agarwal, psiquiatra chefe do Centro de Saúde dos Estudantes na California State University East Bay, escreveu:

> Recentemente atendi uma jovem de 25 anos com depressão moderada. Ela teve uma experiência insatisfatória com antidepressivos no passado e não queria tentar outro medicamento. Não podia pagar pela terapia e não tinha muita orientação ou apoio social em sua vida. Ela me questionou sobre mudanças na alimentação e disse que estava pensando em comprar suplementos que vira na televisão. Senti que precisava de orientação e estava bastante aberta a tentar tratamentos naturais, porém não sabia como aconselhá-la. Estava realmente decepcionada e, obviamente, ela também. Essa foi uma das inúmeras vezes que um paciente estava disposto a tentar fazer mudanças no estilo de vida e, entretanto, eu não tinha o conhecimento para ajudá-lo. Estou bastante animada para receber o treinamento em saúde mental integrativa e finalmente ser capaz de oferecer aos meus pacientes a orientação e a informação de que precisam para se sentirem melhores.

As palestras que particularmente me interessaram foram sobre neuroplastia, o potencial que o cérebro e o sistema nervoso têm para mudar e se adaptar. Os palestrantes eram neurocientistas influenciados pela psicologia budista e os ensinamentos do Dalai Lama.[9] Usando novas técnicas, como

---

[9] Dr. Richard Davidson, diretor do Centro de Investigação de Mentes Saudáveis da Universidade de Wisconsin-Madison; Dr. Jon Kabat-Zinn, fundador da Clínica de Redução de Estresse e do Centro de Atenção Plena em Medicina, Cuidados com a Saúde e com a Sociedade, Faculdade de Medicina da Universidade de Massachusetts; Dr. Daniel Siegel, do Centro de Pesquisa em Atenção Plena, Faculdade de Medicina da UCLA.

a tomografia por emissão de pósitrons (PET) e imagens por ressonância magnética, que tornam possível visualizar cérebros em atividade, eles foram capazes de mostrar que indivíduos treinados em meditação possuem atividade cerebral diferente dos que não possuem esse treinamento, respondendo de maneira diversa a situações que causariam a perda do equilíbrio emocional à maioria de nós. A implicação mais abrangente dessa pesquisa é a de que mudanças na mente podem causar mudanças na função e estrutura do cérebro, um fato que não podia ser explicado pelo modelo biomédico e que sugere muitas opções para assumirmos o controle do nosso bem-estar emocional.

Em resumo, olhar para os seres humanos como nada além da soma de interações bioquímicas foi provavelmente um estágio necessário da evolução médica. Os sistemas médicos do passado não tinham a tecnologia para estudar a base biológica da saúde humana com rigor e precisão. Agora, temos a tecnologia e a usamos de forma a adquirir conhecimentos inestimáveis sobre nossos corpos físicos. É impossível, contudo, restaurar ou promover a saúde humana a menos que você comece pela definição completa de um ser humano. Uma definição incompleta sempre resultará em diagnósticos incompletos e tratamentos que deixam a desejar.

Agora é o momento de subir a montanha e considerar o modelo biomédico como parte de nossa visão ampliada. Nossa saúde, ou a falta dela, é o resultado de interações bioquímicas *e* genéticas, opções na alimentação, regularidade nas atividades físicas, hábitos de sono, esperanças, medos, família, amigos, emprego, *hobbies*, cultura, ecossistema e mais ainda. Desequilíbrios químicos no cérebro podem certamente ser correlacionados à depressão, ansiedade e outros distúrbios emocionais, mas as flechas da causa e efeito podem apontar nas duas direções. Otimizar o bem-estar emocional, por meio da melhora da atenção, da mudança de padrões destrutivos de pensamento e da descoberta do contentamento interior, também pode otimizar a química cerebral, corrigindo quaisquer deficiências nos neurotransmissores.

George Engel nos mostrou o caminho a seguir há mais de 30 anos. Agora, alegro-me em dizer, estamos começando a traçá-lo.

4

Integrando a psicologia oriental e ocidental

Como médico interessado em diferentes culturas, sempre tentei combinar as melhores ideias e métodos da medicina científica contemporânea com os métodos de cura tradicionais, alguns com origens no passado mais remoto. Acho essa abordagem particularmente útil quando o assunto é saúde mental. Os profissionais de saúde mental de hoje em dia sabem muito sobre o cérebro e a mente; o conhecimento tradicional sobre psicologia é diferente, mas igualmente impressionante. As pessoas de antigamente não tinham as ferramentas científicas para investigar a neuroanatomia e a química cerebral, mas desejavam serenidade e libertação da dor emocional tanto quanto nós. Enquanto a ciência ocidental tem examinado os fenômenos mentais objetivamente, os "pesquisadores" tradicionais, especialmente na cultura oriental, usavam suas mentes como laboratórios e aprendiam a manipular experiências subjetivas para atingir os resultados desejados. As informações compiladas e passadas ao longo dos milênios são extremamente valiosas.

Felizmente, hoje existe uma tendência na direção da fusão entre a psicologia moderna e a sabedoria antiga. O dr. Lewis Mehl-Madrona, PhD, psiquiatra indígena americano e autor do inovador livro *Coyote Medicine*, falou a respeito de "Modelos indígenas sobre a mente e cuidados para a saúde mental" no congresso sobre saúde mental integrativa em Phoenix, em 2010. Eu o convidei para fazer parte do nosso grupo, para que ele trouxesse uma perspectiva diferente ao evento. O dr. Mehl-Madrona nos conta sobre os índios Lakota (Sioux): "A língua lakota não possui um conceito estrito para saúde mental. A saúde é sempre vista como parte do todo da pessoa, do todo da comunidade, existindo em um estado de equilíbrio e harmonia." Cada pessoa é considerada como "uma parte íntima do mundo natural e não separada dele."

> Nesse modo de pensar sobre mente e saúde mental, a comunidade é a unidade de estudo básica e não o indivíduo... A ideia é a de que somos formados por nossos relacionamentos. Não é nosso cérebro que cria nossos relacionamentos, mas são nossos relacionamentos que criam nossos cérebros... Neurocientistas do desenvolvimento estão descobrindo que os relacionamentos de fato estruturam nossos cérebros fisicamente. Os relacionamentos com os pais e cuidadores, de fato, criam o cérebro... Somos seres relacionais. Não somos unidades individuais e autônomas. Os mais velhos pensam que essa é uma maneira absurda de pensar. "Como você pode acreditar nisso?", diriam.

Mehl-Madrona relatou a história de um colega que argumentou que os Lakota "eram primitivos demais para se beneficiarem da psicoterapia". Ele respondeu: "Não é questão de ser primitivo. Apenas não achamos muito interessante tentar ter uma conversa com uma pessoa que se senta atrás de nós e não diz nada." Ele também ressaltou a importância de ter um círculo de amigos que se encontram regularmente com o objetivo de colaborar com a saúde e a cura por meio de energia, preces e pensamentos dirigidos. "Quantos de vocês têm esse tipo de apoio?", ele perguntou à plateia de profissionais de saúde mental. "Se vocês ficarem doentes – física ou emocionalmente – onde poderiam encontrar um grupo como esse?"

A ênfase dos indígenas americanos na comunidade como pilar do bem-estar emocional é um exemplo da sabedoria tradicional geralmente negligenciada pelos profissionais de saúde mental dos dias atuais. As terapias com base na comunidade, como a "sauna sagrada", os rituais de purificação e os círculos de prece, podem ser úteis para pessoas que sofrem de depressão ou desejam usufruir de maior resiliência, contentamento, bem-estar e serenidade. Tais tratamentos são integrativos por natureza, englobando todas as dimensões da experiência humana – física, mental, social e espiritual.

Por *espiritual* refiro-me à nossa essência não material, o aspecto de nosso ser que nos conecta à essência de todos os outros seres e a tudo no universo. A espiritualidade tem alguns pontos em comum com a religião, mas não são sinônimos. Considero-a um componente importante da saúde e tenho me certificado de que "espiritualidade em medicina" faça parte do currículo de medicina na Universidade do Arizona. O capítulo 7 discute o papel da espiritualidade secular no bem-estar emocional.

Das tradições espirituais do mundo, a que tem mais a oferecer para o modelo de saúde mental integrativo em desenvolvimento é o budismo. O budismo é uma religião popular, com algo em torno de 360 milhões de seguidores, a maior parte deles na Ásia e, como em outras religiões, tem sua parcela de dogmas, rituais e crenças em fenômenos sobrenaturais. Mas o fundador do budismo foi um filósofo, e não uma divindade, um homem que investigou profundamente a natureza da realidade e a mente humana e dedicou sua vida a entender a infelicidade e a insatisfação bem como as possibilidades de aliviá-las. Um de seus ensinamentos fundamentais foi o de que a vida é *dukka*, um termo em sânscrito traduzido como "sofrimento", mas possivelmente uma tradução melhor seria "incompletude" ou "não realização." De qualquer maneira, *dukka* está bem longe de satisfação e felicidade. Ele atribuiu essa qualidade essencial de nossas experiências à nossa conscientização da impermanência de tudo – nada em nossas vidas está imune à decadência e morte – bem como a tendência profundamente arraigada de nossas mentes em tentar se apegar ao que é agradável e evitar o que é desagradável. Além disso, ensinou práticas específicas para ajudar as pessoas a se libertarem do sofrimento.

Embora a filosofia budista tenha precedido a psicologia em mais de 2 mil anos, estudantes contemporâneos da mente estão descobrindo que ela é fonte valiosa em conceitos e métodos para melhorar o bem-estar emocional. Nos últimos anos, professores budistas do Tibete vêm disseminando ativamente essas ideias para o mundo ocidental. Tenzin Gyatso, o 14º Dalai Lama, que desenvolveu um interesse efetivo por ciência desde criança, convidou o advogado e empresário americano R. Adam Engle e o biólogo e neurocientista chileno Francisco J. Varela (1946-2001) para formar a Primeira Conferência Mente e Vida em Dharamsala, Índia, em 1987, cujo propósito era estimular diálogos entre o budismo e as ciências cognitivas. Depois, o trio fundou o Instituto Mente e Vida, organização sem fins lucrativos associada a importantes pesquisadores científicos. O Dalai Lama é o presidente honorário da instituição e, desde sua fundação, já participou de 23 dos diálogos anuais do Instituto. A XV Mente e Vida, realizada em 2007 na Universidade de Emory, em Atlanta, Georgia, foi intitulada "Atenção plena, Compaixão e o Tratamento de depressão". Os especialistas participantes, um misto de neurocientistas, psicólogos e professores budistas, foram convidados a dialogar sobre "depressão em termos fisiológicos e cognitivos, de forma a explorar a possibilidade de terapias baseadas na atenção plena, em conjunto com técnicas para expandir a compaixão, que podem mostrar-se especialmente úteis no tratamento da depressão." Eles concordaram que essa era uma direção promissora para pesquisas futuras.

Os neurocientistas têm se sobressaído nessa iniciativa desde o início. Como resultado de seus encontros com praticantes avançados do budismo, alguns deles começaram a documentar diferenças no cérebro associadas com treinamento em meditação e desenvolvimento da compaixão e empatia. A constatação mais significativa da pesquisa neurocientífica, influenciada pela filosofia budista, é a de que aprender a modificar nossa forma de pensar e perceber pode, de fato, mudar as funções e a estrutura de nossos cérebros. Essa é uma forte evidência sobre a deficiência do modelo biomédico de saúde mental, que considera a atividade cerebral e a bioquímica como primordiais. No modelo biomédico, são as moléculas deformadas que geram pensamentos deformados, nunca o contrário. Como expliquei no capítulo anterior, a utilidade limitada desse sistema de crenças é revelada por sua capacidade limitada em aliviar estados emocionais negativos por meio de intervenções psicofarmacológicas. No modelo integrativo, as flechas da causa e efeito apontam nas duas direções: da mente para o cérebro, bem como do cérebro para a mente.

O pesquisador pioneiro nessa área é Richard Davidson, que dirige o Laboratório de Neurociência Afetiva e também o Laboratório Waisman de Imagens Cerebrais e Comportamento, ambos na Universidade de Winsconsin – Madison. Davidson está trazendo rigor científico ao estudo de práticas budistas e sua capacidade em expandir o bem-estar emocional usando tecnologias avançadas de imagens cerebrais, como a eletrofisiologia quantitativa, a tomografia por emissão de pósitrons e a ressonância magnética funcional. Ele está particularmente interessado no potencial da meditação em alterar funções e estruturas cerebrais, tanto a curto como a longo prazo.

Davidson tem se concentrado em interações entre as duas áreas do cérebro, uma moderna e outra antiga em termos evolucionários. O córtex pré-frontal é a parte que está mais à frente dos lóbulos frontais, considerado o responsável por raciocínios complexos e comportamento social, enquanto as amígdalas, localizadas mais para dentro do cérebro, podem ser responsáveis por mediar reações primárias, especialmente medo e raiva. Em outras palavras, Davidson rastreia como os pensamentos gerados no cérebro moderno podem modificar as reações – e, com o tempo, as estruturas – no cérebro antigo.

Os estudos de Davidson, juntamente com o de outros pesquisadores, demonstram que a *neuroplasticidade* é uma característica fundamental de nossos cérebros. Entre outras coisas, a neuroplasticidade significa que emoções como felicidade e compaixão podem ser cultivadas, da mesma forma como uma pessoa pode, através da repetição, aprender a jogar golfe e basquetebol ou a dominar um instrumento musical, sendo que tais práticas mudam a atividade e os aspectos físicos de áreas específicas do cérebro. De modo contrário ao axioma biomédico, Davidson tem demonstrado que não existem moléculas pacíficas sem pensamentos pacíficos.

Um tema anterior de seus estudos foi Matthieu Ricard, um acadêmico francês com doutorado em genética molecular que se tornou monge budista. Ricard tem sido apelidado de "o homem mais feliz do mundo" por conta de suas pontuações excepcionais nos testes aplicados no laboratório de David. Imagens do cérebro por ressonância magnética mostram que ele e outros meditadores experientes aumentaram enormemente a atividade no córtex pré-frontal esquerdo, associado com estados emocionais positivos, ao mesmo tempo em que ocorreu a supressão da atividade no córtex pré-frontal direito, que é mais ativa naqueles com transtornos de humor. Cada um dos meditadores testados havia completado mais de dez mil horas de meditação e todos apresentaram esse padrão de atividade, mas Ricard bem mais que os outros. Em uma entrevista concedida em janeiro de 2007, Ricard contou ao jornal britânico *The Independent* que "a mente é maleável". Ele disse: "Nossa vida pode ser incrivelmente transformada, mesmo por uma mudança mínima em como administramos nossos pensamentos, como percebemos e interpretamos o mundo. A felicidade é uma habilidade. Requer esforço e tempo."

O Dalai Lama, que acredita que "o propósito da vida é a felicidade", também ensina que "a felicidade pode ser alcançada através do treinamento da mente". Ele prossegue dizendo que "a felicidade é determinada mais por nosso estado mental que por condições, circunstâncias ou acontecimentos externos – contanto que nossas necessidades básicas estejam atendidas". Juntamente com o psiquiatra dr. Howard C. Cutler, ele foi autor de um manual clássico sobre esse assunto: *A arte da felicidade: um manual para a vida*. É improvável que muitos de nós, que não somos monges budistas, tenhamos disponibilidade para investir dez mil horas na prática de meditação para dominar essa arte, mas existem outras formas mais rápidas de fazê-lo – por exemplo, cultivando a atenção plena.

O "pensamento correto" é uma das principais prescrições budistas para alguém se libertar do sofrimento. Geralmente é interpretado como uma serena percepção do corpo, mente e conteúdo da consciência. Esse conceito ajudou na inspiração da psicologia positiva e é conhecido em inúmeros livros de autoajuda que o destacam como chave para reduzir estresse e otimizar o bem-estar emocional.[10] Os psicólogos consideram a atenção plena uma autorregulagem da atenção e da capacidade da pessoa em manter-se focada na experiência do momento presente. Muitas pessoas não têm consciência do foco de sua atenção. Permitem que pensamentos aleatórios, imagens da imaginação, memórias do passado, esperanças e medos futuros a levem para longe. É preciso motivação e prática para superar essas tendências naturais e trazer atenção total ao momento presente, e ainda mais treino para não julgar o que vem. O objetivo é tomar conhecimento daquilo que vier – pensamentos, imagens, sensações – sem rotulá-los como agradáveis ou desagradáveis, sem tentar se apegar a eles ou evitá-los e sem fazer associações com memórias dolorosas ou desejos futuros.

O treinamento da atenção plena como ferramenta psicológica é agora amplamente utilizado em diversas situações, de hospitais a empresas. Por exemplo, muitos profissionais de saúde fazem uso do *Mindfulness-Based Stress Reduction* (MBSR), (programa de redução de estresse baseado na atenção plena), para ajudar pacientes a lidarem com dores e doenças crônicas. O programa, que inclui ioga, foco em respiração e meditação básica, pode ser rapidamente aprendido por qualquer pessoa. Estudos mostram que

---

[10] Um bom exemplo, que recomendo, é *Log On: Two Steps to Mindful Awareness*, do dr. Amit Stood (BookSurge, 2009).

o programa é eficaz para dor crônica e uma série de outras doenças: artrite reumatoide, câncer, HIV, entre outras. O MBSR pode alterar estruturas e funções cerebrais rapidamente. Em estudo relatado em janeiro de 2011, na *Psychiatry Research: Neuroimaging* (Pesquisa em psiquiatria: neuroimagem), uma equipe de pesquisadores americanos e alemães descreveu imagens feitas por ressonância magnética em 16 participantes saudáveis, antes e depois de serem submetidos ao programa MBSR de oito semanas. Em comparação com os sujeitos do grupo de controle, os cérebros dos que completaram o treinamento MBSR mostraram aumentos no córtex cingulado posterior, na junção temporoparietal e no cerebelo. A conclusão dos pesquisadores: "Os resultados sugerem que a participação do treinamento MBSR está associada a alterações nas concentrações de massa cinzenta em regiões do cérebro envolvidos nos processos de aprendizagem e memória, ajustes emocionais, processos autorreferenciais e ampliação de perspectivas."

Outra aplicação – *Mindfulness-Based Cognitive Therapy* (MBCT) ou terapia cognitiva baseada na atenção plena – incorpora informações sobre depressão e estratégias para aumentar a consciência da ligação entre pensamentos e sentimentos. Através do programa MBCT, pessoas propensas a depressão aprendem a reconhecer padrões de pensamento associados com o humor negativo para transformá-los.

O dr. Daniel Siegel, professor de psiquiatria da UCLA, onde também é codiretor do Centro de Pesquisas de Atenção Plena, chama essa capacidade de "*mindsight*".

Mindsight é um tipo de atenção direcionada que nos permite ver trabalhos internos de nossa própria mente. Auxilia-nos a ficarmos conscientes de nossos processos mentais sem sermos dominados por eles, permitindo-nos sair do piloto automático de comportamentos imaginados e reações habituais, levando-nos além dos ciclos emocionais reativos nos quais tendemos a nos prender. Ele nos permite reconhecer e dominar as emoções que estamos vivenciando, em vez de sermos devastados por elas.

Considere a diferença entre falar e pensar "**Estou** triste" e "Estou me **sentindo** triste." Essas duas frases podem ser muito parecidas, mas na verdade há uma profunda diferença entre elas. "Estou triste" é um tipo de autodefinição e é muito limitante. "Estou me sentindo triste" sugere a capacidade de reconhecer e admitir um sentimento sem ser consumido por ele. As habilidades de enfoque que fazem parte do *mindsight* tornam possível distinguir entre sentimento e identidade, aceitar o momento presente, deixá-lo ir e transformá-lo.

Agora sabemos, pelas descobertas da neurociência, que as alterações mentais e emocionais criadas por meio do hábito da habilidade do *mindsight* são transformacionais no próprio nível físico do cérebro. Ao desenvolver a capacidade de concentrar nossa atenção em nosso mundo interior, pegamos um "bisturi" que usamos para reesculpir nossos caminhos neurais, estimulando o crescimento de áreas importantíssimas para a saúde mental... Essa revelação é baseada em uma das descobertas científicas mais animadoras dos últimos vinte anos: a maneira como direcionamos nossa atenção molda a estrutura cerebral. A neurociência apoia a ideia de que, ao desenvolvermos a capacidade reflexiva de *mindsight*, ativamos justamente os circuitos que criam resiliência e bem-estar, e essa é também a base da empatia e da compaixão.

Comecei a me interessar em aprender a concentrar minha atenção após ler sobre zen budismo, com vinte e tantos anos. Sozinho, sentava-me todas as manhãs e tentava manter minha atenção na respiração, contando cada expiração de um a dez e recomeçando no "um" com uma inspiração. Na maior parte das vezes, surpreendia-me em vinte ou trinta e poucas respirações sem ter me dado conta de ter passado dez; minha atenção divagara para pensamentos ou imagens em minha mente. A dificuldade do que parecia ser uma tarefa fácil me surpreendeu e me fez perceber, pela primeira vez na vida, a natureza inquieta da mente. Considerei como um desafio e continuei.

Mais tarde, tive treinamento formal em *vipassana*, também conhecida como "meditação do insight", uma tradição do budismo do Sudeste Asiático, introduzido no Ocidente mais recentemente. Seu objetivo é desenvolver o insight dentro da natureza da consciência por meio do *mindsight*, criando uma abertura, sem julgamentos, às sensações, pensamentos e sentimentos corporais, percebendo-os e os deixando passar. Mais uma vez, achei o processo bastante desafiador.

Ainda acho a meditação difícil. Mesmo depois de 40 anos de prática, fiz progressos mínimos em desacelerar minha inquietação mental. Percebi, no entanto, que a meditação foi valiosa para mim, muito antes de qualquer pesquisa neurocientífica sobre seus efeitos benéficos. Não me sinto bem se por um período, mesmo que breve, deixo de dedicar-me, no início do dia, a sentar-me quieto e concentrar minha atenção. Acredito que essa prática seja um dos motivos pelos quais meus episódios de distimia tenham diminuído em frequência e intensidade. Aprender a direcionar a atenção me ajudou a trabalhar de forma mais eficiente.

A meditação sentada não é a única forma de desenvolver essa habilidade. Por exemplo, cozinhar para mim é uma forma de meditação. Quando corto legumes, estou inteiramente dedicado àquele momento. Se não estivesse, provavelmente me cortaria com as facas afiadas que uso e não conseguiria o corte dos legumes desejado. Preparar uma refeição com ingredientes frescos requer um malabarismo de muitas variáveis para que todos os pratos saiam perfeitos e ao mesmo tempo. É também um exercício de manifestação: ter a ideia de um prato primeiro na imaginação visual e depois na realidade – mais divertido ainda quando não sigo a receita. Falar em público também me dá oportunidade de estar plenamente focado. Falo sem anotações e não posso permitir que minha atenção se disperse enquanto estou falando. Minha atividade física preferida nos últimos anos tem sido nadar. Quando nado, naturalmente me concentro na respiração.

Superar a depressão e criar bem-estar emocional cultivando a atenção plena e a atenção focada, tornar-se consciente e lidar com as interações entre pensamentos e sentimentos são exemplos de ferramentas psicológicas da sabedoria antiga. Considero-as essenciais para uma abordagem integrativa em saúde mental e farei recomendações específicas para usá-las no capítulo seis. Essas ferramentas são ainda mais poderosas quando combinadas com mudanças no estilo de vida que abrangem fatores que estão na base da resiliência emocional.

Examinei alguns programas sobre estilo de vida que propunham aliviar a depressão corrigindo o descompasso entre a vida moderna e nossos "corpos e cérebros antigos". Eles recomendam aumentar os exercícios aeróbicos, melhorar o sono, passar mais tempo ao sol, comer mais peixe para elevar a ingestão de ácidos graxos ômega-3, socializar mais e não prolongar-se em pensamentos negativos.[11]

---

[11] Veja, por exemplo, de Stephen Ilardi, *The Depression Cure*.

Esse é um bom começo, mas considero o programa que apresento nesse livro mais abrangente. Ele integra recomendações mais eficazes baseadas nas últimas evidências científicas. Replicar o estilo de vida de nossos distantes ancestrais caçadores-coletores tem mérito, mas não estou convencido de que essa seja a resposta completa. A meditação estruturada e o cultivo do *mindsight* não possuem comportamentos análogos no mundo dos caçadores-coletores, por exemplo, mas, como já expliquei, neurocientistas estão demonstrando que nossos cérebros podem ser alterados para melhor, influenciando com isso nosso humor positivamente. Essas podem ser ferramentas úteis para ajudar as pessoas a romper com pensamentos negativos – uma tarefa nem sempre fácil.

As recomendações que faço na parte dois deste livro têm um propósito maior do que lidar com a depressão. Foram planejadas para aumentar sua resiliência emocional, permitir que você movimente seu ponto de ajuste emocional na direção de humor positivo, dando-lhe maior oportunidade de aproveitar a resiliência, o contentamento, o estímulo e a serenidade que caracterizam o bem-estar emocional. Fazendo isso, você aumentará suas chances de vivenciar a felicidade espontânea com mais frequência, o tipo de felicidade que vem de dentro e está sempre disponível, pois não depende de acontecimentos exteriores ou de caprichos da sorte.

PARTE DOIS

PRÁTICA

5

Otimização do bem-estar emocional com cuidados para o corpo

DOENÇAS FÍSICAS E EMOÇÕES

Não deveria ser surpresa que saúde física e emocional estão interligadas e que é impossível separá-las. Da perspectiva da medicina integrativa, corpo e mente são dois aspectos de uma mesma unidade, portanto, alterações em um sempre acarretam alterações no outro. Obviamente, a medicina convencional que acredita que "biologia explica tudo" há muito reconheceu a ansiedade, a depressão e outros transtornos de humor como sintomas de doença física, mas tem sido morosa em aceitar a possibilidade de que desequilíbrios no âmbito mental/emocional possam causar problemas físicos. Fico feliz em ver essa mudança à medida que novas pesquisas iluminam as complexas interações entre corpo e mente. As descobertas também sugerem estratégias poderosas para melhorar o bem-estar emocional por meio de intervenções físicas.

Livros que usei na faculdade de medicina incluíam transtornos de humor entre os sintomas de disfunções endócrinas – desequilíbrio de glândulas hormonais como a tireoide, a suprarrenal e a pituitária. Um exemplo clássico é a associação da depressão com hipotireoidismo. Até 20% das pessoas que sofrem de depressão têm deficiência nos hormônios da tireoide; muitas delas passaram por tratamento de longo prazo com medicamentos antidepressivos antes de os médicos pensarem em tratar o funcionamento da tireoide. A função dessa glândula deveria ser checada em todos os pacientes deprimidos e, não estando adequada, corrigida. Os hormônios da tireoide regulam o metabolismo, porém, não se sabe exatamente como esses hormônios afetam nosso humor. Eles devem ter efeitos diretos nos centros cerebrais ou podem influenciar a produção e reciclagem de neurotransmissores. Disfunções das glândulas pituitária e suprarrenal geralmente afetam também a saúde emocional, como as drogas usadas para tratá-las. Na doença de Addison, por exemplo, o sistema imunológico danifica o córtex suprarrenal e sua capacidade de produzir cortisol e outros hormônios fundamentais; irritabilidade e depressão são sintomas comuns, juntamente com diversas mudanças físicas. Os corticosteroides, necessários para manter os pacientes com a doença de Addison vivos e saudáveis, podem causar euforia ou depressão.[12]

Sabe-se que hormônios sexuais afetam o humor, tanto dos homens quanto das mulheres. Alterações hormonais associadas com o ciclo menstrual e com a menopausa são normalmente intensas. A depressão em homens idosos pode ser aliviada com o aumento dos níveis de testosterona. Supostamente, os hormônios sexuais têm efeitos diretos no cérebro e nos neurotransmissores envolvidos com nossas emoções. Mais curiosa é a influência da insulina, o hormônio secretado pelo pâncreas que controla o açúcar no sangue (glicose) e a produção e distribuição de energia para o corpo. Os diabéticos são mais propensos à depressão do que os não diabéticos. Alguns estudos relacionam a depressão com resistência à insulina, o problema básico na variação mais comum de diabetes, a tipo 2. Não sabemos, entretanto, o que é causa e o que é efeito. Receptores de insulina permeiam todo o cérebro. Será que esse hormônio poderia afetar o humor? Um estudo recente realizado em animais com diabetes tipo 1 mostrou um efeito antes desconhecido da insulina sobre a dopamina, rastreado em centros-chave do cérebro. Ou será que o metabolismo desequilibrado de glicose na diabetes altera funções cerebrais? (Células cerebrais dependem da glicose como fonte única de energia, necessitando de seu fornecimento constante.) Ou ainda, será que os diabéticos ficam deprimidos porque têm uma doença crônica grave que pode interferir negativamente em sua qualidade de vida?

Poderíamos fazer essa última pergunta com relação à ocorrência de depressão com outras doenças crônicas graves não originadas na disfunção

---

[12] Preocupação sobre essa possibilidade em um paciente com a doença de Addison, John F. Kennedy (1917-1963), o 35º presidente dos Estados Unidos, levou seus médicos e assessores a manter o diagnóstico e tratamento escondidos do público.

hormonal. Um em cada três sobreviventes de infarto vivenciam esse problema, assim como uma em cada quatro pessoas que tiveram AVC e um em cada três pacientes com HIV. Certamente, esses pacientes têm motivos para se sentirem deprimidos, mas quanto dessa depressão pode ser um sintoma da doença em vez de uma reação psicológica a ela?

Não há evidências de que o HIV afete diretamente as emoções, mas as doenças cardiovasculares, antes mesmo de progredirem para infartos e AVCs, com frequência debilitam o fluxo sanguíneo para o cérebro, o que pode afetar a função de centros que controlam as emoções. Mais alta ainda é a porcentagem (50%) de pessoas com doença de Parkinson que sofrem de depressão. Nesse caso, a explicação mais provável é a bioquímica alterada do cérebro, pois essa enfermidade progressiva provoca degeneração dos neurônios que fazem uso da dopamina para dar sinal a outros neurônios no cérebro intermediário – especificamente nos centros que controlam os movimentos, mas também em outras partes do cérebro, incluindo os lóbulos frontais. A moléstia pode igualmente danificar os caminhos das reações químicas da serotonina. Uma pesquisadora em neurologia, a dra. Irene Richards, da Universidade de Rochester (Nova York), que estudou a correlação entre depressão e Parkinson, diz claramente: "A depressão é parte da doença e não simplesmente uma reação a ela."

A mensagem clara dessas informações é a seguinte: certifique-se de que um problema físico não seja o responsável pelo seu bem-estar emocional insatisfatório, principalmente no caso de uma doença facilmente tratável como o hipotireoidismo. Portanto, uma das minhas primeiras recomendações na lista ao fim deste capítulo é fazer um check-up médico completo, incluindo os exames de sangue necessários, se você não os tiver feito recentemente. Uma conclusão mais sutil é a de que a investigação dos mecanismos que relacionam doença e emoções pode fornecer informações valiosas que fariam bem a todos nós para ajustar nossos modos de vida. Baseio essa conclusão em pesquisas que fiz na literatura científica sobre a associação comum entre depressão e outra doença crônica grave, conhecida de todos nós: o câncer.

DEPRESSÃO E INFLAMAÇÃO: A CONEXÃO DA CITOCINA

Aproximadamente 25% das pessoas com câncer sofrem de depressão. Com alguns tipos de câncer – em especial o câncer no pâncreas – a porcentagem é bem mais elevada. Em alguns casos, a depressão precede o diagnóstico; em outros, vem depois. Médicos pesquisadores especulam incansavelmente sobre as possíveis explicações para a associação entre essas doenças. Alguns acham que a depressão pode ser um sintoma inicial do tumor pancreático, principalmente nos homens. Outros acham que a relação é provavelmente indireta. Talvez o fumo seja a ligação oculta: fumar cigarro é um fator de risco conhecido para o câncer pancreático e o vício do tabaco é mais comum em pessoas com propensão a problemas emocionais. Ou ainda, a quimioterapia pode ser a culpada. É frequente a quimioterapia ter efeitos colaterais emocionais e mentais profundos: irritabilidade, falhas na memória e na concentração, bem como depressão.(*Chemo brain** é o termo comum para esses sintomas; felizmente, eles normalmente se dissipam depois de algum tempo do fim do tratamento.)

Recentemente, outra hipótese – e, a meu ver, bastante convincente – tem chamado a atenção. Baseada em modelos de pesquisa animal, esta hipótese propõe um mecanismo que relaciona o cérebro e o sistema imunológico para explicar sintomas relacionados ao câncer, incluindo as alterações emocionais. Acredito que ela ofereça novas possibilidades para prevenir e tratar a depressão, aumentando o bem-estar emocional. Esse mecanismo concentra-se nas citocinas, proteínas regulatórias potentes produzidas pelas células do sistema imune que governam reações contra antígenos e germes. Pessoas com câncer normalmente têm imunidade irregular devido à produção e função anormais de citocinas.

As citocinas têm ações diferentes. Um tipo, as interleucinas, controla a inflamação e produz febre. Outro tipo governa a maturação de glóbulos brancos e vermelhos na medula óssea. Outro ainda, os interferons, ajuda na defesa contra bactérias, parasitas, vírus e células malignas; são chamados assim por sua capacidade de interferir na replicação viral. Um grupo de

---

* Comprometimento cognitivo leve que pode ocorrer durante e após a quimioterapia. (N. da T.)

citocinas denominadas fatores de necrose tumoral (TNF) tem esse nome porque podem matar algumas células cancerígenas em tubos de ensaio; elas regulam o suicídio celular programado, a inflamação generalizada e constituem uma parte importante de reação de defesa do corpo na presença de crescimento de células malignas.

Algumas citocinas mostraram-se úteis no tratamento médico, apesar de sua expressiva toxicidade. Em 1980, cientistas foram bem-sucedidos ao introduzir um gene de interferon humano em uma bactéria, permitindo sua replicação em massa e sua purificação. Desde então, formas sintéticas e injetáveis de interferon têm sido amplamente usadas como tratamento para diversos tipos de câncer (câncer de pele, alguns tipos de leucemia), hepatite crônica viral e esclerose múltipla. Um efeito colateral relatado com frequência na terapia com interferon é a depressão severa; alguns pacientes até chegaram a cometer suicídio. Uma forma de interleucina é usada para tratar o câncer renal metastático e o melanoma avançado. Além de efeitos colaterais físicos severos, a interleucina pode causar paranoia e alucinações.

A ativação do sistema imunológico a longo prazo, como nas doenças autoimunes, parece caminhar ao lado da depressão, e a depressão parece envolver mudanças em vários aspectos da imunidade, particularmente os que têm relação com as citocinas. Pessoas com artrite reumatoide, esclerodermia, lúpus sistêmico e outras formas de autoimunidade frequentemente sofrem de depressão. Quando citocinas pró-inflamatórias são administradas em animais, eles apresentam um "comportamento doentio", um padrão distinto de alteração comportamental. Os animais tornam-se apáticos, perdem o interesse por comer, socializar e acasalar, além de apresentar aumento de sensibilidade à dor.

Os fazendeiros há muito identificaram esse padrão em animais doentes e o atribuíram à fraqueza física, mas, na década de 1960, pesquisas revelaram que a causa era a transmissão de doenças pelo sangue. (Injeções de sangue de animais doentes causam comportamentos doentios em animais saudáveis.) Acreditava-se que esta condição agia no cérebro e foi chamada de "fator X" até a década de 1980, quando foi identificada como citocinas pró-inflamatórias produzidas por glóbulos brancos em resposta a antígenos bacterianos. O comportamento doentio é uma resposta adaptativa do organismo, que conserva energia e favorece a cura. É também incrivelmente similar às mudanças de comportamento que acompanham a depressão maior – tão parecidas que os pesquisadores da área de psiconeuroimunologia desenvolveram uma hipótese citocinérgica da depressão, colocando em debate que as citocinas pró-inflamatórias são as causas principais de controle das alterações comportamentais, hormonais e neuroquímicas, características estas dos transtornos depressivos, incluindo grande parte da depressão decorrente do câncer.

A perda do interesse por comida e a capacidade de sentir prazer em comer fazem sentido como reações a curto prazo contra a infecção, liberando a energia usada para a digestão e deixando-a disponível para a defesa imunológica. Uma vez que o sistema imunológico ganha essa vantagem, consegue reduzir o volume de citocinas e permitir que os centros cerebrais que controlam o apetite e o paladar voltem à atividade normal. Os tumores malignos, entretanto, mesmo sendo relativamente pequenos, com frequência estimulam respostas prolongadas da citocina que causam mais mal do que bem. Por exemplo, eles são responsáveis pela supressão permanente do apetite e aversão à comida, resultando em desnutrição profunda (caquexia), da qual muitos dos pacientes com câncer sofrem. Dado o seu efeito significativo no cérebro e no corpo, imagine o impacto de reações prolongadas de citocina nas partes do cérebro associadas aos pensamentos e às emoções.

A IMPORTÂNCIA DA DIETA E ESTILO DE VIDA ANTI-INFLAMATÓRIOS

A razão pela qual considero a hipótese citocinérgica de depressão tão convincente é porque ela se encaixa perfeitamente com minha crença de que fazer todo o possível para conter a inflamação desnecessária – aderindo a uma dieta anti-inflamatória, por exemplo – é a estratégia mais completa para conquistar uma ótima saúde e envelhecer de maneira saudável. Resumirei em poucas palavras essa visão.

A inflamação é o princípio da reação de cura do corpo. É o processo pelo qual o sistema imunológico propicia mais nutrientes e mais defesas para uma área ferida ou sob ataque. Mas a inflamação é tão poderosa e potencialmente destrutiva que deve ficar onde precisa ficar e terminar quando for necessário terminar; caso contrário, danifica o corpo e provoca doenças. Todos conhecemos a inflamação quando ela aparece na superfície do corpo na forma de vermelhidão local, calor, inchaço e dor, mas não percebemos tão claramente quando nos afeta internamente, principalmente quando é crônica, difusa e leve. Entretanto, a inflamação crônica, difusa e leve no interior do corpo (na parede das artérias, no cérebro e em vários outros tecidos e órgãos) é a causa fundamental das doenças de envelhecimento mais graves e mais comuns, incluindo as doenças cardiovasculares, a doença de Alzheimer (e outras doenças degenerativas do sistema nervoso central) e o câncer. A ligação com o câncer pode ser menos óbvia, mas é bastante real, pois tudo o que promove inflamação também promove a proliferação das células, aumentando o risco de transformações nocivas. As citocinas são os principais mediadores da resposta à inflamação. Tudo o que você puder fazer para mantê-las no seu limite apropriado reduzirá seu risco de contrair doenças crônicas e, aparentemente, também ajudará a protegê-lo da depressão.

As escolhas alimentares são muito importantes. No capítulo dois, apontei a alimentação industrializada como uma possível causa da epidemia de depressão. Todos sabemos que *fast-food* (alimento de preparação rápida) e *junk food* (comida de baixo valor nutritivo) e as guloseimas altamente processadas que enchem as prateleiras dos supermercados e lojas de conveniência não nos fazem bem. Há agora um argumento com base em dados comprovados para evitar tais produtos: esses novos tipos de alimento estimulam a inflamação. São o motivo principal pelo qual os americanos e os habitantes de outros países desenvolvidos passam a vida em estado pró-inflamatório, com seus sistemas de citocina em marcha acelerada. Alimentos industrializados não suprem nossos corpos com nutrientes protetores (vitaminas, minerais e os fitonutrientes – substâncias derivadas das plantas – abundantes nas frutas e hortaliças). Ao mesmo tempo, contêm gorduras pró-inflamatórias e carboidratos em excesso.

Sabemos que os pigmentos naturais que dão cor aos vegetais e às frutas; os antioxidantes presentes no azeite de oliva, no chá e no chocolate; os componentes únicos do gengibre, açafrão da terra ou cúrcuma e outros temperos e ervas; as gorduras especiais contidas no óleo de peixe – tudo isso protege nossos tecidos e órgãos de inflamações indesejadas. Alguns deles são agentes anti-inflamatórios naturais poderosos. A dieta convencional de hoje é notoriamente falha nesses elementos protetores.

Ao mesmo tempo, a dieta atual tem uma sobrecarga de gorduras que estimulam a inflamação: óleos vegetais poli-insaturados (principalmente o óleo de soja, barato e onipresente em produtos alimentícios industriais), margarina, gorduras trans e outras gorduras parcialmente hidrogenadas, além da gordura da carne de vacas e galinhas criadas com ração artificial. Esses produtos elevam a produção e a atividade das citocinas pró-inflamatórias. Além do mais, a dieta atual nos fornece carboidratos predominantemente na forma de produtos à base de farinha e açúcar de fácil digestão: pães, massas, biscoitos doces e salgados, batatas chips, bebidas açucaradas etc. São alimentos classificados como sendo de *alto índice glicêmico*, pois elevam rapidamente a glicemia ou concentração de açúcar no sangue, estimulam a resistência à insulina nas pessoas geneticamente predispostas a riscos relacionados a isso e aumentam a inflamação, provavelmente de várias maneiras. A resistência à insulina está associada à inflamação (e conforme mencionado acima, à depressão). Além disso, os picos de açúcar no sangue, que se seguem às refeições de alto índice glicêmico, causam reações anormais no corpo entre o açúcar e as proteínas, que produzem substâncias pró-inflamatórias.[13] No passado, as pessoas ingeriam predominantemente carboidratos de baixo índice glicêmico, que eram digeridos lentamente e não provocavam picos elevados de açúcar no sangue, como é o caso dos grãos integrais ou triturados (em oposição aos farináceos), das raízes e tubérculos ricos em amido, dos feijões e das abóboras.

Esbocei uma dieta anti-inflamatória usando a dieta mediterrânea como modelo. É a base de minha alimentação e a recomendo para o propósito de uma saúde melhor. A partir de minhas pesquisas, na literatura científica, sobre a relação entre inflamação e depressão, aconselho-a agora como estratégia eficaz para adquirir maior bem-estar. Mais detalhes sobre essa dieta estão no programa encontrado no fim do livro. Asseguro-lhe que não é difícil se alimentar de acordo com esse programa e de forma alguma seu prazer em comer diminuirá. A regra mais importante é simplesmente evitar alimentos refinados, processados e industrializados. Ao dar esse passo em direção a uma nutrição melhor, você pode reduzir significativamente as pressões pró-inflamatórias da vida moderna.

Tenha em mente, entretanto, que, embora a dieta possa ser a base de um estilo de vida anti-inflamatório, não é o único componente. Muitas

---

[13] Essas reações são conhecidas como reações de glicação; as substâncias pró-inflamatórias que produzem são produtos finais da glicação avançada (AGE).

toxinas do meio ambiente e substâncias irritativas disparam a inflamação, entre elas a fumaça do cigarro e outros poluentes no ar, água e alimentos, assim como os produtos químicos domésticos. É uma boa ideia tomar medidas concretas para limitar a exposição a esses produtos, bem como aumentar a resistência do seu corpo aos seus efeitos – usando suplementos alimentares de maneira apropriada, por exemplo. Pessoas em boa forma e que se exercitam regularmente têm menos inflamações. Essa pode ser uma razão por que as atividades físicas têm efeito tão relevante e benéfico no bem-estar emocional (muitos outros mecanismos provavelmente também estão envolvidos, e falarei deles adiante). A quantidade e a qualidade do sono também agem na inflamação, assim como no estresse. Talhar um estilo de vida anti-inflamatório eficaz significa ocupar-se de todos esses fatores.

A seguir estão dois casos de mudança expressiva de humor promovidos pela mudança de hábitos alimentares. Esses e muitos outros relatos pessoais neste livro foram narrados pelos leitores do meu website www.drweil.com e pelas minhas páginas nas redes sociais. Cham, de Baltimore, Maryland, conta:

> Anos atrás, costumava chorar todas as manhãs por cerca de três horas. Não conseguia nem mesmo sair da cama. Isso tinha 70% a ver com as escolhas que estava sendo pressionado a fazer e 30% a ver com a maneira como estava lidando com minha alimentação. A terapia ajudou com as más escolhas pessoais e o afastamento de pessoas negativas de minha vida, mas levei anos até identificar o desafio nutricional. Descobri que a inclusão de uma porção generosa de proteína magra pela manhã e a retirada de carboidratos simples, como o açúcar e os produtos feitos com trigo refinado, tinham um efeito significativo no meu humor. Meu café da manhã agora se parece mais com um jantar: pode ter carne magra, clara de ovo, tofu, feijão, grãos integrais, iogurte e, sempre, vários vegetais. Funcionou para mim e, provavelmente, funcionará para outras pessoas também. Não sou médico, mas venho ajustando esse programa nutricional há anos e estou confiante de que comer os alimentos certos de manhã pode ajudar a deter um mergulho na depressão.

A história de Cham é similar à minha. O café da manhã típico americano tem as piores escolhas possíveis para se começar o dia. Cereais, waffle, panquecas, muffins, torrada com geleia, pão doce, suco de laranja e alimentos similares que elevam o açúcar no sangue garantem uma verdadeira queda abrupta na energia e no humor no meio da manhã. Quando comi pela primeira vez um café da manhã tradicional japonês com peixe, legumes, sopa de missô (missoshiro) e uma porção modesta de arroz, foi uma revelação absoluta. Agora sempre como proteína no café da manhã, principalmente peixe ou soja integral, e tento evitar carboidratos de alto índice glicêmico.

Carol, de Finleyville, Pensilvânia, também aprendeu a importância de uma reeducação alimentar para criar mente e humor renovados:

> Em 2003, estava com excesso de peso. Era assumidamente maníaca por padarias, além de ser viciada em salgadinho Doritos e em Pepsi, vivia constantemente à base de ibuprofeno e outros medicamentos... Consegui me convencer de que eram aquelas besteiras que eu comia que me deixavam terrivelmente deprimida e com excesso de peso. Precisei fazer uma cirurgia de substituição de articulação nos joelhos e também tive fibromialgia – estava mal física e mentalmente.
>
> Então, entre 2003 e 2005 reeduquei meu estilo de vida... Gostaria de aproveitar essa oportunidade para lhe dizer OBRIGADA, do fundo do meu coração, pois você foi a pessoa que me ensinou a comer de maneira correta e tomar os suplementos certos. Hoje em dia tomo apenas um ibuprofeno ocasional, se todo o resto falhar.
>
> Estou agora com quase 64 anos, feliz como ninguém, com 22 quilos perdidos no decorrer de sete anos, AMANDO fazer exercícios, comer e cozinhar. Mal posso acreditar na diferença em meu bem-estar emocional agora comparando com meu estado em 2003. Preparo pratos vegetarianos e como somente peixe fresco. Procuro ingerir alimentos orgânicos quando posso...
>
> Minha análise é a de que meu bem-estar emocional está ligado à alimentação correta, aos suplementos certos e aos exercícios!

SUPLEMENTOS ALIMENTARES E BEM-ESTAR EMOCIONAL

Muitos estudos relacionam deficiências específicas em nutrição a funções cerebrais insatisfatórias e saúde mental/emocional. A mais importante, indubitavelmente, até o momento, é a falta de ácidos graxos ômega-3. Essa gordura especial é extremamente necessária para a saúde física e mental. O corpo precisa ingerir quantidades diárias regulares de EPA e DHA, duas gorduras ômega-3 de cadeia longa que, a não ser por sua presença abundante no óleo de peixe das águas frias dos países nórdicos, são difíceis de encontrar. A maioria das pessoas não consome ômega-3 em quantidade suficiente, tornando-a, assim, a deficiência nutricional mais grave na população americana. Boa parte dos dados científicos faz a ligação de níveis baixos de tecidos de EPA e DHA como a razão para transtornos mentais/emocionais, incluindo a depressão, o comportamento violento, o suicídio e as deficiências no aprendizado. Suplementos nutricionais com essas gorduras, geralmente na forma de óleo de peixe, provaram ser terapias eficazes, naturais e atóxicas para o transtorno bipolar, transtorno do déficit de atenção e hiperatividade, depressão pós-parto, transtorno afetivo sazonal, entre outros. Eles também ajudam a prevenir depressão e melhoram o bem-estar emocional geral. Doses muito altas de óleo de peixe – 20 gramas por dia ou mais – têm sido usadas como tratamento, sem quaisquer efeitos nocivos. Na verdade, não há desvantagens em acrescentar óleo de peixe à sua dieta (exceto para a sustentabilidade dos recursos oceânicos, uma preocupação relevante).

Os seres humanos são literalmente "cabeçudos" – a gordura faz parte de aproximadamente 60% do peso de nossos cérebros. Os ácidos graxos ômega-3 otimizam a saúde cerebral de diversas maneiras. O DHA é o principal componente estrutural das membranas de células nervosas; se houver deficiência de DHA na alimentação, principalmente durante o desenvolvimento embrionário, nos primeiros anos de vida e na primeira infância, a formação cerebral será ineficiente, deixando o sistema nervoso central mais vulnerável a efeitos nocivos de estresse e toxinas ambientais, prejudicando suas funções. Tanto o EPA quanto o DHA reduzem inflamações e ambos protegem os neurônios de danos, melhorando a comunicação entre eles. Eles também contribuem para a saúde do sistema cardiovascular e para sua capacidade de atender à necessidade cerebral de fornecimento ininterrupto de oxigênio e glicose.

A necessidade humana por quantidades abundantes de ômega-3 é explicada por nosso histórico evolutivo. Muitos antropólogos acreditam hoje que os seres humanos romperam com o grupo dos primatas e desenvolveram cérebros grandes e complexos quando descobriram como conseguir alimentos de origem animal ricos em ácidos graxos ômega-3, particularmente o peixe. Um gorila, que come mais folhas e outros vegetais crus com baixos níveis de gordura, tem um cérebro que pesa cerca de 0,2% do seu peso corporal total, enquanto o cérebro de um ser humano pesa 3% do seu peso corporal. Em termos relativos, esse peso é *15 vezes maior.*

A dieta anti-inflamatória enfatiza o peixe rico em ômega-3 como a principal fonte de proteína animal, principalmente o salmão vermelho, o bacalhau preto, a sardinha e o arenque, todos "boas" espécies no que diz respeito à sustentabilidade e contaminação tóxica (com mercúrio, PCBS etc.). Como esses peixes com frequência e também tomo três gramas de óleo de peixe por dia em suplementos. Tendo em vista que a deficiência em ômega-3 é tão comum e que o aumento dos níveis de tecidos de ômega-3 traz tantos benefícios gerais à saúde, recomendo que todos consumam de 2 a 4 gramas de um bom produto de óleo de peixe todos os dias. (Darei especificações de alguns produtos na página 205.) Nunca é pouco enfatizar a importância dessa medida simples para melhorar o bem-estar emocional. O óleo de peixe não apenas oferece proteção real contra a depressão, mas creio que pode ajudar a afastar seu ponto de ajuste emocional da tristeza, aproximando-o da felicidade. De todas as intervenções orientadas para o corpo que trato neste capítulo, as duas que prescrevo com mais frequência são os exercícios físicos (ver página 91) e os suplementos de óleo de peixe.

Margo, 49, engenheira e consultora de saúde de Pottstown, Pensilvânia, consome o óleo de peixe para reduzir sua dependência dos medicamentos:

> Há uma longa história de depressão e alcoolismo em ambos os lados da minha família, incluindo minha família de origem. Depois de finalmente admitir que eu também tinha problemas de depressão, comecei a tomar antidepressivos. Durante anos fiquei bem. Depois, lentamente, fui deixando um dos medicamentos e em seis meses entrei em nova onda de desespero, que foi aliviada quando retornei à segunda medicação. Agora estou passando bem com uma dose mínima de cada remédio desde que acrescentei o ômega-3 à minha alimentação diária. Estou tomando o suplemento mais potente que há no mercado. Há tempos não me sinto tão bem e pretendo continuar com o ômega-3 e retirar os medicamentos, se for possível.

As mulheres grávidas são particularmente vulneráveis à falta de armazenamento de ácidos graxos ômega-3. Se as fontes de alimentação forem inadequadas, o feto roubará do corpo da mãe os tecidos de ômega-3 de que necessita para o desenvolvimento do cérebro e do sistema nervoso, deixando-a com alto risco de ter uma depressão pré e pós-parto. Kari, 30 anos, assistente social em Antioch, Califórnia, conta sua história:

> Quando estava no sétimo mês da minha primeira gravidez, meus hormônios me deixaram arrasada. Qualquer coisa fazia meu coração disparar e meus olhos se encherem de lágrimas. Eu vinha tomando meu complexo vitamínico de costume, mas acrescentar o óleo de peixe ajudou a afastar minhas emoções negativas. Consegui me sentir normal novamente e notei que, se esquecesse de tomar o suplemento por um dia, minha ansiedade e tendência ao choro sorrateiramente retornavam.

Carol, 60 anos, gerente de finanças em Lake Dallas, Texas, relata que sofreu de depressão e transtorno de estresse pós-traumático durante "toda a vida adulta", mas atribui a volta por cima a duas fontes de ômega-3: óleo de peixe e nozes:

> Depois de três semanas de uso diário, descobri que minha falta de humor e minha indisposição foram sendo substituídas por um sentimento mais leve e otimista. A mudança é sutil, porém real. Recomendo-os para qualquer pessoa que prefira não usar antidepressivos (os inibidores seletivos de recaptação de serotonina sempre me deixaram sonolenta – sonolenta demais – o dia todo). Na verdade, tentei Prozac e Paxil na década de 1980 sem perceber benefício algum; portanto, eu diria que, para a química do meu corpo e para os meus problemas, o óleo de peixe e as nozes superaram os medicamentos.

As nozes e as fontes vegetarianas de ômega-3, como as sementes de chia e de óleo de linhaça e cânhamo, não fornecem EPA e DHA, apenas o precursor de cadeia curta (ALA), que o corpo precisa converter para os compostos de cadeia longa de que necessita. Essa conversão não é eficiente, na melhor das hipóteses, além de ser inibida com a presença das gorduras predominantes nos alimentos processados. As sementes de linhaça e de cânhamo e as nozes são bons acréscimos à alimentação, mas não substituem o peixe e o óleo de peixe.

Não me sinto muito confortável em sugerir às pessoas para comer mais peixe e tomar óleo de peixe, pois a pesca tem exaurido os oceanos. Faço parte de um projeto para desenvolver uma fonte sustentável de ômega-3 a partir da alga. O salmão e outros óleos de peixe não produzem seu próprio EPA e DHA; nenhum animal consegue produzi-las. Eles as obtêm se alimentando de algas, que fazem esse processo. Já existe um produto comercial com DHA derivado da alga, mas até o momento não há nenhum que contenha tanto DHA quanto EPA. Espero que em breve possa usar e aconselhar outras pessoas a usar um suplemento derivado da alga que seja equivalente ao óleo de peixe e adequado aos vegetarianos e a todos os que se preocupam com a situação dos oceanos.

A segunda deficiência nutricional mais comum na população americana é a falta de vitamina D, na realidade um hormônio produzido na pele com a exposição do raio solar ultravioleta. Por diversas razões, muitas pessoas não adquirem a exposição solar adequada para suprir suas necessidades de vitamina D e é quase impossível obtê-la unicamente pela alimentação. Os suplementos, entretanto, são eficazes e baratos. Um aumento nas pesquisas recentes sobre a vitamina D conscientizou tanto médicos quanto leigos dos seus diversos benefícios, não apenas para a saúde dos ossos, mas para a proteção contra muitos tipos de câncer, esclerose múltipla, gripe e outras doenças. Consequentemente, muitos médicos agora checam rotineiramente as taxas de vitamina D no sangue de seus pacientes, constatando essa deficiência em muitos deles.

Menos conhecida é a relação entre vitamina D, saúde cerebral e bem-estar emocional. Os receptores de vitamina D estão em todo o cérebro e parecem desempenhar um papel importante no desenvolvimento e nas funções desse órgão, incluindo a atividade de neurotransmissores que afetam o humor. Taxas altas de vitamina D podem proteger contra o declínio cognitivo relacionado ao envelhecimento. Taxas baixas estão associadas ao enfraquecimento das funções cognitivas (especialmente nos idosos), ao transtorno afetivo sazonal, à depressão e até mesmo à psicose (essa última correlação é uma possível explicação para o surpreendente alto índice de esquizofrenia em imigrantes de pele escura que se mudam para países do Norte da Europa; as pessoas de pele escura têm dificuldade em produzir uma quantidade suficiente de vitamina D).

Como ocorre com os ácidos graxos ômega-3, os benefícios da vitamina D na saúde física e mental são tão numerosos e sua deficiência é tão comum que é aconselhável adicioná-la à alimentação. Tomo pelo menos 2.000 UI por dia e aconselho as pessoas a fazerem o mesmo. Ao contrário do ômega-3, a ingestão em excesso de vitamina D pode causar problemas (cálcio demais no sangue e nos tecidos e, consequentemente, possíveis danos aos rins); porém, isso só acontece em doses muito mais altas que 2.000 UI por dia se ingeridas ao longo dos anos. Não existe risco de excesso de vitamina D por exposição ao sol; a exposição solar de forma adequada, ao contrário, traz benefícios diretos ao humor, independentemente de seu papel na síntese de vitamina D. Explicarei tais benefícios mais adiante neste capítulo e direi sobre como se expor ao sol com segurança, sem aumentar o risco de câncer de pele.

A seguir, a história de Christine, da cidade de Beaverton, Oregon, sobre o poder que esse micronutriente pode exercer sobre o humor. Embora seu consumo esteja acima da minha recomendação,* as pesquisas não encontraram efeitos adversos com a vitamina D suplementar abaixo de 10.000 UI por dia; portanto, ela provavelmente está em segurança com essa quantidade. Na realidade, nessa região nublada, chuvosa, relativamente ao Norte do país, ela deve estar bem dentro do objetivo:

> Descobri que tomar um suplemento líquido de vitamina D melhorou de maneira extraordinária meu humor. Quando estava grávida do meu primeiro filho em 2007, comecei a tomar 4.000 UI de vitamina D diariamente. Após o seu nascimento, aumentei para 6.000 UI. Estou grávida atualmente e voltei aos 4.000 UI, mas, como uma pessoa que lutou contra depressão leve a moderada a vida toda, notei que essa medida vem sendo a de maior impacto positivo no meu humor.

---

* É fundamental consultar seu médico sobre a dose diária recomendada (DDR) para o seu caso antes de tomar suplementos alimentares e vitaminas. (N. do R. T.)

O relato de outra moradora do Norte, Christina, de Springfield, Massachusetts:

> Fiquei impressionada com a maneira como a vitamina D mudou minha vida. Estou tomando um suplemento diário agora, após um exame de sangue que mostrou que eu tinha deficiência nessa vitamina. Minha médica me receitou suplementos de vitamina D e logo me senti mais calma e com mais energia, além de dormir melhor. Se esqueço de tomá-la por alguns dias, percebo a depressão retornando lentamente.

Deficiências de outras vitaminas e microminerais (ou oligoelementos) foram constatadas em pessoas com transtornos de humor. Corrigir as deficiências com suplementos às vezes ajuda. O mais citado é o complexo B, um grupo de componentes solúveis em água que o corpo não consegue armazenar e precisa com certa constância para otimizar o metabolismo. A necessidade dessas vitaminas aumenta com estresse, alimentação irregular, uso de drogas e álcool, fumo, doença, trabalho em turnos e viagens constantes. As vitaminas B6, B12 e o ácido fólico geralmente fazem parte das fórmulas de medicamentos para depressão que não necessitam de prescrição médica; as informações disponíveis são mais favoráveis aos efeitos das vitaminas B6 e B12, e menos no caso do ácido fólico. Não há motivo para não tomar o complexo todo de vitamina B na forma de suplemento alimentar, como também não há motivo para tomá-lo separadamente de um suplemento multivitamínico/multimineral diário.

A falta de micronutrientes é comum na população americana. A alimentação industrializada fornece quantidades reduzidas e muitas pessoas pobres não podem arcar com o custo de frutas e hortaliças das melhores fontes. Costumo argumentar a favor de fornecer às crianças em idade escolar suplementos multivitamínicos/multiminerais gratuitos. Seria uma medida de saúde pública eficaz em termos de custo, medida que acredito ter o potencial de melhorar o desempenho e o comportamento em sala de aula, bem como a saúde dos jovens. Também sou conhecido por afirmar que os suplementos não substituem uma boa alimentação. Na melhor das hipóteses, representam de maneira parcial uma gama completa de elementos protetores contidos nos alimentos integrais. Contudo, não são uma boa garantia contra falhas na alimentação e, como acontece com a vitamina D, oferecem terapêuticas específicas e benefícios preventivos que não são obtidos exclusivamente através da alimentação. Cultivo boa parte do que como na minha horta, eu mesmo preparo minha comida e sou cuidadoso com aquilo que como. Também tomo suplementos multivitamínicos/multiminerais diariamente e o aconselho a fazer o mesmo, pois considero essa medida uma forma segura e eficaz de otimizar o bem-estar emocional. O programa deste livro ajuda como identificar os melhores produtos.

A IMPORTÂNCIA FUNDAMENTAL DA ATIVIDADE FÍSICA

Uma matéria divulgada nos Estados Unidos, em junho de 2010, descreve um "tratamento não convencional para ansiedade e transtornos de humor, incluindo a depressão" que "é gratuito e não possui efeitos colaterais". O tratamento "nada mais é do que exercício".

O corpo humano foi projetado para a atividade física regular; a inatividade característica de tantas pessoas nos dias atuais debilita tanto a saúde em geral quanto a saúde do cérebro e provavelmente desempenha um papel significativo na incidência da epidemia de depressão. Essa é a diferença mais expressiva entre os estilos de vida de sociedades "avançadas" e das primitivas, como os caçadores-coletores que mencionei no capítulo dois, que desfrutavam de maior satisfação do que nós, e entre os quais a depressão maior era praticamente desconhecida. Há mais de 2 mil anos, o filósofo grego Platão escreveu: "Para que o homem seja bem-sucedido na vida, Deus lhe concedeu dois meios, a educação e a atividade física. Um para a alma e outro para o corpo, e não separadamente, mas os dois juntos. Com esses dois meios, o homem pode atingir a perfeição."

Muitos estudos mostram que pacientes deprimidos que adotam a prática de exercícios aeróbicos melhoram tanto quanto os que são tratados com medicamentos e tornam-se menos propensos à recaída. Os estudos também sugerem que exercícios auxiliam na prevenção da depressão e elevam o humor nas pessoas saudáveis. São necessárias mais pesquisas para revelar como o exercício consegue esse resultado, definindo exatamente o quanto e que tipo de atividade funciona melhor, mas, tendo em vista o que já sabemos, considero imperdoável omitir exercícios de um programa de tratamento integrativo para o bem-estar emocional. Se a comunidade de profissionais de saúde ainda não endossa essa prescrição, isso só pode ser explicado pela pouca atenção que é dada a esse tema pela mídia profissional. Há também o fato de os cientistas médicos alegarem que as pesquisas até agora têm sido metodologicamente inconsistentes.

O problema é que a maioria dos estudos sobre exercício e humor são de natureza seccional ou de corte transversal, o que significa que olham para grupos de pessoas em um momento do tempo e observam correlações, como a melhora do humor com atividade física regular. Estudos desse tipo são relativamente fáceis de realizar e custam relativamente pouco, mas não nos permitem tirar conclusões sólidas de causa e efeito. Talvez as pessoas mais ativas fisicamente estejam mais aptas a se comportar de maneiras que as deixem mais felizes, ou talvez os traços genéticos das pessoas mais ativas também influenciem a atividade cerebral de modo a favorecer o humor positivo. Assim sendo, prescrever exercícios para melhorar o bem-estar emocional pode não ser tão eficaz como medida genérica. Seriam mais úteis estudos *longitudinais* ou *prospectivos*, que acompanham ao longo do tempo grupos de pessoas adeptas dos exercícios físicos regulares, avaliando seu humor. Os resultados dos poucos estudos feitos genericamente sustentaram a eficácia de exercícios regulares para a manutenção e o aumento do bem-estar emocional.

Muitos métodos possíveis são propostos para esse fim, tanto neurobiológicos quanto psicológicos. Não há consenso e meu palpite é de que nenhum método é responsável. Não precisamos saber como os exercícios funcionam, mas queremos saber como tirar melhor proveito deles. A maioria dos estudos prospectivos usam programas de caminhada ou corrida, mas alguns pesquisadores descobriram que exercícios não aeróbicos – como os treinamentos de força e flexibilidade, além da ioga – também são eficazes. Em *Yoga for Emotional Balance* (Ioga para o equilíbrio emocional), a psicóloga clínica e professora de ioga, Bo Forbes, explica:

> A postura e o movimento podem ser insidiosos na construção da ansiedade e da depressão. Sem perceber, repetimos padrões físicos centenas de vezes

diariamente, esculpindo-os na pedra de nossas experiências... A depressão pode imprimir não apenas os padrões dos movimentos, mas também a postura. O corpo pode ter o que chamo de "Síndrome do Coração Fechado", uma postura padrão que ilustra o desamparo, a desesperança e a falta de perspectiva da depressão. Na "Síndrome do Coração Fechado", o peito afunda e a área do coração se fecha, fazendo com que a respiração torne-se superficial e lenta. A parte superior da espinha e os ombros ficam arqueados, como em um esforço para proteger o coração de decepções futuras. Essa postura também nos protege da intimidade, que pessoas deprimidas podem enxergar como uma nova oportunidade de se verem magoadas... Trabalhamos o alinhamento de cabeça e pescoço, posturas para reconstituir a abertura do coração e respirações profundas para elevar e equilibrar o bem-estar. As pessoas que possuem sintomas físicos de depressão com frequência se beneficiam do alongamento e da abertura da espinha torácica e da região peitoral.

O programa típico de exercícios terapêuticos dura de 8 a 14 semanas, com 3 a 4 sessões por semana de pelo menos 20 a 30 minutos. Para o tratamento de depressão e transtornos de ansiedade, as atividades de intensidade moderada, como a caminhada rápida, oferecem melhores resultados do que atividades vigorosas. As conclusões mais importantes das pesquisas até agora são que a atividade física regular:

- é um tratamento tão eficaz para a depressão leve a moderada quanto os medicamentos antidepressivos;
- é um tratamento eficaz para transtornos de ansiedade;
- em pessoas saudáveis ajuda a prevenir tanto a depressão quanto a ansiedade.

Aumentar minha atividade física foi uma das principais medidas que ajudaram a manter minha distimia sob controle, mas os tipos de atividade que pratiquei ao longo do tempo mudaram. Quando estava na faixa dos 30 e início dos 40 anos, corria pouco menos de cinco quilômetros vários dias da semana, até que comecei a perceber que meus joelhos não estavam gostando. Fui deixando de correr e passava mais tempo caminhando e andando de bicicleta. Mais tarde, recorri aos equipamentos de ginástica –

bicicletas ergométricas, simuladores de escada, e os elípticos – assim como os treinos com peso, tanto por conta própria como sob a orientação de um personal trainer. Também fiz um pouco de ioga para adquirir melhor alongamento e equilíbrio emocional. Quando cheguei aos 60, comecei a considerar esse treinamento bastante penoso, tedioso demais para me manter motivado. Comecei a nadar regularmente. Meu corpo mais idoso gosta muito de nadar e considero a concentração na respiração enquanto nado meditativa e relaxante. Procuro nadar vários dias da semana, saio para passear com meus cachorros, caminho com amigos e trabalho no jardim. Minha colega, Victoria Maizes, diretora executiva do Centro de Medicina Integrativa do Arizona, diz a seus pacientes que eles precisam se exercitar somente nos dias em que comem. Concordo plenamente que o objetivo é ter alguma atividade física todos os dias.

Cada vez mais me convenço de que os *exercícios funcionais* oferecem mais benefícios à saúde, tanto físicos quanto emocionais, que outros tipos de exercício. O exercício funcional é o exercício necessário para realizar determinada tarefa. Nosso corpo foi projetado exatamente para isso – para as atividades da vida diária. Era o que as pessoas nas sociedades pré-modernas faziam. Elas caminhavam, muitas vezes morro acima e abaixo ou sobre terrenos irregulares, escalavam, subiam, carregavam peso, cortavam lenha e assim por diante. As pessoas saudáveis e felizes que conheci em Okinawa e outras partes do mundo são regularmente ativas dessa maneira; nenhuma dessas pessoas usa aparelhos de ginástica, frequenta aulas de aeróbica ou se exercita com um personal trainer. Pesquisas sugerem que o exercício funcional condiciona nossos corpos de maneira mais eficaz e que as pessoas têm maior probabilidade de aderir a essas atividades. Acredito que o motivo principal pelo qual as pessoas abandonam os treinos baseados em aparelhos, levantamento de peso e outros exercícios de ginástica é que, no fundo de nossa psiquê primitiva, sentimos que essas atividades desperdiçam energia. O sentimento pode estar em nossos genes, uma herança dos tempos em que as calorias eram mais difíceis de ser adquiridas, quando a queima "sem sentido" de calorias poderia ser fatal. Acho que é por isso que gosto tanto da atividade física durante a jardinagem. Saber que meus esforços vão resultar em alimentos frescos e saudáveis à mesa aumenta imensamente minha motivação. Posso facilmente ficar horas perdido no esforço físico entre as fileiras de hortaliças, algo que nunca acontece comigo em um equipamento de ginástica (é claro que usar máquinas é melhor que ser sedentário, e talvez seja a melhor opção para uma pessoa que vive na cidade).

Incorporar um objetivo – pelo menos um que "pareça" útil – ao treino, pode torná-lo bem mais agradável. Por exemplo, onde moro em British Columbia, estabeleço uma distância para nadar, na maioria das vezes, até uma ilha no meio do lago. O percurso total não é muito mais longo do que meu treino na piscina, mas chegar até a ilha me dá uma sensação de ter cumprido meu objetivo, o que geralmente falta quando estou contando as idas e voltas na piscina da minha casa em Tucson.

O melhor de tudo no exercício funcional é que é fácil conseguir realizar uma atividade em casa ou no jardim, principalmente andando. Caminhar ao ar livre é ótimo para o bem-estar emocional, pois não apenas lhe propicia a melhora no humor decorrente da atividade física, mas também o coloca em contato com a natureza, acrescentando o benefício da interação social.

Conheço muitas pessoas que afirmam que os exercícios regulares constituem a única estratégia eficaz que descobriram para melhorar seu humor. Por exemplo, Kelli, de Redwood City, Califórnia, escreve:

> Sempre lutei contra a distimia: depressão crônica leve com imersões periódicas em episódios de depressão maior. No ano passado, depois de uma colisão com um motorista bastante embriagado, tive de me submeter à quarta cirurgia no joelho e meses de recuperação. Embora a cirurgia tenha sido bem-sucedida do ponto de vista de "consertar" o que foi machucado, fiquei com uma dor crônica. Após a frustração com tudo o que não poderia fazer, finalmente consegui me concentrar naquilo que ainda PODERIA fazer. Descobri-me atraída pela água: para ser mais exata, pela piscina da ACM (Associação Cristã de Moços) do meu bairro, e comecei a nadar. Eu tinha nadado a minha vida toda, mas apenas por diversão nas férias. Como agora provavelmente essa vai ser minha principal atividade física, comecei a me programar para fazer da forma adequada e por tempo suficiente para obter benefícios à saúde. Mal sabia que essa primeira imersão na piscina levaria a um ano inteiro de braçadas, agora já nadando 1.600 metros (37 idas e voltas), de quatro a cinco noites por semana. Não tive mais nenhum episódio de depressão maior desde então, além de estar 11 quilos mais magra.

Outros exaltam os prazeres da corrida. Dependendo do seu tipo físico, correr pode ser doloroso e difícil para as juntas ou um caminho rápido para a transformação física e mental. Kim, de Boston, achou que era a maneira perfeita de sair de uma espiral depressiva desencadeada pelo divórcio:

> As pessoas me diziam para tomar remédios para depressão e coisas do tipo, mas já sabia o que funcionaria para mim. Comecei a correr regularmente e nunca me senti tão bem. O divórcio altera a vida, por isso tirei proveito da atividade física para manter o ânimo em alta e a atitude bastante positiva. Corria quase que diariamente para me estimular e manter-me confiante com relação ao futuro. Comecei correndo 8 km, depois treinei para a corrida de 11 km de Falmouth Road, em Massachusetts, em 2009. Prossegui correndo e então participei da meia maratona de Boston, dois meses depois, e terminei com o treinamento para a maratona de Boston. Todos esses meses de treinamento foram um alívio e tanto para os problemas da vida. Tive aulas de aeróbica, musculação e corri muito! Foi a fase mais feliz da minha vida.

SONO, SONHOS E HUMOR

As pessoas satisfeitas e serenas dormem bem. Pegam no sono com facilidade, dormem a noite toda e acordam revigoradas. Por outro lado, pessoas ansiosas, estressadas ou deprimidas não dormem bem e a insônia crônica está fortemente associada com os transtornos de humor. Essas correlações são claras, mas o que é causa e o que é efeito não está claro. A maioria dos especialistas concorda que sono e humor estão intimamente ligados, que o sono saudável pode expandir o bem-estar emocional, enquanto o sono insuficiente ou sem qualidade pode, de maneira oposta, afetar negativamente o humor.

Estudos afirmam que cerca de 90% dos pacientes com depressão maior têm dificuldades em pegar no sono ou permanecer dormindo. Algumas vezes, a insônia que acompanha a depressão é tão profunda que o problema é diagnosticado erroneamente como distúrbio do sono. E a insônia crônica, intermitente na maior parte do ano, é um indicador de depressão (bem como todos os tipos de transtornos de ansiedade). De 5% a 10% da população adulta nos países ocidentais industrializados sofrem de insônia crônica, tornando-a um provável fator de contribuição para a epidemia de depressão.

Quando estou deprimido, não durmo bem. Se fico preso a ruminações mentais, não consigo conciliar o sono porque não desligo minha mente dos pensamentos. É provável que eu ainda desperte cedo, com pensamentos me rondando. Estresse e ansiedade interferem em meu sono também. Quando minha saúde emocional está bem, anseio por uma boa noite de sono, concilio o sono rapidamente, tenho sonhos agradáveis e acordo me sentindo lúcido e pronto para começar o dia. Geralmente durmo oito horas por noite. Se durmo muito menos que isso ou se meu sono é perturbado por fatores não emocionais, como uma viagem internacional, ruído demais ou muita cafeína no fim do dia, não me sinto na minha melhor forma ao acordar. Se isso acontece várias noites seguidas, torno-me irritadiço e não consigo me concentrar bem.

Surpreendentemente, existem poucas pesquisas experimentais sobre a relação ente sono e emoções e a maioria delas envolve falta de sono: seres humanos são observados em laboratório, por vários dias ou semanas, tendo dormido menos que o normal (até 50% menos, por exemplo). A restrição do sono geralmente torna as pessoas saudáveis menos otimistas e menos sociáveis e mais sensíveis a dores no corpo. Um estudo da Universidade da Pensilvânia revelou que seres humanos limitados a quatro ou cinco horas de sono por noite durante uma semana relataram estresse, irritação, tristeza e exaustão. O humor melhorou drasticamente quando retomaram as horas normais de sono.

Em outro estudo feito por pesquisadores da Escola de Medicina de Harvard e da Universidade da Califórnia, em Berkeley, a ressonância magnética funcional foi usada para avaliar mudanças na função cerebral com a privação do sono, em particular a interação entre o córtex pré-frontal medial (CPFM) e a amígdala cerebral. Já mencionei que a amígdala é um centro cerebral antigo, que age como mediadora de reações emocionais a estímulos desagradáveis, produzindo medo e reações defensivas. Sua atividade é ampliada na depressão. O córtex pré-frontal medial (CPFM) modula e inibe a função da amígdala para adaptar respostas emocionais mais apropriadas.

Uma descoberta importante dos estudos neurocientíficos tendo como sujeito os meditadores treinados é que estes conseguem aumentar a atividade do córtex pré-frontal medial. Os indivíduos que têm o sono limitado reagem de maneira negativa aos estímulos e as imagens da ressonância magnética funcional de seus cérebros mostram desconexão no caminho CPFM-amígdala. Essa mudança neurológica é um dos prováveis mecanismos pelos quais o sono afeta o humor. Outro mecanismo poderia envolver as citocinas, pois a privação do sono também aumenta a inflamação no corpo.

Os transtornos de humor também estão intimamente ligados a padrões anormais de sonhos e alterações no sono REM (Rapid Eye Movement, ou movimento rápido dos olhos), a fase em que a maior parte dos sonhos ocorre. A dra. Rosalind Cartwright, PhD, influente pesquisadora na área do sono e sonhos do Centro Médico da Rush University, em Chicago, e autora do livro *The Twenty-four Hour Mind: The Role of Sleep and Dreaming in Our Emotional Lives* (A mente 24 Horas: o papel do sono e dos sonhos na nossa vida emocional), mostrou que indivíduos que sonham e se lembram de seus sonhos curam-se mais rapidamente de estados de espírito depressivos associados ao divórcio. Rubin Naiman, PhD, especialista em sono e sonhos do corpo clínico do Centro de Medicina Integrativa do Arizona, acredita que "a perda do sono REM e dos sonhos é a principal influência sociocultural que não recebe a devida atenção no estudo das causas da depressão".

É relevante o fato de que a maioria dos medicamentos para ajudar as pessoas a dormirem suprime o sono REM e os sonhos e deixam igualmente de reproduzir outros aspectos do sono natural. São alguns dos medicamentos mais usados em nossa sociedade. Os antidepressivos também suprimem os sonhos (os que são estimulantes podem interferir no sono de forma geral).

Pesquisas sugerem que o conteúdo emocional de muitos sonhos é negativo. Se sua experiência for desse tipo e você a achar perturbadora, leve em consideração a visão do dr. Naiman de que o sonho é "um tipo de ioga psicológica", que contribui para o bem-estar emocional. Ele diz que o sono REM e os sonhos na primeira parte da noite parecem processar e dispersar emoções negativas do período de vigília diurna; os sonhos que ocorrem mais tarde integram esse material à percepção do eu, ou *self*, de cada pessoa. Só em saber que os sonhos têm valor, já pode ser útil. Brad, um amigo que mora em Phoenix, contou-me o seguinte:

> Entender que sonhar, em vez de simplesmente dormir, é fundamentalmente importante levou-me a uma mudança de percepção muito valiosa. Depois de ouvir uma palestra do dr. Naiman sobre a importância dos sonhos, parei de me atormentar com pensamentos do tipo "Preciso dormir", o que paradoxalmente me mantinha acordado e ansioso. Em vez disso, digo a mim mesmo: "Preciso sonhar" e me rendo facilmente ao estado de sono/sonhos. Costumava temer a negatividade dos meus sonhos – pareciam-me um tormento inútil e ficar acordado era minha tentativa subconsciente de evitá-los. Agora que sei que mesmo os sonhos negativos nos propiciam uma proveitosa libertação, eu os acolho, e finalmente estou dormindo melhor. Meus sonhos estão ficando mais agradáveis também.

Fico feliz em poder dizer que meus sonhos são tremendamente agradáveis. Com frequência viajo para terras exóticas, tenho grandes aventuras com amigos e estranhos interessantes. Meus pais, ambos falecidos, estão constantemente em meus sonhos, sempre com aparência jovem, saudáveis e bem-humorados. Recordar dos meus sonhos quando acordo sempre me deixa de bom humor no início do dia. Talvez deva algo dos meus sonhos ativos e agradáveis à melatonina, que tomo quase toda noite por conta de seus efeitos no sono e nos sonhos e por sua útil influência na imunidade. Felizmente, não se desenvolve tolerância à melatonina como acontece com outros medicamentos para dormir e raramente há efeitos colaterais. (Na parte três deste livro, explicarei seu uso como parte do programa para otimizar o bem-estar emocional.)

A mensagem que quero que leve destas páginas é que você deve avaliar seu sono se quer experimentar melhor humor. Se você tem dificuldade de dormir, não está dormindo o suficiente ou seu sono não tem qualidade, você precisa aprender a higiene básica do sono, fazer as mudanças adequadas e, possivelmente, consultar um especialista em sono. Farei sugestões mais específicas sobre esse assunto na página 208.

EFEITOS DAS DROGAS QUE ALTERAM O HUMOR

Álcool e cafeína

As drogas que afetam o humor mais amplamente usadas em nossa sociedade são o álcool e a cafeína; a primeira é "relaxante" e a segunda, "estimulante". Ambas afetam fortemente o humor e o comportamento e, com o uso constante, podem levar à dependência e ao vício. Se você usa uma ou outra e quer cuidar de seu bem-estar emocional, é importante olhar para seus relacionamentos com essas substâncias e entender como elas podem impactar seu humor.

Pode parecer estranho que pessoas deprimidas sejam atraídas para drogas depressivas, mas é isso que ocorre. O álcool afeta primeiramente os centros inibidores do cérebro, causando vivacidade, confiança, sensação de energia, cordialidade, entusiasmo, melhora no humor e dissipação da ansiedade – alívio bem-vindo, mas temporário, do estresse e da tristeza. A desinibição causada por ele é a responsável por sua eterna popularidade como "lubrificante social" em coquetéis, jantares e encontros românticos. Vale a pena desconstruir o termo *"happy hour"* como a reunião centrada no álcool, ao fim do dia, principalmente com colegas de trabalho, em restaurantes ou bares que oferecem bebidas com desconto durante certas horas do dia. Esse termo não somente iguala a felicidade com o efeito de alteração de humor da droga, mas também restringe a experiência de felicidade a uma situação em particular, insinuando que não há felicidade nas demais horas do dia sem álcool.

Em doses maiores, o álcool anestesia a dor, tanto física quanto emocional, embora ela volte quando seu efeito desaparece, acompanhada dos sintomas físicos e mentais da toxicidade do álcool. É tentador procurar alívio consumindo mais. As pessoas que sofrem de depressão podem facilmente deixar-se levar pelo excesso de bebida para evitar a dor emocional, viciando-se no álcool e sofrendo todas as consequências físicas, emocionais, sociais e comportamentais desse vício.

Se você usa álcool regularmente e tem inclinação para a depressão ou simplesmente quer vivenciar maior resiliência emocional e bem-estar, eu lhe pediria para examinar sua relação com ele. Faça a si mesmo as seguintes perguntas:

- Você usa álcool para mascarar ansiedade, tristeza ou outro sentimento negativo?
- Você espera ansiosamente pela hora do dia em que bebe, considerando-a como a hora em que se sente melhor?
- Você depende do álcool para ajudá-lo em situações sociais ou períodos de aumento de estresse?
- Você é capaz de experimentar satisfação, consolo e serenidade quando não está usando álcool?
- Você usa regularmente qualquer droga antidepressiva, como ansiolíticos ou medicação para dormir? Em caso positivo, saiba que seus efeitos e riscos são parecidos com os do álcool, e maiores com ele.

O álcool pode ser uma droga social, benéfica e útil, que pode beneficiar a saúde em geral. Moderação e consciência são a chave para um bom uso do álcool e o protegem de danos e riscos da dependência.

A cafeína, principalmente na forma de café, já está tão inserida em nossa cultura que a maioria dos usuários não sabe como essa droga é poderosa e quanta influência tem sobre nossa saúde física e emocional. A sensibilidade à cafeína varia enormemente de pessoa para pessoa. Algumas pessoas que tomam apenas uma xícara de café por dia podem ser fisicamente viciadas em cafeína, ter reação à abstinência se a cortarem e apresentar inúmeros sintomas físicos e emocionais causados por ela (que provavelmente não relacionarão com seu consumo de café). Outros podem tomar várias xícaras por dia sem apresentar nenhum sintoma.

As pessoas gostam de cafeína porque ela lhes dá a sensação temporária de aumento de energia, estado de alerta e foco; muitos não conseguem começar o dia sem ela. Poucos entendem que a energia propiciada pelo café, chá, cola, mate e outros não é um presente do além. É sua própria energia, armazenada quimicamente nas células, que a cafeína instiga o corpo a liberar. Quando a droga acaba, você experimenta um vazio de energia armazenada e provavelmente se sente cansado e mentalmente entorpecido. Como outros estimulantes, se você tomar mais cafeína nesse ponto, poderá protelar a queda do efeito da droga por um tempo, mas corre o risco de tornar-se dependente dela. Quando as pessoas são viciadas em café ou outra forma de cafeína, sua energia está constantemente em alta no início do dia e enfraquecida mais tarde.

A cafeína torna muitas pessoas ansiosas e nervosas. Mais uma vez, em pessoas sensíveis, isso pode ocorrer com pequenas doses. Aconselho a qualquer um que sofra de ansiedade, nervosismo e inquietação mental a eliminar todas as formas de cafeína para determinar até que ponto ela está contribuindo para esses problemas ou obstruindo esforços para controlá-los. Essa droga geralmente afeta de modo negativo o sono. Tenho visto casos de insônia crônica serem resolvidos quando os pacientes cortam uma xícara de café pela manhã. Obviamente, esses são indivíduos muito sensíveis à cafeína; ninguém imaginaria que uma simples xícara de café pela manhã pudesse interferir no fato de pegar no sono ou permanecer acordado à noite.

Ainda mais interessante são os casos que coletei de pessoas que experimentaram melhora no humor quando pararam de usar cafeína. Aqui, por exemplo, está uma carta que recebi de um amigo, Bill Weaver, produtor de filmes e entrevistador que mora em Victoria, British Columbia:

> Até onde me lembro, vivi algum tipo de depressão na maior parte da minha vida adulta, embora tenha me tornado realmente consciente disso somente através do espelhamento diário de um casamento de 20 anos. O que mais poderia definir minha experiência é a de um "precipício", do qual eu facilmente poderia escorregar, deixando-me em um estado de quase paralisação total.
>
> Nunca comprei medicamentos antidepressivos. Histórias sobre seus efeitos colaterais sempre me mantiveram afastado. Portanto, comecei com alternativas como a erva-de-são-joão, que funcionou relativamente bem, porém nunca resolveu o problema por completo. Por um longo período, o café – três xícaras grandes todas as manhãs – parecia ajudar. A cafeína aparentemente me deixava "pra cima", mas o que sobe também desce: o preço era uma queda abrupta na minha energia à tarde. Depois de passados alguns anos, voltei às tendências costumeiras.
>
> Recentemente, mergulhei em uma depressão mais profunda que a habitual. Em meio a essa depressão, vi por acaso uma postagem no Facebook sobre "curas alternativas de humor" e cliquei no link. A primeira coisa que li

era que o café contribuía para o problema da depressão. Imediatamente eliminei o café da minha vida. O que se seguiu foram três ou quatro dias cinzentos e dores de cabeça. O ibuprofeno arrancou a maior parte das dores pela raiz. Seguindo outra recomendação, comecei a tomar diariamente doses de dois suplementos, 5-HTP e L-tirosina, para equilibrar meus níveis de serotonina. Quase que imediatamente, o "precipício" pareceu sumir.

Agora, mais de um mês depois, ainda em meio às tentativas e inconsistências da vida, percebo-me desanimado às vezes, mas a sensação é mais parecida à de uma situação natural e que passa rapidamente. Parei de tomar os suplementos e satisfaço meu desejo ocasional por cafeína com chá preto de boa qualidade. Tenho mais energia, meu sono é mais saudável e interajo melhor com os amigos, sócios e com os desafios do dia a dia.

A experiência do meu amigo é típica e reveladora. Muitas pessoas consideram o café um antidepressivo leve, pois eleva o humor quando usado ocasionalmente ou quando usado com regularidade por pessoas menos sensíveis à cafeína e resistentes às suas propriedades viciantes. Em pessoas dependentes de seus efeitos estimulantes, o café e outras bebidas que contêm cafeína podem contribuir mais para a depressão do que agir contra. A única maneira de saber como a cafeína pode estar afetando seu humor é parar com ela completamente. Note se há reações de abstinência: cansaço e dor de cabeça são os sintomas mais comuns, mas problemas digestivos e outras reações podem ocorrer. Os sintomas geralmente aparecem até 36 horas após a última dose da droga, persistem por dois ou três dias e são aliviados instantaneamente se você coloca cafeína em seu corpo. Se você tem reações desse tipo, essa é a prova de que você está viciado em cafeína e a comprovação de que provavelmente seu nível de energia, seu sono e seu humor foram afetados. Observe como você se sente sem ela.

Fique atento para o fato de que você pode estar ingerindo mais cafeína do que pensa, pois ela está em muitos produtos e não apenas nas bebidas e no chocolate, mas também no café descafeinado (!), nas fórmulas energéticas (bebidas, energéticos do tipo "shot", fórmulas em pó e energéticos em cápsulas), refrigerantes sem cola, ervas medicinais, pílulas para emagrecer e medicamentos vendidos sem receituário para resfriados, dores de cabeça e dores em geral. Para fazer a experiência de maneira apropriada, você terá de eliminar toda a cafeína de sua vida.

Drogas "recreativas"

A maioria das drogas que as pessoas usam para alterar o humor, a percepção e os pensamentos são calmantes ou estimulantes. Barbituratos (Seconal, Nembutal, "reds"), Quaaludes ou metaqualonas e sedativos (opiáceos), todos diminuem a atividade cerebral, enquanto a cocaína, a metanfetamina e a efedrina agem como estimulantes. O uso frequente ou regular de qualquer calmante ou estimulante pode levar à dependência e ao vício, minando a saúde e a estabilidade emocionais. Se você está habituado a usar substâncias desse tipo e quer melhorar seu bem-estar emocional, eu o aconselho a pesquisar sobre seus efeitos, ver se ocorrem modificações em seu humor se você os descontinuar e procurar ajuda médica se tiver dificuldades em se ver livre delas.

A cannabis (maconha) não é uma droga calmante nem estimulante, mas também tem efeitos cognitivos e emocionais significativos. A reação à cannabis apresenta muitas variações individuais. Algumas pessoas acham que ela permite relaxar, facilita a socialização, diminui o nervosismo, aumenta o prazer sensorial e ajuda na concentração. Funciona bem como um remédio natural para dor, espasmo muscular e outros problemas médicos. Outros tornam-se ansiosos ou paranoicos quando a usam. Auxilia alguns a dormir e tira o sono de outros. Ela não causa o tipo de dependência e vício associados às drogas estimulantes e tranquilizantes, mas usuários constantes de maconha chegam a usá-la todos os dias, o dia todo. Embora a segurança médica da cannabis seja boa, o uso habitual pode ser um fator de piora do bem-estar emocional. Se você a usa mais do que ocasionalmente e vai seguir o programa deste livro, sugiro abster-se dela por um período para descobrir se fica mais fácil ou mais difícil manter a serenidade, a resiliência, a satisfação e o bem-estar.

Medicamentos com e sem prescrição médica

Os medicamentos com prescrição médica mais comuns podem afetar o humor, geralmente para pior. Com bastante frequência, nem os médicos que os prescrevem, nem os pacientes que os tomam estão conscientes desse fato. Por exemplo, os anti-histamínicos deixam muitas pessoas deprimidas. (A Torazina e outros tranquilizantes importantes usados em pacientes psicóticos foram desenvolvidos a partir de anti-histamínicos.) Eu tinha uma alergia sazonal grave com a carpineira (ambrósia-americana) e me receitaram vários medicamentos desse tipo. Para mim foi muito difícil decidir entre sofrer com o humor funesto causado pelos medicamentos ou com os espirros e a coceira da alergia. Os remédios me faziam sentir como se uma cortina cinza tivesse descido sobre meu cérebro. Embora minha alergia tenha passado, devido a mudanças na minha alimentação e no meu estilo de vida, eu não tenho necessitado tomar anti-histamínicos há anos, tentei novas versões que supostamente não interferem no cérebro nem causam sedação. Infelizmente, os anti-histamínicos ainda deprimem meu humor.

Outros grandes vilões são os medicamentos para insônia e os ansiolíticos, particularmente as benzodiazepinas (Valium, Halcion, Rivotril, Xanax, Lorazepam etc.). Esses medicamentos causam dependência, interferem na memória e frequentemente causam confusão mental e depressão. Alguns especialistas os chamam de "álcool em comprimidos". Opiáceos, como codeína, Demerol e Oxycontin, que são prescritos como supressores da tosse e tratamentos para dor crônica, são sedativos fortes. Mencionei os riscos de hormônios e corticosteroides, como a prednisona, no início deste capítulo. Com o uso prolongado, os esteroides causam instabilidade emocional, euforia e, com bastante frequência, depressão. Os broncodilatadores – usados para controlar a asma e doenças pulmonares crônicas – são estimulantes poderosos que deixam muitas pessoas ansiosas, tensas e insones. Alguns medicamentos usados para controlar a pressão alta também têm efeitos negativos no humor. Na verdade, tipos diferentes de fármacos podem influenciar nossa vida emocional; portanto, é aconselhável prestar atenção a quaisquer mudanças quando começar a tomar uma medicação prescrita. Também sugiro que você procure na internet informações completas sobre os possíveis efeitos psicológicos de qualquer medicamento que tome regularmente (bons sites são WebMD.com, drugs.com/sfx e drugwatch.com).

O mesmo ocorre com os produtos que não precisam de prescrição médica, especialmente os auxiliares do sono, os remédios para tosse, resfriado e alergia, comprimidos para emagrecer e analgésicos (para alívio da dor).

Fitoterápicos

Ervas que afetam o humor incluem substâncias tranquilizantes, como a kava-kava e a valeriana, e estimulantes, como o éfedra, o guaraná, a erva-mate e a limeira. O uso ocasional não é preocupante, mas, se você toma qualquer um desses fitoterápicos regularmente, preste atenção aos seus efeitos nas suas emoções. Outros produtos naturais vendidos pela internet, em lojas de suplementos naturais, mercados e farmácias podem conter substâncias psicoativas: leia os rótulos atentamente.

Em resumo: muitas bebidas largamente utilizadas, medicamentos com ou sem prescrição e drogas recreativas, bem como as ervas medicinais e os fitoterápicos, afetam o humor. Seu uso frequente ou regular pode dificultar a melhora do bem-estar emocional e da obtenção do benefício máximo do programa que desenvolvi.

EXPOSIÇÃO À LUZ

Em 1974, mudei-me de Tucson, Arizona, para Eugene, Oregon, onde pensei que gostaria de morar. Tinha uma comunidade de amigos lá e eu adorava explorar as majestosas florestas de Cascade Mountains, próximas de onde estava. Fiz a mudança em junho, quando o deserto do Arizona estava insuportavelmente quente e o verão no Oregon era delicioso. Com a chegada do outono, percebi a realidade de morar em uma floresta tropical. Não era apenas o lugar mais úmido em que já vivera, era também o mais privado de sol. Sim, eu via beleza na luz nacarada que passava por entre as nuvens e a névoa na maior parte do tempo, mas comecei a ansiar pela luz brilhante do sol e pelo céu azul do sul do Arizona. Conforme os dias iam ficando mais curtos, minha energia caía e, com ela, meu humor também. Não me considero uma pessoa sensível ao tempo. Gosto de dias nublados no deserto porque a chuva é bem-vinda lá, mas aprendi que não consigo ficar tempo demais sem sol.

Tenho uma amiga que fica deprimida se passa mais de dois dias seguidos sem sol. Pessoas assim não são difíceis de se encontrar e sabe-se, desde os tempos antigos, que muita gente fica deprimida no inverno, principalmente nos países nórdicos, onde a "depressão de inverno" é comum (é interessante saber que a Islândia é exceção, provavelmente porque seus habitantes têm níveis excepcionalmente altos de ácidos graxos ômega-3 devido a uma dieta rica em óleo de peixe, bem como a ingestão elevada de vitamina D, também oriunda de peixe). Em 1970, Herbert Kern, engenheiro americano que sofria de depressão de inverno, achou que o motivo era a falta de luz e que um tratamento que compensasse essa deficiência poderia ajudá-lo. Ele atraiu o interesse de cientistas do Instituto Nacional de Saúde Mental nos Estados Unidos, que inventaram uma "caixa de luz" projetada para assemelhar-se à luz do dia. Após alguns dias se tratando com essa luz, Kern descobriu que sua depressão passara.

Em 1984, Norman E. Rosenthal e seus colegas do Instituto Nacional de Saúde Mental descreveram uma forma de depressão que se repetia sazonalmente, geralmente no inverno, mais comum em latitudes mais altas e em mulheres, acompanhada de sintomas característicos, como o aumento do apetite por carboidratos e ganho de peso. Eles a chamaram de *seasonal affective disorder* (SAD) ou transtorno afetivo sazonal e a documentaram em um estudo controlado usando a terapia da caixa de luz. Recebidas inicialmente com ceticismo, as ideias de Rosenthal acabaram por ser validadas. Seu livro de 1993, *Winter Blues* (Tristeza de inverno), é um tratado clássico sobre o assunto. O DSM-IV reconhece o transtorno afetivo sazonal como um subtipo de episódios da depressão maior. Cerca de 6,1% da população americana sofre de transtorno afetivo sazonal, enquanto o dobro da população está sujeita a uma forma mais branda, chamada de "transtorno afetivo sazonal subsindrômico", ou seja, não severo.

Embora muitos métodos tenham se proposto a explicar as quedas sazonais de humor – incluindo as mudanças hormonais e nos neurotransmissores – muitos especialistas consideram a luz como sendo o fator decisivo.

Psicólogos evolucionistas argumentam que o transtorno afetivo sazonal é uma reação adaptativa semelhante à hibernação, uma maneira de conservar energia reduzindo a atividade nas estações do ano com mais escassez de alimentos, geralmente em ambientes com a falta deste. Nas mulheres, esse transtorno pode ter tido o papel de regular a reprodução.

Seja qual for a causa, o tratamento com lâmpadas que simulam luz natural – não as mesmas que usamos em ambientes fechados – funciona para aliviar o transtorno afetivo sazonal de maneira tão eficaz quanto os antidepressivos e de forma mais rápida. Esse tratamento foi tão bem-sucedido que testou-se seu uso para tratamento da depressão não sazonal e outros transtornos de humor. Não existem muitos estudos bem elaborados sobre a terapia com luz ou fototerapia, mas a análise dos dados até o momento sugere que ela também possa ser eficaz para tratar da depressão não sazonal, mais uma vez funcionando tão bem quanto a medicação.

Não sofro de transtorno afetivo sazonal, mas acho que a exposição diária à luz solar contribui para meu bem-estar emocional. Concordo com os especialistas quando afirmam que, para obter o melhor sono possível, devemos manter nosso quarto completamente escuro e devemos nos expor à luz natural durante o dia. A luz natural do sol é a melhor. Uso óculos de sol com proteção contra os raios UV quando estou ao ar livre para reduzir riscos de formação de catarata e degeneração macular. (Esses óculos não precisam ser escuros ou com lentes escurecidas. Existem lentes claras que bloqueiam os raios UV e os comprimentos de onda azuis, prejudiciais à retina.) Também uso chapéu e passo protetor solar no rosto e na parte calva da cabeça, mas exponho o resto do corpo ao sol quando estou nadando. Presto atenção ao ângulo do sol no céu e fico à sombra quando seus raios nocivos estão mais intensos.[14]

A luz afeta nossas vidas e aconselho a todo mundo tirar proveito com frequência dos ambientes externos. Nunca usei a caixa de luz ou outro tipo de fototerapia, mas há vários tipos de equipamento no mercado, alguns portáteis, a uma faixa de preços bem variável. Se você vive em latitudes altas, deve considerar a ideia de acrescentar a fototerapia às outras reco-

---

[14] Os raios de sol são mais nocivos entre 10h e 15h durante o ano todo; perto do solstício de verão; mais próximo à linha do Equador e em altitudes mais elevadas; e perto de superfícies reflexivas, como neve e areia.

mendações que lhe dou, mas aviso de antemão que muitos aparelhos possuem comprimentos de onda de luz azul que são prejudiciais à visão, aumentando o risco de Degeneração Macular Relacionada à Idade (DMRI). Essa doença é a causa mais comum de cegueira em pessoas idosas. Pessoas que acham a fototerapia benéfica podem estar danificando suas retinas. (O engenheiro Herbert Kern, o primeiro a experimentar esse tipo de terapia, declarou em um artigo na revista *Science*, em 2007, que o tratamento tornou-se cada vez menos eficaz para ele conforme sua visão foi se deteriorando devido à DMRI. "Mal posso enxergar agora," ele escreveu, "e agora o inferno abriu suas portas... tenho tido períodos de depressão que duram mais de um ano".) Luz azul no comprimento de onda entre 460-465 nanômetros é a mais perigosa e parece não ser necessária para que a terapia com luz seja eficaz. Produtos mais modernos afirmam proporcionar uma luz livre de ondas de comprimento nocivas – seja cauteloso ao comprar.

MEDICAMENTOS ANTIDEPRESSIVOS: QUANDO USÁ-LOS

Se você sofre de depressão maior, pode precisar tomar antidepressivos prescritos por um médico. É importante alertá-lo mais uma vez de que as abordagens descritas nesta seção e no programa deste livro não são substitutos para os medicamentos antidepressivos no tratamento de formas severas de depressão. Em conjunto com a medicação, elas podem ajudá-lo a ter sucesso com doses menores de medicação, encurtar a duração do tratamento e facilitar a transição no término do tratamento.

O motivo para exercitar a cautela com fármacos antidepressivos é simples – sua ação, em qualquer pessoa, é impossível de prever. Para Nancy, 55 anos, advogada, a medicação foi de grande ajuda:

> Quando me divorciei, tentei as estratégias típicas para lidar com esse tipo de problema como conversar com amigos confiáveis, ler livros de autoajuda, rezar, ouvir música, beber, comer chocolate e fazer exercícios vigorosos com regularidade. Não consegui sentir nada além de uma tristeza devastadora. Procurei a ajuda de uma terapeuta, que sugeriu que eu tentasse um medica-

mento antidepressivo em conjunto com a terapia e, ocasionalmente, algum tranquilizante. Ela me ensinou a aplicar a auto-hipnose, meditar, conversar com a "cadeira vazia", escrever cartas que jamais vão ser enviadas, manter um diário e respirar profundamente. Estava tomando antidepressivos há um ano. Tive medo de tomá-los no início. Minha preocupação era com o fato de que, se eles funcionassem, nunca conseguiria deixar de tomar. E, se parasse, tinha medo de que a depressão pudesse voltar.

De início, não gostei de como me senti sob o efeito da medicação. Tudo parecia levemente alterado, como se eu estivesse vivendo através de um filtro. Tinha medo de tomar os remédios e medo de parar de tomar. Mas uma vez que minha essência emocional começou a fluir novamente, não havia como pará-la. Sentia tudo – até coisas que jamais tinha sentido antes. Acredito que os antidepressivos realmente me ajudaram. Não entendo seu processo químico, mas, conforme o tempo foi passando, foi como se a medicação tivesse me acordado novamente. Consegui sair daquele buraco negro e, em algum momento, comecei a me sentir feliz novamente. As atividades terapêuticas em combinação com a medicação funcionaram. Depois de cerca de um ano, fui deixando os antidepressivos (com alguma apreensão). Felizmente, está tudo bem. Isso foi há 25 anos.

Por outro lado, algumas pessoas acham que tomar antidepressivos é uma experiência quase inteiramente negativa, próxima à de um pesadelo. Jacqueline, 45 anos, professora de Westlake Village, Califórnia, escreve:

Venho tentando muitas medicações para meu transtorno de humor/depressão e descobri que sou extremamente sensível a elas, além de reagir de maneira extrema aos antidepressivos. Depois de duas reações bastante ruins (ansiedade, depressão profunda, idealização suicida) em dois meses, fui hospitalizada. Logo depois, comecei a procurar por terapias alternativas. Comecei a me consultar com um médico que também se especializou em fitoterápicos. Com a ajuda dele, melhorei enormemente. Alguns exemplos de vitaminas e suplementos que tomo são a vitamina D, B-50, óleo de peixe, luteína e SAMe.[15]

---

[15] A S-adenosilmetionina é uma molécula que ocorre naturalmente.

Dada a variação de respostas individuais e o potencial para reações adversas, perguntei à dra. Ulka Agarwal, psiquiatra californiana que está estudando para ser uma profissional de saúde mental integrativa, de que maneira ela usa esse tipo de medicação de modo a ter certeza de que os benefícios irão superar os riscos. Sua resposta foi a seguinte:

Considero prescrever antidepressivos a qualquer um que esteja sendo prejudicado social, profissional ou academicamente – essas pessoas estão com dificuldade de sair da cama para chegar à aula ou ao trabalho no horário? Conseguem focar e se concentrar? Estão motivadas a realizar suas atividades diárias? Como são seus cuidados pessoais? Estão se afastando de relacionamentos sociais, atividades ou hobbies de que antes gostavam? Alguma coisa lhes dá prazer? Seu sono é interrompido? Estão tendo pensamentos suicidas? Se esses indivíduos estão sendo prejudicados em várias dessas áreas ou tendo pensamentos suicidas, recomendo um antidepressivo. Além da medicação, recomendo terapia semanal, exercício diário e administração do estresse (ioga, meditação, esportes, contato com animais etc.) Também peço que eliminem ou reduzam o álcool e o uso de drogas (trabalho em um hospital universitário e muitos dos meus pacientes fumam maconha regularmente) e discuto sobre higiene do sono. Ainda não incorporei nutrição, suplementos ou ervas medicinais na minha prática, mas espero fazer isso em breve.

Em geral, começo com um antidepressivo ISRS, especialmente em casos de ansiedade, raiva, irritabilidade ou bulimia associadas, mas minha escolha de medicação depende dos sintomas específicos e dos efeitos colaterais do medicamento. Por exemplo, para alguém com falta de apetite ou deficiências no sono, poderia tentar mirtazapina (Rameron, um tricíclico), que induz o apetite e é sedante. Minha primeira escolha de ISRS é geralmente o Prozac, pois, de sua classe, é o que tem menor probabilidade de causar aumento de peso, não é sedante para a maioria das pessoas e é fácil de ser gradualmente descontinuado devido à sua meia-vida longa.

Para um episódio isolado ou no primeiro episódio de depressão, recomendo o tratamento por pelo menos 6 meses. Se a pessoa já teve episódios anteriores de depressão ou não se sentiu bem sem os antidepressivos no passado, recomendo de 9 a 12 meses de tratamento.

Sempre descontinuo o tratamento gradualmente, até mesmo com Prozac, e jamais o interrompo repentinamente. Em geral, faço um programa semana a semana para descontinuar a medicação.

Essas são recomendações criteriosas. Se você está tomando antidepressivos ou considerando tomá-los, tenha os seguintes pontos em mente:

- Você pode não precisar da medicação no longo prazo, particularmente se está trabalhando para melhorar seu bem-estar emocional geral. Pergunte ao seu médico quando e como tentar descontinuar uma medicação com prescrição.
- Jamais pare de tomar antidepressivos sem discutir esse assunto com seu médico e nunca pare abruptamente. Suspenda-os gradativamente, seguindo um programa recomendado.
- Tipos diferentes de antidepressivos têm ações variadas e efeitos colaterais diversificados. Preste muita atenção aos efeitos positivos e negativos dessas medicações e relate-os ao médico. Se você não tiver uma melhora significativa em 8 semanas ou se não conseguir tolerar os efeitos colaterais, vale a pena consultar um médico especializado para selecionar a melhor medicação para o seu caso.
- Pesquisas recentes sugerem que medicações antidepressivas podem aumentar o risco de ataque cardíaco e derrame em homens e câncer de mama ou dos ovários nas mulheres. São descobertas experimentais; preste atenção nessa linha de pesquisa se você usa essas drogas.
- Lembre-se de que, para depressão leve a moderada, há muitas opções de tratamento como alternativa aos antidepressivos.

ANSIOLÍTICOS: NÃO RECOMENDADOS

Não tenho uma boa opinião a respeito dos medicamentos prescritos para ansiedade. Eles interferem com a memória e a cognição, podem piorar o humor e causam dependência; descontinuá-los pode ser bastante difícil. Além do mais, não vão até a raiz da ansiedade, simplesmente a suprimem. Podem ajudar no caso de uso ocasional para ansiedade aguda, mas realmente não recomendo tomá-los de forma regular ou depender deles para lidar com a ansiedade crônica.

A medida mais poderosa e eficaz contra a ansiedade que conheço é a rápida e simples técnica de respiração que explicarei no próximo capítulo (pág. 147). Vejo essa técnica dar resultado nas formas mais extremas de síndrome do pânico, quando as medicações mais fortes falharam. É totalmente segura, não requer nenhum equipamento e não custa nada. E, ao contrário das medicações repressivas, a respiração adequada desfaz a ansiedade na sua origem.

Também abordo a ansiedade dos pacientes sugerindo ajustes no estilo de vida, especialmente com relação à ingestão de cafeína (e outros estimulantes), atividades físicas, administração do estresse e sono. Para alguns, recomendo terapia cognitiva e práticas de meditação (que serão discutidas na próxima seção) e frequentemente sugiro um teste com valeriana e kava-kava como alternativas a medicamentos prescritos.

FITOTERÁPICOS PARA DEPRESSÃO E ANSIEDADE

Faça uma pesquisa na internet sobre remédios para depressão e você encontrará *muitas* coisas para comprar: vitaminas, minerais, ervas, aminoácidos e vários outros, vendidos separadamente ou em fórmulas combinadas. Sinto lhe dizer que poucos desses produtos foram estudados sistematicamente, e menos ainda em estudos bem elaborados com humanos. Há pouquíssimas evidências concretas que dão respaldo às afirmações feitas pela maioria dos fabricantes, profissionais e pacientes. Já mencionei que há ótimas evidências com relação à eficácia do óleo de peixe e à vitamina D para elevar e manter o bem-estar emocional e constatações insuficientes no que diz respeito ao complexo de vitaminas B. Os medicamentos naturais a seguir são usados para o tratamento de depressão e ansiedade, não são usados de forma preventiva e não os recomendo para todas as pessoas, como faço com o óleo de peixe e a vitamina D. Acho que vale a pena tentá-los para problemas emocionais específicos como alternativa para os fármacos. Podem ser tomados separadamente ou combinados com outros medicamentos.

Alguns podem ser utilizados conjuntamente com antidepressivos e outros não, ou se utilizados, isso deve ser feito com cautela. Se você se beneficiar deles, sugiro que tente tirá-los gradualmente por vários meses, para ver se consegue manter a melhora no humor sem eles.

Erva-de-são-joão

Essa planta europeia (*Hypericum perforatum*) tem um longo histórico de uso medicinal, incluindo o uso para alavancar o humor. Ela é, de longe, o tratamento alternativo mais estudado para depressão e grande parte dos resultados experimentais com depressão leve a moderada tem sido positivos, com a erva-de-são-joão demonstrando melhor desempenho que placebo, com resultados frequentemente melhores que os antidepressivos prescritos e algumas vezes mostrando-se mais eficazes que os medicamentos farmacológicos. Não há evidências concretas de que a erva-de-são-joão funcione para depressão severa; portanto, jamais a recomendaria como único tratamento para pacientes com diagnóstico de depressão maior.

Ainda não sabemos exatamente como essa erva medicinal atua. Dois componentes ativos foram identificados, a hipericina e a hiperforina, que podem afetar o sistema de serotonina no cérebro. A erva-de-são-joão geralmente é segura, mas pode aumentar a sensibilidade ao sol, causar dependência com antidepressivos ISRS e alterar o metabolismo de outros medicamentos. A última possibilidade é especialmente preocupante para as pessoas que tomam pílulas anticoncepcionais, imunossupressores, alguns medicamentos para câncer e HIV e anticoagulantes. Se você está tomando medicamentos com prescrição médica e quer tentar um tratamento com a erva-de-são-joão para depressão leve a moderada, converse com seu médico sobre as possíveis interações.

Peter, 55 anos, professor na cidade de Strafford, Missouri, descobriu que, após tomá-la pela primeira vez, os efeitos foram rápidos e positivos:

> Esperava-se que a erva-de-são-joão levasse cerca de três semanas para fazer efeito, tornando-se totalmente eficaz. Tomei um comprimido à noite e então

esqueci completamente. Na manhã seguinte, desci as escadas e descobri que minha depressão tinha sumido. Eu me esqueci completamente do remédio que havia tomado e perguntei à minha esposa o que poderia estar acontecendo de diferente naquele dia que estava me ajudando. Ela olhou para mim e ambos dissemos "Erva-de-são-joão!" ao mesmo tempo!

Achei que teria o mesmo efeito de placebo, mas interrompi o seu uso várias vezes desde então. Sempre que volto a tomar percebo quase de imediato os resultados na melhora da depressão. Agora tomo constantemente e gosto muito dos resultados. Em vez de um comprimido três vezes ao dia, tomo dois comprimidos duas vezes ao dia, pois acho que facilita.

Acho formidável não ter praticamente efeitos colaterais. Como ex-acionista da empresa que fabrica o Prozac, fiquei muito impressionado em constatar como esta erva é segura.

Entretanto, para a maioria, o início dos benefícios vem mais lentamente. Jean, 68 anos, enfermeira aposentada de Borlange, Suécia, escreve:

Sou americana, casada com um sueco e vivendo na Suécia pelos últimos dez anos. Cinco anos atrás meu filho autista, de 41 anos, morreu repentinamente. Sua morte me deixou arrasada e solitária. Depois de retornar aos Estados Unidos para o enterro e para passar um período de luto com o resto da família, voltei à Suécia.

Esperava sentir um sofrimento normal e tristeza por algum tempo, mas quando essa situação persistiu e na realidade piorou depois de seis meses, decidi que precisava de ajuda para me recuperar. Estava tomando várias medicações para hipertensão na época e relutava em acrescentar mais uma.

Decidi tentar a erva-de-são-joão, que é uma terapia bem aceita para depressão aqui na Europa setentrional. Tomei 300 mg do remédio em cápsulas, três vezes ao dia, e comecei a me sentir melhor no período de 4 a 6 semanas. Continuei o tratamento por cerca de três anos e achei que ele foi de grande auxílio, pois aliviou a depressão sem quaisquer efeitos colaterais perceptíveis. Depois desse período eu o descontinuei e não houve absolutamente nenhum problema nesse processo.

Procure cápsulas ou comprimidos padronizados com 0,3% de hipericina e que também contenha hiperforina. A dose usual é de 300 mg, três vezes ao dia.* Pode ser que você tenha de esperar dois meses para sentir os benefícios completos desse tratamento. Se o medicamento não for de grande valia para você depois de quatro meses, provavelmente não valerá a pena continuar.

SAMe (S-adenosilmetionina)

Uma molécula naturalmente encontrada no corpo humano com alta concentração nas glândulas suprarrenais, no fígado e no cérebro, o SAMe vem sendo estudado minuciosamente como antidepressivo e no tratamento da dor da osteoartrite (antes conhecida como artrose). Embora o número de participantes do estudo tenha sido pequeno, os resultados em geral foram positivos, demonstrando que o SAMe é mais eficaz que placebo. Em um estudo recente (relatado em agosto de 2010 no *American Journal of Psychiatry*), pesquisadores da Escola de Medicina de Harvard e do Hospital Geral de Massachusetts administraram SAMe ou placebo para 73 adultos com depressão que não haviam reagido ao tratamento com antidepressivos farmacológicos; todos continuaram com as medicações que já vinham recebendo. Depois de seis semanas de tratamento, 36% dos indivíduos que tomaram SAMe apresentaram melhoras, em comparação com apenas 18% do grupo com placebo. Além disso, 26% dos que estavam tomando SAMe tiveram remissão total dos sintomas, em contraste com 12% do grupo com placebo.

Carol, 61 anos, de Tucson, Arizona, é gerente de comunicação em uma igreja. Tanto para ela como para seu marido, a melhora de humor propiciada pelo SAMe foi um benefício inesperado.

Fui a uma consulta inicial e à consulta de retorno em sua Clínica de Medicina Integrativa, em fevereiro de 2007, procurando por ajuda para uma osteoar-

---

* É fundamental notificar seu médico sobre o uso de fitoterápicos para saber se pode haver interações negativas destes com outras medicações. (N. do R. T.)

trite que parecia estar progredindo, além de vários outros problemas. Uma das recomendações que recebi foi tomar 200 mg de SAMe, 3 vezes ao dia... Resolvi tentar, meu marido também. Começamos com a dose recomendada e, um dia depois de tomá-lo, ambos notamos a enorme diferença em nosso bem-estar. Embora não me lembre se fisicamente nossa dor diminuiu, percebemos a incrível diferença em nossa atitude e tivemos a sensação de... bem, de sermos capazes de fazer mais.

Janette, 48, de Paradise, Califórnia, abusou do álcool desde a adolescência para lidar com uma depressão que sentia "quase a vida inteira". O antidepressivo farmacológico Trazodona não funcionou para ela, assim como a erva-de-são-joão:

> Por meio de pesquisas, incluindo o livro do dr. Weil, fiquei sabendo do SAMe. Comecei a tomar cinco anos atrás e me ajudou tremendamente. Quando comecei o tratamento, tomava cerca de 800 mg por dia e agora tomo 400 mg. Faço uso dele quando sinto que preciso, mas consigo ficar meses sem tomar. A vantagem é que leva apenas alguns dias para agir, estabiliza o humor e não sinto as depressões severas que costumava sentir. Apesar disso, continuo a trabalhar interiormente meus desafios e a crescer e esse processo conjuntamente com SAMe realmente me ajudou. Na verdade, não tomo mais nenhuma bebida alcoólica porque não sinto mais necessidade – e minhas bebedeiras eram essencialmente autodestrutivas. Venho me mantendo sóbria há dois anos e meio.

Não sabemos ainda como o SAMe age; pode ser que afete níveis dos neurotransmissores ou seus receptores cerebrais. Uma vantagem do SAMe sobre os fármacos antidepressivos e a erva-de-são-joão é que ele age rapidamente, com frequência elevando o humor em apenas alguns dias, em vez de semanas. É também bastante seguro; porém, por existirem relatos de ter piorado os sintomas de mania no transtorno bipolar, os que sofrem desse transtorno devem evitá-lo. O único efeito colateral, porém incomum, é desconforto gastrointestinal. Se você quiser experimentar o SAMe, procure por produtos que tenham butanodissulfonato em comprimidos com revestimento entérico. A dosagem usual é de 400 a 1.600 mg por dia, com o estômago vazio. Tome doses menores (abaixo de 800 mg) uma vez ao dia, meia hora antes do café da manhã; divida doses mais altas, tomando a segunda dose meia hora antes do almoço. Pode-se usar SAMe com antidepressivos (e outras medicações). O SAMe pode ser particularmente útil para pessoas que sofrem de dores e depressão.

Rhodiola

A *Rhodiola rosea*, parente do sedum e da planta jade, nativa de latitudes altas do Hemisfério Norte, é fonte da raiz ártica, uma erva com longa história de uso tradicional na Escandinávia, Sibéria, Mongólia e China. É utilizada para combater a fadiga e o estresse, é estimulante sexual e foi exaustivamente estudada por cientistas russos e suecos. A raiz da rhodiola contém rosavina, componente que aparentemente aumenta a atividade dos neurotransmissores e pode ser responsável pelos efeitos benéficos da erva sobre o humor e a memória. Em um estudo duplo-cego* realizado na Suécia, em 2007, com seres humanos em um grupo de controle que utilizava placebo, os pesquisadores concluíram que o tratamento com extrato de rhodiola mostrou uma "ação antidepressiva clara e significativa em pacientes que sofriam de depressão leve a moderada", sem efeitos colaterais.

Se você sofre de confusão mental e fadiga acrescida de depressão leve a moderada, considere a possibilidade de experimentar a rhodiola. Procure comprimidos de 100 mg ou cápsulas que contenham extratos padronizados de 3% de rosavina e 1% de salidrósidos. A dosagem é de 1 a 2 comprimidos por dia, pela manhã, ou um de manhã e outro no início da tarde. Essa dose pode ser aumentada para 200 mg 3 vezes ao dia, se necessário. Doses altas podem causar insônia, principalmente se tomadas ao final do dia. Interações com fármacos antidepressivos, ansiolíticos e outros medicamentos com prescrição não estão suficientemente documentadas. Preste aten-

---

* Estudo duplo-cego: método de estudo clínico realizado com seres humanos destinado a eliminar todo o elemento subjetivo na apreciação dos resultados obtidos. Consiste em ministrar um medicamento a um indivíduo, fazendo-o alternar com um placebo, sem que ele nem o médico o saibam. (N. da T.)

ção a quaisquer efeitos indesejados, como agitação excessiva ou ansiedade, caso use rhodiola conjuntamente com medicamentos farmacológicos.

Valeriana e kava-kava para ansiedade

A valeriana vem da raiz de uma planta europeia (*Valeriana officinalis*) usada com segurança durante séculos para promover relaxamento e sono. Devido ao forte odor da raiz, que muitos acham desagradável, essa erva tem melhor aceitação em tabletes ou cápsulas, em vez de chás ou tinturas. Ao contrário de outras medicações modernas para reduzir a ansiedade e promover o sono, a valeriana não é formadora de hábito e não causa dependência com o uso de álcool. A química dessa erva é complexa e seus mecanismos de ação não são conhecidos, mas ela não é tóxica.

Use o extrato de valeriana padronizado com 0,8% de ácidos valerênicos. Para o alívio da ansiedade, tente 250 mg (uma cápsula ou tablete) durante as refeições até três vezes ao dia, se necessário. Essa erva medicinal pode ser usada com segurança com antidepressivos.

A kava-kava é outra raiz com efeito sedativo, extraída de uma planta tropical (*Piper methysticum*), parente da pimenta-preta e nativa das ilhas do Pacífico Sul, onde tem uma longa história de uso como droga social e recreativa. A kava-kava é um excelente ansiolítico, demonstrado em estudos controlados com seres humanos como sendo tão eficaz quanto os medicamentos benzodiazepínicos. É também relaxante muscular.

Devido a relatos ocasionais de toxicidade do fígado associados a certos tipos de produtos com kava-kava, pessoas com histórico de doenças no fígado não devem usar essa erva. Ela pode ter efeito aditivo com álcool ou outros medicamentos calmantes; do contrário, é geralmente segura. Pode-se comprar a raiz da kava-kava em pó para preparar chás ou outras bebidas, mas geralmente recomendo extratos padronizados com 30% de kavalactones. A dosagem é de 100-200 mg, 2 a 3 vezes ao dia, se necessário. A kava-kava age rapidamente para aliviar a ansiedade, frequentemente com uma ou duas doses. Não a use continuamente por longos períodos de tempo.

Duas ervas ayurvédicas: Ashwagandha e manjericão santo

Ayurveda é o sistema médico milenar tradicional originado no Norte da Índia. Promove a saúde através da atenção à alimentação e ao estilo de vida, fazendo uso de um amplo repertório de ervas medicinais, a maioria desconhecida no mundo ocidental até recentemente. As pesquisas contemporâneas estão provando que muitas delas são seguras e eficazes, algumas com benefícios incomparáveis e úteis. Vale a pena experimentar uma dessas opções.

A ashwagandha, também chamada de "ginseng indiano", vem da raiz da *Withania somnifera*, planta da família das solanáceas, apreciada na Índia por seus efeitos tônicos e protetores do estresse. O nome *somnifera* indica sua ação calmante. Pesquisas com animais mostram que a ashwagandha é equivalente ao ginseng verdadeiro (*Panax*) na proteção contra o estresse, sem o efeito estimulante do ginseng. Estudos com seres humanos na Índia comprovam as propriedades tranquilizantes e de melhora no humor e confirmam que a ashwaghanda não é tóxica. Se você sente agitação conjuntamente com depressão, estresse em alto grau e sono de baixa qualidade, faça a experiência do tratamento de 6 a 8 semanas com ashwagandha.

Tieraona Low Dog, uma das especialistas mais famosas em medicina botânica e membro importante do corpo docente do Centro de Medicina Integrativa do Arizona, gosta de fazer um agradável "chá tônico" com essa erva. Ela ferve em fogo brando 1 a 2 colheres de chá de ashwagandha em pó com 2 xícaras de leite (de vaca ou soja) por 15 minutos, então adiciona 2 colheres de sopa de mel ou xarope de agave com 1/8 de colher de chá de cardamomo em pó, depois, mexe bem a mistura e desliga o fogo. A dra. Low Dog recomenda tomar uma xícara de chá, uma a duas vezes por dia. Ela nos diz o seguinte:

> Estudos com animais mostram que a ashwagandha contra-ataca muitos dos efeitos biológicos indesejáveis do estresse extremo, como a elevação prolongada do cortisol e da insulina e a supressão do sistema imunológico. Também inibe muitos dos mediadores bioquímicos que causam inflamação no corpo. Isso faz da ashwagandha uma das melhores plantas a servir de aliada das pes-

soas sob estresse crônico, sono irregular, cansaço, dores musculares e dores em geral. Essas características descrevem um número considerável de pessoas que encontro na minha prática – pacientes que não se encaixam nos padrões de "transtorno de depressão maior" ou "transtorno de ansiedade generalizada", mas se sentem arrasados, exaustos e tensos. Esses pacientes também costumam apresentar sinais iniciais de artrite e resistência à insulina e pegam resfriados facilmente. A ashwagandha é perfeita para esses indivíduos. Relaxa sem sedar, portanto pode ser tomada durante o dia, e não está associada a nenhum efeito colateral grave. Tendo em vista que a qualidade dos produtos com ervas medicinais pode variar consideravelmente, é melhor comprar um extrato padronizado que contenha 2.5 a 5% de withanolides (componente principal da raiz). A dose que recomendo é de 300 a 500 mg, 2 a 3 vezes ao dia.

A ashwagandha pode ser usada com segurança juntamente com antidepressivos.

O manjericão santo ou tulsi (*Ocimum sanctum*) é uma planta sagrada na Índia, sempre plantada ao redor dos templos da divindade hindu Vishnu e, com frequência, também em volta das casas. É um parente do nosso manjericão usado na culinária, mas com aroma e sabor mais acentuados, lembrando um pouco o cravo-da-índia. Os indianos não o usam na culinária, mas como remédio, na maioria das vezes em forma de chá. Pesquisas mais recentes com animais e seres humanos demonstraram que ele não é tóxico, além de propiciar uma variedade de benefícios. Por exemplo, o manjericão santo reduz a inflamação e protege o corpo dos efeitos nocivos do estresse. Tem também influência positiva no humor (e é seguro com antidepressivos).

Meu colega, o dr. Jim Nicolai, diretor médico do Programa Integrativo de Bem-Estar no Miraval Spa e Resort, em Tucson, conta sobre o enorme sucesso do manjericão santo com seus pacientes:

> Conheci o manjericão santo há mais de dez anos, durante meu curso (de formação) no Programa de Medicina Integrativa, na Universidade do Arizona. Li sobre suas propriedades antioxidantes e anti-inflamatórias, mas o que me fascinou foi sua utilização por místicos e meditadores na Índia como um *rasayana* – uma erva que estimula o crescimento pessoal e a iluminação.

O manjericão santo tem demonstrado eficácia em baixar níveis elevados de cortisol, hormônio do estresse de longa ação produzido pela glândula suprarrenal. Níveis altos de cortisol podem danificar o sistema cardiovascular, diminuir a imunidade, criar desequilíbrios em outros hormônios, matar células de memória no cérebro, agravar a perda óssea, aumentar o desejo por carboidrato, aumentar a pressão arterial, o colesterol e a glicose e acelerar o processo de envelhecimento.

A maioria dos meus clientes sofre de doenças relacionadas ao estresse, as quais estou sempre tentando ajudá-los a administrar. O manjericão santo agora está no topo da minha lista de ervas medicinais quando a estratégia é tratar dessas questões. Minha experiência pessoal com o manjericão santo é que ele estende meu "pavio" emocional; minha resposta reativa de "luta ou fuga" ao estresse é bem menos intensa quando o estou tomando. Acredito que ele me proporciona mais paciência e maior oportunidade de ser cuidadoso. Venho recomendando o manjericão santo durante os últimos sete anos e a maioria dos meus clientes confia nele. É um dos poucos medicamentos que levaria comigo se fosse para uma ilha deserta.

Gosto de usar o manjericão santo para indivíduos cujos níveis de estresse estão causando problemas de saúde e o emprego como alternativa aos medicamentos com prescrição para transtornos de humor leves a moderados.

Geralmente recomendo extratos padronizados a 2% ácido ursólico em cápsulas de 400 mg com dosagem de 2 cápsulas, 1 a 2 vezes por dia, ingeridas com alimentos.

Algumas palavras sobre a cúrcuma

A cúrcuma, tempero amarelo que dá cor ao caril e à mostarda americana amarela, é um potente agente anti-inflamatório. Seu componente ativo, a curcumina, mostrou-se promissor como antidepressivo em animais. Outro efeito é fomentar o crescimento de nervos no córtex frontal e em áreas do hipocampo. Pesquisadores indianos sugerem que sejam feitos estudos clínicos para explorar sua eficácia como um novo antidepressivo. Devido à miríade de benefícios oferecidos pela cúrcuma e pela curcumina, incluindo a redução no risco de câncer e na doença de Alzheimer, sempre as recomendo como suplemento. Elas quase não são absorvidas pelo trato gastrointestinal, porém uma descoberta recente é a de que a absorção é bastante ampliada pela presença da piperina na pimenta-do-reino. Os indianos – que fazem uso da cúrcuma em quase todas as refeições – obtêm seus benefícios anti-inflamatórios e outros, pois acrescentam-na aos alimentos junto com a pimenta-do-reino. Se você quer experimentar suplementos com cúrcuma e curcumina como parte desse programa, procure por produtos que contenham extrato de piperina ou extrato de pimenta-do-reino, seguindo as instruções de dosagem no rótulo. Pode-se tomar a cúrcuma indefinidamente e combiná-la com antidepressivos ou com quaisquer outras ervas e fitoterápicos que já listei.

OUTROS MÉTODOS ORIENTADOS PARA O CORPO: ACUPUNTURA, TOQUE, MÃOS NA TERRA

Acupuntura

Alguns estudos sugerem que a acupuntura pode ser útil para tratar de depressão leve a moderada. Por exemplo, em um estudo controlado na China, em 1994, pacientes com depressão que se trataram seis vezes por semana com acupuntura, por um período de seis semanas, melhoraram tanto quanto os tratados com amitriptilina (Elavil). No entanto, os números no estudo foram acanhados e as expectativas dos benefícios da acupuntura entre os pacientes chineses podem ter produzido um efeito placebo significativo. É difícil saber o que desconsiderar, pois não há um tratamento simulado para a acupuntura, como dar pílulas de açúcar no lugar de uma medicação ativa.

Na medicina tradicional chinesa (MTC), a colocação de agulhas de acupuntura é determinada pelo padrão individual de sintomas do paciente e pelo diagnóstico através do pulso. Profissionais diferentes possuem maneiras diferentes de fazê-lo, mas alguns estudos usam a eletroacupuntura, uma técnica não tradicional na qual uma corrente elétrica pulsante transmite estímulos ao ponto de acupuntura através de agulhas. Não temos dados suficientes para sugerir qual mecanismo está por trás do alívio da depressão, no caso da acupuntura. Tampouco há consenso sobre frequência ou tempo de duração do tratamento.

Não recomendo acupuntura para depressão severa ou como a única terapia para qualquer forma de depressão. Ela pode ser útil como tratamento auxiliar, mas, se você quiser tentá-la, procure por profissionais experientes no uso de acupuntura com transtornos de humor.

A importância do toque

O toque pode ser um auxiliar poderoso para o bem-estar emocional. Sabemos que bebês humanos e animais privados de contato físico não se desenvolvem normalmente; alguns, na realidade, adoecem e morrem. Agora estamos aprendendo que o toque constrói confiança entre as pessoas, tranquiliza o medo e ajuda a promover a generosidade e a compaixão. Nunca esgotamos nossa necessidade de sermos tocados mas, infelizmente, vivemos em uma sociedade privada do toque. Acredito que isso contribua para o isolamento social que anda lado a lado com a epidemia de depressão.

Novos e fascinantes estudos começam a documentar os benefícios bioquímicos do toque. Conforme relatado em estudo publicado na edição de 18 de outubro de 2010 da *Journal of Complementary and Alternative Medicine,* pesquisadores do Centro Médico Cedars-Sinai, em Los Angeles, recrutaram 53 adultos saudáveis, dos quais 29 foram escolhidos ao acaso para uma sessão de 45 minutos de massagem sueca profunda e outros 24 para uma sessão de massagem leve. Todos os participantes tinham catéteres intravenosos para que amostras de sangue pudessem ser retiradas antes da massagem e até uma hora depois.

Os pesquisadores descobriram que uma única sessão causava mudanças biológicas positivas. Os que receberam a massagem profunda mostraram quedas significativas nos níveis de cortisol no sangue e na saliva, bem como quedas na arginina vasopressina, um hormônio que pode aumentar o nível de cortisol. Os participantes do estudo também geraram mais glóbulos brancos, evidência da melhora na saúde do sistema imunológico. A massagem leve também propiciou vantagens. Os voluntários que a receberam mostraram grandes diminuições no ACTH (hormônio adrenocorticotrófico, secretado pela hipófise), que estimula as glândulas suprarrenais a liberar cortisol, e tiveram maior aumento de oxitocina – outro hormônio da hipófise associado com o contentamento – em comparação com o grupo que recebeu a massagem sueca profunda.

Durante muitos anos, pensava-se na oxitocina somente como o hormônio que estimulava a dilatação do colo uterino e das contrações uterinas no início do parto, bem como a produção, em seguida, do leite materno. Assim como todos os hormônios endócrinos, contudo, a oxitocina tem uma ampla diversidade de ações, incluindo efeitos no cérebro e nas emoções. É comum agora fazerem referência à oxitocina como o hormônio do amor, da confiança e da união dos pares. O toque promove liberação de oxitocina, o que por sua vez causa a liberação da dopamina no centro de recompensa do cérebro. Esse mecanismo pode ser a base da formação de vínculos sociais e da construção de confiança entre pessoas. O processo pode começar com um simples aperto de mãos e prosseguir ativando os mesmos sistemas cerebrais envolvidos nas emoções de amizade e amor.

O dr. Paul J. Zak, PhD, economista e pesquisador do cérebro humano, fundador de uma nova área chamada neuroeconomia, considera a oxitocina uma "cola social", que nos ajuda a manter a proximidade com amigos, além de ser um "lubrificante econômico" que aumenta o sentimento de empatia e generosidade nas pessoas. Em uma experiência em seu laboratório no Centro de Estudos Neuroeconômicos da Universidade de pós-graduação de Claremont, na Califórnia, metade do grupo de indivíduos recebeu uma massagem de 15 minutos, enquanto a outra metade descansava e depois todos jogaram um jogo sobre economia usando dinheiro real. No jogo, algumas pessoas ficaram responsáveis pelo dinheiro de estranhos, na esperança de que eles retribuiriam. O cérebro dos que receberam a massagem liberou mais oxitocina do que as pessoas que descansaram. E os voluntários que receberam a massagem propiciaram 243% mais dinheiro aos estranhos que lhes demonstraram confiança.

Acredito que, no que diz respeito ao toque, a variedade é o principal. Do mesmo modo que precisamos comer diversos nutrientes e estar envolvidos em diferentes atividades físicas, os seres humanos precisam de uma variedade de experiências de toque com certa regularidade. Isso inclui apertos de mão entre amigos, abraços, contato físico com animais de estimação, sessões de massagem e sexo apaixonado. Contanto que os participantes estejam sinceramente envolvidos, poucas experiências oferecem aos seres humanos oportunidade mais profunda para melhorar e manter o bem-estar emocional.

Mãos (e nariz) na terra

Desde pequeno, sempre gostei muito de jardinagem e de cultivar plantas dentro de casa. Há muitos anos planto a maioria dos vegetais que como na horta da minha casa e tenho imenso prazer em cultivar flores e outras plantas ornamentais. As recompensas mentais e espirituais oferecidas pela jardinagem são muitas. Quero que você conheça o possível benefício de expor suas mãos e nariz à terra, benefício esse que pode lhe trazer recompensas oriundas do mecanismo físico.

Um artigo polêmico cujo tema era "Mexer com a terra é o novo Prozac?", na edição de julho de 2007 da revista *Discover*, revelou resultados de um estudo publicado online na revista *Neuroscience*, em março daquele ano, com um título menos sugestivo: "Identificação de um sistema imunológico responsivo serotoninérgico mesolimbocortical: o papel potencial na regulação do comportamento emocional." O autor principal, Christopher Lowry, neurocientista da Universidade de Bristol, no Reino Unido, estava interessado na "hipótese da higiene", uma ideia popular e recente de que os ambientes limpos demais são os responsáveis pelo aumento acentuado da incidência de asma e alergias nos países desenvolvidos no último século. Os defensores da hipótese da higiene argumentam que a limpeza excessiva priva o sistema imunológico de pessoas jovens da exposição rotineira a micro-organismos nocivos que estão no meio ambiente, como as bactérias presentes no solo. Sem essa exposição, nosso sistema imunológico pode não aprender a ignorar moléculas como as que vêm do pólen ou de pelos de animais. Seguindo essa linha de raciocínio, alguns pesquisadores tentaram tratar pessoas com uma bactéria comum e benigna do solo, chamada *Mycobacterium vaccae*. Estudos preliminares indicam que injeções de uma vacina morta feita dessa bactéria podem aliviar alergias de pele. Descobriu-se também que a vacina reduz náusea e dor em alguns pacientes com câncer de pulmão e, surpreendentemente, melhora o aspecto geral da qualidade de vida e de humor.

Para determinar o mecanismo desses efeitos, o dr. Lowry injetou a vacina com *M. vaccae* em ratos, pulverizando bactérias mortas nas traqueias dos animais. Depois, procurou por mudanças nos centros cerebrais que regulam o humor. O que ele descobriu foi que o tratamento com a bactéria afetou a produção de citocina nos animais e ativou neurônios produtores de serotonina nos principais centros cerebrais. Ele concluiu que a bactéria "teve o mesmo efeito de um medicamento antidepressivo". Coautor do periódico *Neuroscience*, Graham Rock, imunologista da University College, em Londres, pensa que a exposição à *M. vaccae* estimula o crescimento de células imunológicas que freiam as reações inflamatórias inerentes às alergias. Tendo em vista que a depressão pode ser, pelo menos em parte, um transtorno inflamatório associado com a atividade anormal da citocina, a exposição à *M. vaccae* pode ser uma nova maneira de melhorar o humor.

Das experiências com ratos à recomendação para uso com humanos ainda teremos uma longa jornada, mas não fará mal algum remexer na terra sem receio de inalar um pouco de poeira enquanto cava. Você pode se expor a microbactérias benéficas ao comer verduras fresquinhas da horta – se você não retirar cada partícula de sujeira.

UM RESUMO DAS ABORDAGENS CORPORAIS VOLTADAS AO BEM-ESTAR EMOCIONAL

- Antes de começar o programa deste livro, certifique-se de que você está em boas condições físicas de saúde e não possui qualquer tipo de doença que poderia prejudicar seu bem-estar emocional.
- Já mencionei que a melhor prova que temos da eficácia das intervenções físicas para otimizar o bem-estar emocional são o óleo de peixe e os exercícios físicos. O primeiro é tão fácil e oferece tantos benefícios preventivos e terapêuticos que lhe dou alta prioridade. Fazer exercícios regularmente requer motivação e compromisso, mas também é componente-chave para um estilo de vida saudável; por isso, também o coloco no topo da lista. Tenha em mente que o objetivo é fazer algum tipo de exercício físico todos

os dias, que o exercício funcional é bom tanto para a mente quanto para o corpo e que exercitar-se com regularidade previne e alivia problemas de humor.
- É fácil tomar vitamina D e as vitaminas do complexo B como suplemento, porém é mais difícil mudar hábitos alimentares. O melhor conselho alimentar que posso lhe dar é que você pare de comer alimentos refinados, processados e industrializados. Leia os princípios da minha Dieta Anti-Inflamatória e comece a incorporá-los em sua vida. Escolhas alimentares conscientes podem ajudá-lo a reduzir riscos de doenças em geral, manter sua saúde conforme você vai envelhecendo e ajudá-lo a se sentir melhor, tanto física quanto emocionalmente.
- Se você tem tendência à depressão ou ansiedade ou quer apenas ser mais feliz a maior parte do tempo, recomendo-lhe fortemente que examine quais as drogas que alteram o humor que você possa estar usando, da cafeína e o álcool aos medicamentos e todas as outras classes de substâncias mencionadas neste capítulo. Essas substâncias podem estar afetando sua vida emocional mais do que você imagina. Experimente os tratamentos naturais que listei, se necessário.
- Preste atenção ao sono e aos sonhos e saiba que você precisa melhorá-los. Durma em total escuridão e tente ficar à luz do sol durante o dia. E encontre formas de satisfazer sua necessidade de toque físico para promover contentamento e bem-estar.

6

Otimização do bem-estar emocional com reprogramação e cuidados para a mente

A maioria das pessoas pensa na mente como o lar e a fonte de nossas emoções, ainda que elas sejam vivenciadas no corpo também. Ficamos engasgados de emoção na garganta e sentimos intuição nas vísceras; o medo corrói a boca do estômago; sentimos amor e sofrimento no peito. O fato é que nossas emoções dinâmicas permeiam a unidade mente/corpo, mediadas por uma rede elaborada de nervos, neurotransmissores e hormônios. Se você quer aumentar sua resiliência emocional, mudar seu ponto de ajuste emocional na direção de um humor mais positivo ou simplesmente estar mais aberto à possibilidade da felicidade espontânea, é possível usar métodos direcionados para o corpo, conforme exposto no capítulo anterior, ou para a mente ou, melhor ainda, para ambos.

Quem nunca tentou animar um amigo deprimido ou um membro da família, oferecendo apoio, amor ou apenas um ouvido amigo? Algumas pessoas simplesmente precisam falar sobre os próprios problemas para parar de ruminá-los e se sentirem melhor; existe uma variedade enorme de "terapias com conversa" disponíveis para suprir essa necessidade. Muitos dos profissionais de saúde mental que a oferecem identificam a *ruminação depressiva* como uma causa básica da infelicidade. É a tendência de ficar ruminando alguns padrões característicos de pensamentos negativos, perdendo o controle do processo de pensar, à medida que ideias depressivas vão se infiltrando e expulsando outras. Conforme mencionei no final do capítulo dois, psicólogos evolucionistas propõem que muitos indivíduos tendem a se deixar levar pela ruminação depressiva porque a evolução a selecionou como um traço útil. Eles argumentam que a depressão é útil como forma de solucionar problemas, impelindo-nos a afastar e contemplar profundamente algumas situações ou questões aflitivas. Em condições ideais, é uma doença autolimitada.* Ou o sofrimento leva à descoberta de soluções ou se não houver solução, a depressão deve diminuir quando, em um nível mais profundo, percebermos que não há como evitar a situação e decidimos seguir em frente.

Infelizmente, o processo com frequência entra em colapso e faz com que as pessoas mergulhem em aflição permanente. Quando se está preso a ruminações depressivas, é difícil parar de remoer os problemas – que podem ser tão vagos e insolúveis quanto "Sou um fracasso". Não há saída. Não se sabe por que isso acontece, mas, provavelmente, a usual mescla entre genética, estilo de vida e fatores sociais seja a responsável.

Já contei que, quando estou deprimido, não consigo pegar no sono, pois não consigo acalmar minha mente irrequieta. O mesmo acontece quando estou preocupado. Por isso, quero compartilhar insights que tenho sobre o fato de a preocupação ser uma variedade do pensamento ruminativo que não nos faz bem algum. As palavras "ruminação" e "preocupação" – em inglês, *worry* – têm suas origens associadas com a boca: "ruminar" é remastigar ou remoer o alimento, "preocupar-se" (*worry*) significa originalmente na língua inglesa morder obsessivamente, como um cachorro que dilacera seu osso com os dentes. A palavra *worry* é um verbo do inglês antigo que significa estrangular ou matar, no sentido do predador que domina sua presa pela garganta, sacudindo-a de um lado para o outro implacavelmente, sem soltar. Essa imagem impressiona e dá à palavra um significado profundo.

Qualquer pessoa que já tenha criado um filhote de cachorro, sabe que a fase de mastigação pode ser muito difícil. Minha primeira filhote de leão de Rodésia certo dia entrou nessa fase, como se algum circuito tivesse sido repentinamente ativado em seu cérebro em desenvolvimento. Ela entrava em frenesis de mastigação focando qualquer objeto próximo, incluindo a mim. Certa vez, quando tentava desviar sua atenção da minha mão para um graveto, nossos olhos se cruzaram e pude ver em seus olhos uma expressão de total desamparo frente a um impulso neurológico dominante. Era como se ela estivesse dizendo: "Não quero mais fazer isso. Estou exausta, socorro!" Fui capaz de me identificar com sua agonia por não conseguir parar

---

* Doença cujo curso é definido dentro de um período específico. (N. da T.)

de mastigar e morder, não parar de despedaçar todos os objetos que punha na boca pois pude relacionar seu desamparo com minha incapacidade de parar de ruminar pensamentos que me deixam ansioso ou triste.

O conselho de Mark Twain é: "Arraste seus pensamentos para longe dos problemas... pegando-os pelas orelhas, pelos calcanhares ou do jeito que conseguir." Controlar os pensamentos, entretanto, pode ser um dos maiores desafios para os seres humanos. Nossas mentes produzem pensamentos em fluxos contínuos, como um motor cujo controle não nos é acessível. Alguns desses fluxos, obviamente, são muito úteis. Eles ajudam a nos orientarmos no mundo e podem nos deixar mais satisfeitos conosco e mais felizes com nossas vidas. Entretanto, tenho certeza de que grande parte do medo, ansiedade e desespero que as pessoas sofrem surge de pensamentos negativos.

Até pouco tempo, a psicologia ocidental tentava aliviar esse tipo de sofrimento tornando as pessoas conscientes de como desenvolveram tais pensamentos – por exemplo, relembrando acontecimentos de violência ou fracasso na infância, que teriam dado início a pensamentos nocivos. Sigmund Freud identificou a mente inconsciente como o depósito de memórias de dores reprimidas que geram padrões de pensamento e comportamento. A psicanálise, o método clássico que Freud desenvolveu para integrar a mente, é extremante ineficiente em termos práticos. A crítica mais sucinta e incisiva que ouvi sobre a psicanálise é: "Quando há uma flecha envenenada fincada em você, não é preciso saber como ela o atingiu; é preciso saber como tirá-la." A psicanálise freudiana está agora ultrapassada, mas grande parte das correntes terapêuticas que evoluíram a partir dela também enfocaram em trazer à luz *o porquê* do pensamento negativo, sem dar às pessoas ferramentas práticas de como mudá-lo.

Agora, quase um século depois de Freud, formas radicalmente novas de terapia tornaram-se populares no mundo ocidental. Profissionais da psicologia positiva e da psicologia cognitiva ensinam às pessoas como modificar o processo do pensamento substituindo pensamentos negativos por positivos. Fico bastante entusiasmado com esses novos métodos.

PSICOLOGIA POSITIVA: VALE A PENA TENTAR ALGUMAS INTERVENÇÕES

Embora tenha raízes na psicologia humanista da década de 1950, um braço independente da área conhecida como psicologia positiva é bem recente. Seu principal defensor, Martin Seligman, doutor em psicologia pela Universidade da Pensilvânia, organizou o primeiro encontro de psicologia positiva em 1999.

O dr. Seligman lançou o novo movimento porque estava desanimado com a psicologia tradicional, cujo único objetivo era transformar "pessoas com disfunções comportamentais em pessoas com comportamento funcional". Acessar esferas emocionais humanas mais elevadas e felizes – contentamento, compromisso, gratidão e alegria – era geralmente considerado trivial, impossível ou distante demais do domínio da terapia, inclusive para ser tentado. Seligman achava essa atitude tola: por que excluir a melhor parte da experiência humana do mundo da psicologia? Por que nos contentarmos com comportamentos funcionais se é possível fazer com que as pessoas sejam felizes?

Seligman observou que aqueles que tendem a ficar deprimidos depois de sofrerem reveses da vida diferem dos outros na maneira como explicam tais eventos para si mesmos. Eles os consideram uma confirmação de seus pontos fracos, em vez de vê-los meramente como adversidades temporárias. Essa diferença de estilos interpretativos é a principal diferença entre otimistas e pessimistas. Além disso, as pesquisas de Seligman mostraram que pessoas que conseguem *aprender* são mais otimistas, reformulando conscientemente seu estilo de interpretar o que lhes acontece. Suas descobertas refletem ensinamentos filosóficos da Antiguidade. Por exemplo, Epicteto (55-135 d.C.), que ensinava na Grécia e baseava seu trabalho nos primeiros povos estoicos, defendia a transformação do eu para chegar ao estado de felicidade ou florescimento (*eudaimonia*), fazendo uso apropriado das impressões. O que ele queria dizer com "fazer uso apropriado das impressões" era reconsiderar experiências sensoriais de forma a não ter reações emocionais negativas automáticas. Ele pensava: "Lembre-se de que palavras rudes ou explosões não são ultrajantes por si só, mas sim o seu julgamento sobre elas. Portanto, quando qualquer pessoa o deixa com raiva, saiba que é seu próprio pensamento sobre o que foi falado que o enraiveceu. Empenhe-se em não se deixar levar por suas impressões."

Esse ensinamento é o pilar da psicologia positiva. Não podemos controlar sempre o que nos acontece, mas podemos aprender a controlar nossas interpretações do que nos acontece e, ao fazê-lo, sermos mais otimistas e nos sentirmos melhor com nós mesmos. Acredito que esse seja um processo que exija atenção e prática. Como a maioria dos autores que conheço, considero artigos e livros que escrevo como uma extensão de mim mesmo e tenho a tendência de considerar as críticas de forma pessoal. Durante os anos em que estava propenso à distimia, ganhei meu sustento como escritor, muitas vezes escrevendo artigos encomendados por revistas. Ter um artigo rejeitado por um editor era devastador. Considerava aquilo como rejeição a *mim* e deixava que caísse sobre mim na forma de um longo período de desespero, no qual ficava ruminando sobre meus defeitos, não apenas como escritor, mas também como pessoa. Epicteto diria que me deixava arrebatar por minhas impressões e, consequentemente, impedia a mim mesmo de vivenciar a felicidade e ser o meu melhor. Com a prática, aprendi a interpretar rejeições e críticas do meu trabalho criativo como incômodos que não impactam em minha autoestima. Procuro absorvê-las de forma desapaixonada para ver o que posso aprender com elas. Essa mudança – ainda em processo – poupou-me enorme sofrimento emocional.

Em vez de focalizar maneiras de identificar e eliminar pensamentos negativos, Seligman delineou exercícios terapêuticos – conhecidos como intervenções – para evidenciar e expandir as emoções positivas do paciente. As intervenções da psicologia positiva procuram impulsionar três tipos básicos de felicidade:

- Prazer, que inclui satisfações sensoriais, como uma comida deliciosa ou sexo apaixonado.
- Fluidez, a sensação de estar totalmente absorvido em uma tarefa que não é fácil demais ou difícil demais.
- Significado, o sentimento de realização que brota do uso de suas melhores qualidades a serviço de algo maior que você mesmo.

Depois de seu início modesto e recente, a psicologia positiva cresceu rapidamente, publicando seu periódico, livros acadêmicos e para o público leigo e uma conferência anual internacional. Com colegas de ideias afins, Seligman testou muitas intervenções para ajudar as pessoas a terem mais prazer, fluidez e significado em suas vidas, descobrindo que três delas são especialmente eficazes. A "Visita de Agradecimento", na qual os participantes escrevem e relatam experiências de gratidão a pessoas que têm sido amáveis com eles, causa um efeito imediato na felicidade, mas o efeito tende a se dissipar depois de um mês. Dois outros têm efeitos mais duradouros. A intervenção chamada de "As Três Coisas Boas" pede ao participante para escrever todos os dias, durante uma semana, três coisas que estejam indo bem e seus motivos; o efeito dessa intervenção chega a durar seis meses completos. A intervenção "Usando Qualidades Marcantes", na qual o participante faz um teste para identificar seus pontos fortes, como criatividade ou facilidade em perdoar e usa uma "qualidade marcante" de uma forma nova e diferente diariamente, por uma semana, também propicia progressos no humor durante seis meses.

Muitos dos que experimentaram essas ou outras intervenções da psicologia positiva ficaram entusiasmados com os resultados. Petrina Calder, 37 anos, terapeuta ocupacional de Hamilton, em Ontario, Canadá, escreve:

> Convivo com a depressão desde muito jovem e, com o passar dos anos, aprendi que minha capacidade de reformular meus pensamentos tem uma influência incrível em minha saúde mental. Descobri a psicologia positiva através de um livro, *Felicidade autêntica*, de Martin Seligman, e o achei bastante útil. De todas as leituras que fiz sobre depressão, essa foi a primeira que teve uma abordagem em relação à felicidade verdadeiramente focada nos pontos fortes das pessoas. E, enquanto sou a primeira a reconhecer que medicação, terapia cognitiva comportamental e outras terapias focadas na patologia são extremamente importantes para o tratamento de doenças como a minha, sou inteiramente grata ao dr. Seligman por oferecer uma perspectiva diferente. Sinto que esse novo olhar me ajudou a aceitar quem sou por completo, sugerindo meios de desenvolver habilidades, novos pontos de vista e um estilo de vida que prioriza a manutenção do bem-estar, em vez da abordagem do que está indo mal comigo.

E Brenda, 49 anos, terapeuta de Smyrna, no Tennessee, diz o seguinte:

Estou fazendo mestrado em psicologia e tenho o histórico de uma vida toda de sintomas depressivos e tratamentos bem como de pesquisas, tanto no âmbito pessoal quanto profissional, sobre depressão. A psicologia positiva tem sido a ferramenta mais eficaz que encontrei para lidar com meus períodos de depressão. Chegar até esse ponto foi como passar por experiências de epifania que, felizmente, estive aberta o suficiente para receber, mesmo no meio de uma confusão de sintomas. Tenho muito a dizer sobre minhas experiências com aspectos da psicologia positiva, mas uma parte importante e útil foi ter ficado no momento presente e, consequentemente, vivenciado plenamente o que estava acontecendo no momento, o que também me levou a criar bons sentimentos usando a gratidão e a esperança. A felicidade está à nossa disposição, basta estarmos abertos para ela.

Como você pode ver, sou fã da psicologia positiva. Concordo plenamente com a afirmação de Seligman de que grande parte da infelicidade moderna vem do que ele chama de "sociedade do eu total", que encoraja o foco obsessivo no indivíduo, em detrimento do grupo. Muitos estudos mostram que as pessoas mais felizes são aquelas que dedicam suas vidas a cuidar dos outros em vez de se concentrarem em si mesmas. É por isso que muitas das intervenções de Seligman, como conversar com pessoas sem teto, fazer trabalho voluntário ou passar três horas por semana escrevendo cartas para elogiar pessoas que fizeram algo heroico, têm como objetivo promover a generosidade na vida diária, criando oportunidades para desenvolver a empatia e a compaixão, colocando os interesses dos outros antes dos seus.

Há profunda sabedoria expressa nesse movimento. Eu o aconselho a explorá-lo mais a fundo. Embora alguns terapeutas empreguem tais insights em seu trabalho, essas intervenções não são uma ramificação formal da psicologia clínica. A melhor forma de conhecê-las é ler o livro de Seligman, *Felicidade autêntica: usando a psicologia positiva para a realização permanente* e tentar as intervenções sugeridas ali. Também é possível encontrar recursos em www.ppc.sas.upenn.edu, incluindo exercícios que podem ajudá-lo a melhorar seu ponto de ajuste no que se refere às emoções. Algumas faculdades oferecem cursos de psicologia positiva aos seus alunos e existem também programas educacionais para adultos nessa área.

Uma das melhores coisas da psicologia positiva é que você pode fazer sua escolha a partir do "cardápio" de intervenções para descobrir as que mais se encaixam no seu estilo de vida, suas inclinações e horários. Algumas podem ser feitas em apenas uma semana.

PSICOLOGIA COGNITIVA E TERAPIA COGNITIVO-COMPORTAMENTAL

Quando ainda era calouro na faculdade em Harvard, em 1960, queria estudar o que mais me interessava: a consciência. Porém, pouco tempo depois de ter escolhido a psicologia, percebi que cometera um erro. Naquele tempo, a psicologia acadêmica estava sob a influência do behaviorismo e do seu principal defensor, o professor de Harvard B. F. Skinner, que se tornou meu orientador. Skinner era um orador extremamente divertido e persuasivo, além de experimentalista criativo; seu trabalho em laboratório com ratos e pombos gerou os termos "reforço positivo" e "reforço negativo". O objetivo da psicologia behaviorista era descrever, prever e, principalmente, controlar o comportamento (tanto animal quanto humano) como resultado das influências do meio, como por exemplo as recompensas e punições. Não havia referências a estados mentais internos, que eram considerados inatingíveis para a investigação científica. Em outras palavras, a consciência era excluída da psicologia behaviorista e do departamento de psicologia de Harvard, o que achei extremamente frustrante – foi o que me fez mudar para o curso de botânica.

Logo depois, embora eu não soubesse na época, a psicologia cognitiva começou a tomar o lugar do behaviorismo. "Cognição" vem do latim *cognitione*, que significa "conhecer", referindo-se à totalidade de nossas habilidades mentais: percepção, aprendizado, pensamento, lembranças, raciocínio e compreensão. Os estudos científicos dessas funções foram facilitados com a chegada dos computadores e o desenvolvimento de áreas da ciência da computação e inteligências artificiais. Embora a mente e o cérebro humanos difiram significativamente dos computadores, estes deram aos psicólogos um modelo para a abordagem de estados mentais internos de cognição humana. Ao formular analogias a partir de códigos nos computadores, os cientistas cognitivos foram capazes de propor formas de funcionamento das nossas mentes. Ironicamente, foi com experiências em máquinas, e não em ratos ou pombos, que os psicólogos começaram a compreender a consciência e analisar seus conteúdos. O novo movimento rapidamente se popularizou e tem sido uma grande influência. Minha experiência na faculdade de psicologia teria sido bem menos frustrante hoje, já que o estudo da consciência é uma especialização legitimada em muitas universidades agora.

Ao contrário da psicologia positiva, a psicologia cognitiva constituiu um braço clínico robusto. O psiquiatra americano Aaron T. Beck (1921-), que desenvolveu a teoria cognitiva da depressão na década de 1960, é considerado o pai da terapia cognitiva. Beck atribuiu a depressão a um processo de informação falho em indivíduos com visões negativas ("esquemas") do mundo. Talvez haja uma predisposição genética para isso, mas Beck acreditava que esses aspectos negativos eram o resultado, muitas vezes, de rejeições, perdas e outros traumas no início da vida. De qualquer maneira que os esquemas se desenvolvam, eles distorcem o pensamento de forma a continuamente reforçar o viés negativo. Por exemplo, pessoas depressivas rapidamente fazem generalizações e ocupam-se de uma percepção seletiva, além do pensamento do tipo "tudo ou nada". Habitualmente, interpretam sua experiência através de lentes distorcidas, deixando que suas percepções as arrastem para esferas de pensamentos infelizes. (Em seu manual de tratamento original, Beck escreveu: "As origens filosóficas da terapia cognitiva podem ser remontadas à época da doutrina filosófica do estoicismo." Seu trabalho inspirou o de Martin Seligman.) Ao conscientizar as pessoas de seus hábitos cognitivos, ensinando-as a usar formas alternativas de pensamento e interpretar as percepções, a terapia cognitiva pode aliviar a depressão e restaurar o bem-estar emocional.

A terapia cognitiva de Beck (TC) é agora um dos muitos métodos terapêuticos dentro de um sistema mais amplo de terapias cognitivo-comportamentais (TCC). A Associação Americana de Terapeutas Cognitivo-Comportamentais (www.nacbt.org), formada em 1995, é uma organização ampla e ativa, com mais de 10 mil membros, que certifica profissionais e os recomenda. A associação conta com psiquiatras, psicólogos clínicos, assistentes sociais e terapeutas que fizeram o treinamento completo em terapia cognitivo-comportamental. Independentemente de seus estilos particulares, os profissionais da terapia cognitivo-comportamental trabalham a partir da hipótese de que nossos pensamentos induzem sentimentos e comportamentos e que podemos mudar nossa forma de pensar com o objetivo de nos sentirmos e agirmos melhor. O rápido crescimento da terapia cognitivo-comportamental é fácil de ser explicado: além de funcionar, seu custo-benefício é melhor do que nas formas tradicionais de psicoterapia.

Um número enorme de estudos clínicos demonstra a eficácia da TCC. Em uma publicação de 2011, o British Royal College of Psychiatrists concluiu que a TCC:

- é um dos tratamentos mais eficazes para doenças em que a ansiedade e a depressão são o problema principal;
- é o tratamento psicológico mais eficaz para depressão moderada e severa;
- é tão eficaz quanto antidepressivos para muitos tipos de depressão.

Em geral, os pacientes precisam de cerca de 5 a 20 sessões de 30 a 60 minutos, uma vez por semana ou quinzenalmente. Eles primeiramente aprendem o modelo da TCC e começam a dominar as habilidades envolvidas. Os sintomas depressivos normalmente melhoram nessa fase inicial, e muitos pacientes não se sentem mais deprimidos depois de apenas 8 a 12 sessões. O tratamento completo leva de 14 a 16 sessões, com sessões ocasionais de reforço durante o ano seguinte para manter o resultado. A TCC pode ser feita individualmente ou em grupo, e as pessoas podem ter um primeiro contato através de livros de autoajuda e programas online.

Os profissionais de TCC usam uma variedade de estratégias e métodos para guiar os pacientes rumo à descoberta dos tipos de pensamento que os fazem se sentir melhor sobre si mesmos e o mundo, incluindo questionamento socrático, dramatizações, visualizações (ver página 145) e experimentos comportamentais. Uma vez que os pacientes já reconhecem seus pensamentos negativos, são chamados a refletir sobre as evidências que os comprovam, ou se pensamentos mais bem selecionados poderiam expressar melhor a realidade. Por esse motivo, é comum receberem tarefas entre uma sessão e outra. De forma ideal, conforme a terapia cognitiva progride, o paciente poderá ser capaz de identificar pensamentos distorcidos quando estes aparecem, habituando-se a "reformular" a situação. Embora sejam poucas horas de terapia formal, a TCC não é um paliativo, pois pode conscientizá-lo dos pensamentos falhos que se tornam responsáveis pela dor emocional, propiciando ferramentas para corrigi-los. Depois disso, é praticar as habilidades aprendidas.

Uma inovação recente é a terapia cognitiva baseada na atenção plena, que combina o treinamento da atenção plena, ou seja, a prática de trazer toda nossa consciência para o aqui e agora, com a TCC. Em um estudo relatado na edição de dezembro de 2010 na revista *Archives of General Psychiatry*, pesquisadores do Centro de Adição e Saúde Mental, em Toronto, demonstraram que essa terapia combinada é mais eficaz do que medicamentos antidepressivos para prevenir recaídas de depressão. Foram estudados 160 pacientes, entre 18 e 65 anos, que haviam sido tratados para transtorno de depressão maior e tinham dois episódios passados de depressão. Todos os pacientes tomaram antidepressivos até ficarem livres dos sintomas. Depois disso, alguns permaneceram com a medicação, alguns receberam placebo e o restante do grupo foi designado para o tratamento com terapia cognitiva baseada na atenção plena. O grupo da terapia frequentou oito sessões semanais e fez tarefas diárias, que incluíam a prática de atenção plena. A saúde emocional de todos os pacientes era monitorada a intervalos regulares. Após 18 meses, a taxa de recaída no grupo de treinamento da atenção plena foi de 30%, a mesma do grupo que continuou a tomar antidepressivos. No grupo que tomou placebo, a recaída foi muito maior – 70%.

Com frequência, indico a TCC para meus pacientes e a estou recomendando aqui por conta dos resultados que tenho visto. Segue o parecer de Renée, 48 anos, assistente social em Wichita, Kansas:

> Fiz terapia cognitivo-comportamental e a recomendo. Era uma pessimista de carteirinha mas, graças à TCC, aprendi a transformar meu pensamento negativo. Embora ainda fique deprimida, me mantenho otimista. Sei que parece contraditório, em termos, mas na realidade não é. Considero a depressão uma doença física, pois está na minha família. Mas a maneira como escolho reagir a ela é uma opção minha e a minha escolha é de ser positiva. Geral-

mente fico bastante deprimida fisicamente, mas minha vida mental é bem ativa, positiva e edificante. Estou sempre aprendendo sobre minha doença e tentando me sentir melhor. Aprender a reformulação cognitiva e algumas habilidades para administrar o estresse me ajudou muito.

Pam Lewis, 45 anos, produtora de televisão freelancer em Los Angeles, diz o seguinte:

> Comecei a sofrer de depressão aos 15 anos – a origem foi negligência e críticas maternas. Tenho sintomas atípicos, como comer demais, dormir demais e sensibilidade à rejeição. Disseram-me que provavelmente eu sofro de depressão dupla – distimia e episódios de depressão maior somados a ela. Minha depressão era severa. Fiquei incapacitada de trabalhar em três situações diferentes e sentia vontade de morrer em todos os dias da minha vida. A medicação mantinha-me viva, mas não apagava o mal que precisava reparar. Comecei a terapia anos atrás e fui a vários terapeutas altamente qualificados que fizeram amplo uso de técnicas psicodinâmicas. Esse tipo de terapia foi praticamente inútil para tratar minha depressão, pois eu já tinha um bom entendimento dos conflitos subjacentes que contribuíram para ela. Quando comecei a me tratar com um terapeuta de família e de casais que usava as técnicas da terapia cognitivo-comportamental, minha cura teve início e experimentei algum alívio para os meus sintomas. Tratar os pensamentos negativos, a catastrofização (achar que o futuro será da pior forma possível, superestimando a possibilidade de ocorrências negativas), os pensamentos automáticos e o monólogo interno negativo foram aspectos úteis. Pela primeira vez em 30 anos de sofrimento de depressão crônica, ininterrupta e debilitante, finalmente fiquei livre dos sintomas, e assim continuo há um ano. Se tivesse ouvido falar antes a respeito da psicoterapia cognitivo-comportamental, teria poupado anos de sofrimento.

A TCC pode não ser para todos e pode não ser indicada para o seu caso. Parece ser mais adequada para pessoas que se sentem confortáveis com a introspecção e estão dispostas a usar um método científico para entender o funcionamento da mente. E, é claro, deve-se aceitar o princípio básico da psicologia cognitiva de que os pensamentos produzem nosso humor e nossos comportamentos. Acho essa teoria convincente e útil. Se você sofre de depressão ou ansiedade, ou apenas quer ter mais controle sobre suas alterações emocionais, recomendo-lhe tentar a TCC. Ela representa um grande avanço na capacidade da psicologia ocidental em melhorar o bem-estar emocional.

NESSE MEIO-TEMPO, A PISICOLOGIA ORIENTAL tem lidado com o desafio de administrar os pensamentos de formas bem diferentes. Praticantes em nível avançado de ioga e meditação budista afirmam ser capazes de parar e libertar suas mentes para vivenciar os mais altos estados de consciência.[16] A maioria de nós jamais será capaz de fazer isso, mas o que podemos fazer é quebrar o hábito de prestar atenção constantemente em nossos pensamentos. Os filósofos iogues e budistas veem isso como um verdadeiro vício que nos acarreta muitos sofrimentos. Os objetos do vício parecem ter enorme poder sobre nós: drogas, comida, apostas e sexo podem se tornar tão fascinantes e atraentes que alguns de nós não conseguimos nos libertar e formar relações saudáveis com eles. Ou nos permitimos exceder, frequentemente nos prejudicando, ou tentamos nos abster deles (é claro que com comida isso não é possível).

No início da minha carreira profissional, estudei as drogas e a dependência a elas, tornando-me conhecido como especialista em drogadição. Comecei a enxergar a dependência como um problema humano básico e frequente, profundamente arraigado na mente e bastante difícil de tratar. Devido a algumas formas de comportamento dependente – como por exemplo comprar, acumular riquezas ou se apaixonar – serem socialmente aceitos, não os vemos como são na realidade e portanto, não tomamos conhecimento de que um número enorme de pessoas luta contra o vício.

São poucas as opções de tratamento e pode-se tentar modificar um comportamento de dependência de forma a reduzir seu potencial danoso – por exemplo, trocar a injeção de heroína por manutenção com metadona ou a compulsão por comida por compulsão por exercício – ou tentar solu-

---

[16] *Samadhi* no ioga, *satori* no zen budismo.

cionar a dependência na sua causa. O primeiro método é mais prático. O último, entretanto, é bastante difícil, porque exige a reestruturação da mente em seu cerne, onde experimentamos a diferença entre a percepção da consciência e os objetos da percepção, entre a percepção do eu e do que é percebido.

Quando as pessoas não conseguem parar de ir atrás do próximo salgadinho ou do próximo cigarro, é como se os salgadinhos ou o cigarro controlassem a atenção e o comportamento. Na realidade, a mente entrega seu poder e seu controle aos objetos da dependência. A libertação da dependência vem com a consciência desse processo e da capacidade de perceber um objeto como um objeto, sem projetar sobre ele qualquer importância indevida. A essência dos ensinamentos budistas diz que o sofrimento vem do apego e que, para reduzirmos nosso sofrimento, devemos trabalhar para reduzir o apego. Além do mais, a psicologia oriental insiste que os pensamentos são melhor experimentados quando vistos como objetos da consciência, assim como as árvores e os pássaros no mundo que nos rodeia. Sofremos emocionalmente porque não conseguimos parar de prestar atenção em nossos pensamentos, não conseguimos parar de vê-los como parte de nós, geralmente dando-lhes muita importância. Professores de ioga e mestres budistas recomendam diversos métodos para romper nosso apego aos pensamentos. Alguns métodos são práticas com a intenção de mudar o foco da atenção para outra coisa – para a respiração, por exemplo, para imagens no olho da mente ou para os sons. Outros têm o objetivo de desenvolver o poder da atenção e aumentar seu controle voluntário ou conscientizar sobre a importante distinção entre o eu e os pensamentos.

Devo dizer que a ideia de parar de pensar ou desapegar-se dos pensamentos deixa muitas pessoas na cultura ocidental desconfortáveis, até mesmo aterrorizadas. Intelectuais e acadêmicos que alicerçam sua carreira e seus meios de vida no pensamento hábil e criativo podem comparar os objetivos da psicologia oriental com a sensação de perder a cabeça. Se você tem preocupações assim, as terapias ocidentais que o treinam para modificar o pensamento sem negar sua validade ou importância podem ser mais adequadas. Pessoalmente, acho as duas abordagens eficazes. Do mesmo modo que penso ser importante integrar as filosofias médicas do Ocidente e do Oriente em meu trabalho, acho útil combinar as duas abordagens psicológicas para enfrentar o desafio de lidar com pensamentos que geram ansiedade e desespero, impedindo-nos de desfrutar de uma felicidade espontânea.

A seguir, resumi métodos orientais que me ajudaram e que recomendo com frequência aos outros.

MANTRA

Mantra[17] é a prática de repetir silenciosamente (no "ouvido da mente") alguns grupos de palavras ou sílabas. É um modo de afastar os pensamentos da mente, colocando a atenção em sons ou palavras que acreditamos ter um significado espiritual e efeitos positivos. Com frequência associado ao hinduísmo, budismo e outras religiões, é também uma prática religiosa ocidental, como acontece com o rosário, no catolicismo, e com a oração de Jesus na Igreja Ortodoxa Oriental.[18] O mantra hindu mais comum é a sílaba *om*, que representa a essência do universo; o mantra budista mais comum é *om mani padme hum*, uma expressão em sânscrito que quer dizer "recebemos a joia da consciência no coração do Lótus", um símbolo da iluminação. Expressões adequadas podem ser encontradas em quase todas as tradições espirituais, dos povos indígenas americanos aos judeus.

Alguns psicólogos contemporâneos, no entanto, recomendam o mantra como um método simplesmente secular, que afasta a atenção de pensamentos problemáticos e reduz a ansiedade, a raiva e o estresse. O falecido Eknath Easwaran (1910-1999), professor espiritual e autor de livros sobre meditação, comparou a repetição de um mantra à vara de bambu dada aos elefantes em procissões nos festivais da Índia para impedi-los de pegar qualquer coisa enquanto desfilam pelas passagens estreitas dos mercados de rua:

> Os elefantes andam o tempo todo com a vara na posição vertical, o tronco fixo, impossibilitados de se regalarem com mangas ou melões, já que têm algo para se ocupar. A mente humana é parecida com o tronco de um elefante.

---

[17] A palavra em sânscrito é traduzida de maneiras diferentes, como "instrumento do pensamento" ou "ferramenta para a mente".

[18] "Senhor Jesus Cristo, Filho de Deus, tem misericórdia de mim, pecador."

Não descansa jamais...Vai para cá, para lá, movendo-se incessantemente por sensações, imagens, pensamentos, esperanças, arrependimentos, impulsos... Mas o que devemos lhe dar para se ocupar? Para esse propósito, recomendo a repetição sistemática de um mantra, que consegue acalmar a mente a qualquer hora, em qualquer lugar.

Usando o livro de Easwaran, *The Mantram Handbook* (O manual do mantra), vários pesquisadores documentaram a eficácia desse método para melhorar o bem-estar emocional. Um estudo, publicado no *Journal of Continuing Education in Nursing*, em 2006, mediu os resultados de um programa de cinco semanas de prática de mantras em um grupo de profissionais da área de saúde (enfermeiras e assistentes sociais, na maioria mulheres) que estavam passando por altos níveis de estresse. Os participantes escolheram um mantra recomendado pelas principais tradições espirituais e ganharam contadores de pulso para registrar a frequência das repetições. Foram instruídos para que praticassem o mantra em horários não estressantes, como antes de dormir, "para promover uma associação entre a palavra e um estado fisiológico de calma". Os participantes aprenderam o conceito da atenção unidirecionada ("focar a concentração do mantra na mente ou em uma tarefa ou atividade selecionada, à escolha do participante, sem fazer outras tarefas durante a prática"). Outro conceito trabalhado foi o da diminuição do ritmo ("sair de algum lugar sem pressa intencional"). Depois, a solicitação foi para que usassem o mantra sempre que estivessem estressados. Os investigadores descobriram que o programa reduziu o estresse e melhorou o bem-estar emocional dos participantes. Concluíram que "a repetição de mantras é uma estratégia inovadora e simples, sendo prática, fácil de ser implementada e livre de custos no combate ao estresse".

Outros pesquisadores chegaram a conclusões parecidas depois de testar a repetição de mantras em veteranos de guerra e indivíduos soropositivos. Os participantes aprenderam a usar a prática para interromper os pensamentos, obtendo relaxamento como resposta. Muitos declararam achá-lo útil em várias situações de estresse. Essa afirmação está de acordo com minha experiência. Depois de ler sobre mantras aos trinta e poucos anos, comecei a repetir *om mani padme hum* comigo mesmo antes de adormecer, quando dirigia por longas distâncias ou apenas sentado calmamente. Depois de certo tempo, descobri que podia usá-lo para quebrar ciclos de preocupação que me deixavam ansioso ou me mantinham acordado. Também me ajudava durante procedimentos dentários e em meio a algum tumulto. Não repetia as palavras em nenhum horário fixo nem contava o número de vezes em que o repetia, mas o fiz com tanta frequência que agora consigo repeti-lo sem nenhum esforço consciente. Tendo em vista que a repetição de mantras é realmente prática, simples, fácil de implementar e sem custos, recomendo como um método que vale a pena experimentar para tirar a atenção de pensamentos que o deixam ansioso ou triste.

VISUALIZAÇÃO

Uma alternativa aos pensamentos como objeto de atenção é a imaginação mental ativa. A imaginação visual é poderosa. Na maioria das vezes, é o que fazemos quando sonhamos acordados, podendo nos deixar completamente fascinados quando nos deixamos levar por uma fantasia sexual. Uma parte importante do cérebro, o córtex visual, é responsável por processar os dados que chegam da retina e dos nervos óticos. Quando o córtex visual não está ocupado com essa tarefa, fica livre para gerar imagens por conta própria, atuando como um canal entre a mente consciente e inconsciente, dando acesso a partes do sistema nervoso que regulam a circulação, a digestão e outras funções normalmente consideradas involuntárias. A meditação com imagens visuais é uma prática religiosa no hinduísmo e no budismo, nas quais desenhos geométricos de significado espiritual são usados.[19] Após estudar esses desenhos, os praticantes aprendem a relembrá-los no olho da mente. À parte de seu propósito religioso, acredita-se que esse tipo de meditação acalme a mente e o corpo. (C. G. Jung incorporou o uso da mandala em seu trabalho psicanalítico com os pacientes; um analista jungiano, Gerald Schueler, escreve que "o caos em nossas vidas pode ser transformado em ordem pelo processo psíquico de desenhar uma mandala, o símbolo psíquico universal da ordem".)

---

[19] Chamados de *yantras* no hinduísmo e no ioga; *mandalas* no budismo.

As imagens visuais em que prestamos constante atenção podem determinar o ponto de ajuste de nossas emoções, como acontece com os padrões habituais de pensamento, e possivelmente o fazem melhor, pois influenciam nossa fisiologia de maneira poderosa, evocando respostas viscerais associadas aos sentimentos. Para se ter ideia de seu poder, feche os olhos e imagine uma fatia de limão, recém-cortada, fresquinha e suculenta. Concentre-se em imaginá-la da maneira mais clara e detalhada que puder. Então, imagine-se trazendo o limão até a boca, sugando seu caldo e o mordendo lentamente. É possível que você experimente sensações na boca e na salivação, como se tivesse acabado de chupar uma fatia de limão de verdade. Ou pense o quanto uma fantasia visual leva rapidamente à excitação sexual. Profissionais que usam terapia de visualização e imaginação guiada ensinam os pacientes a modificar suas condições de saúde tirando vantagem desse fenômeno mente/corpo, geralmente com bons resultados. Com o passar dos anos, indiquei muitos pacientes a esses terapeutas e vi benefícios em problemas que iam desde a dermatite atópica (eczema) e autoimunidade ao câncer ou recuperação de cirurgias.

Com o objetivo de otimizar o bem-estar emocional, recomendo utilizar a visualização de duas formas. A primeira, praticando a mudança de atenção dos pensamentos negativos para imagens mentais que evocam sentimentos positivos. A segunda, selecionando uma imagem que você associe ao seu melhor humor, concentrando-se nela constantemente. Por exemplo, pense em um lugar real onde você sentiu contentamento, aconchego e serenidade. Recrie essa cena no olho da mente e, cada vez que o fizer, concentre-se em aprimorar os detalhes, deixando as cores mais vivas, imaginando inclusive os sons, as sensações físicas e os aromas que podem ter feito parte da experiência. Guarde essa imagem como um lugar para ir na imaginação sempre que se sentir estressado, ansioso ou triste. Um lugar que eu sempre visito dessa forma é uma piscina isolada em um pequeno cânion nas montanhas Rincon, ao leste de Tucson, no Arizona, onde passei muitas horas agradáveis deitado nas rochas polidas, mergulhando nas águas claras, calmo por causa do som das águas correndo, maravilhado pela visão do deserto de Sonora. Mesmo quando estou no metrô de Nova York ou em meio ao trânsito de Beijing, posso ir para lá em apenas um segundo, somente fechando os olhos. Fazendo isso, consigo me reconectar com os momentos de felicidade que vivi lá.

TRABALHO COM A RESPIRAÇÃO

Colocar a atenção na respiração é outra maneira de tirá-la dos pensamentos. A respiração é um objeto tão lógico e seguro da atenção que é o foco mais usado na meditação. Quanto mais você consegue treinar a si mesmo para mudar a atenção dos pensamentos (ou imagens) emocionalmente perturbadores, melhor você ficará e a respiração é um lugar bastante seguro para essa mudança – é como colocar o motor da mente em marcha neutra.

A respiração faz a ligação entre o corpo e a mente, a consciência e a inconsciência. Trabalhar com a respiração é um dos mais importantes princípios do ioga por três razões. Em primeiro lugar, ela dá acesso ao sistema nervoso involuntário e torna possível influenciar funções cardiovasculares, digestivas e outras que, via de regra, estão fora do nosso controle. Segundo, é uma maneira de acalmar uma mente agitada, facilitando a atenção focada e a meditação. Terceiro, a respiração promove desenvolvimento espiritual e bem-estar, um assunto ao qual retornarei no próximo capítulo.

Durante muitos anos, ensinei a alunos de medicina e a médicos a importância da respiração e a utilidade prática do seu controle para um melhor bem-estar físico e emocional. Também orientei a maioria dos meus pacientes e milhares de outros nas regras simples do trabalho com a respiração:

1. Coloque sua atenção na respiração sempre que possível.
2. Sempre que puder, tente fazer com que sua respiração se torne mais profunda, mais lenta, calma e regular.
3. Faça seu abdômen se expandir quando inspirar.
4. Para aprofundar a respiração, pratique expirar mais ar no fim de cada respiração.

A correlação entre respiração e emoção é um exemplo extraordinário da unidade entre mente/corpo. Quando as pessoas estão ansiosas, com raiva ou preocupadas, sua respiração vai estar *invariavelmente* rápida, superficial, ruidosa e irregular. A respiração lenta, profunda, calma e regular simplesmente não consegue coexistir com a turbulência emocional e é muito mais fácil aprender a regular a respiração do que estar propenso a humores negativos. A medida mais eficaz que conheço contra a ansiedade é uma técnica rápida e simples que chamo de "respiração 4-7-8". Funciona assim:

1. Coloque a ponta da língua atrás dos dentes da frente, na parte mais alta. Mantenha-a assim durante todo o exercício.
2. Expire completamente pela boca (com os lábios franzidos), produzindo som com o sopro leve da saída do ar.
3. Feche a boca e inspire profunda e calmamente pelo nariz, contando (mentalmente) até 4.
4. Prenda o ar contando até 7.
5. Expire pela boca contando até 8, fazendo o mesmo som com os lábios franzidos.
6. Repita os passos 3, 4 e 5 até completar 4 respirações.

Isso pode ser feito em qualquer posição: se estiver sentado, mantenha as costas eretas. Faça esse exercício pelo menos duas vezes ao dia ou sempre que se sentir estressado, ansioso ou fora de seu centro. Não faça mais de 4 respirações de uma só vez no primeiro mês de prática, mas pratique o exercício sempre que desejar. Depois de um mês, se estiver se sentindo confortável, aumente para 8 respirações por vez, gradualmente fazendo a contagem de maneira mais lenta. A prática mínima será então de 8 respirações, 2 vezes por dia, todos os dias.

Com a prática, se torna um meio poderoso de indução a um estado de relaxamento mais profundo, que ficará melhor com o passar do tempo. Esse exercício o capacitará a impedir que a ansiedade chegue, convencendo-o de que você pode controlar suas reações a acontecimentos e situações potencialmente preocupantes, sem depender de medicamentos ou ajuda externa. Você só precisa gastar alguns minutos por dia nessa prática, mas é preciso fazê-la pelo menos 2 vezes ao dia, sem falhar. Ao impor esse ritmo à sua respiração, com seus músculos e nervos voluntários, você começará a influenciar seu sistema nervoso involuntário na direção de um funcionamento mais equilibrado, com grandes benefícios à sua saúde geral. Fazer da "respiração 4-7-8" parte de sua rotina diária aumentará sua serenidade e satisfação, propiciando-lhe maior resiliência. Considero-a de enorme utilidade para estabilizar e melhorar meu humor, por isso não deixo de recomendá-la.

DESENVOLVENDO A ATENÇÃO E A CONCENTRAÇÃO

Além do valor como método prático para nos livrarmos de pensamentos indesejados, o mantra, a visualização e o trabalho com a respiração propiciam oportunidades para aprendermos sobre atenção. A atenção é uma ferramenta da mente. Pense nela como um holofote movimentando-se sem direção certa, trazendo à consciência aquilo que ilumina. Podemos direcionar nossa atenção a objetos internos ou externos e, às vezes, eles nos chamam a atenção. A não ser que tenhamos o treinamento adequado, deixamos constantemente que nossa atenção vague de um lugar a outro sem manter o foco em qualquer coisa por mais de alguns instantes. Assim como a luz, a atenção torna-se poderosa quando está concentrada. Do mesmo modo que as lentes de aumento podem concentrar a energia da luz solar para iniciar uma chama, a mente focada também pode concentrar sua atenção para produzir efeitos extraordinários. A atenção focada é o segredo do domínio de qualquer arte, habilidade ou apresentação, e de fazer o que quer que seja de maneira bem-feita, seja dirigir um carro, cozinhar ou falar em público. Todos nós já experimentamos estar tão absortos em uma tarefa ou atividade a ponto de perder a noção do tempo e nos esquecermos de quase tudo, exceto daquilo que estamos fazendo. Poucos aprendem como desenvolver esse tipo de atenção de maneira sistemática.

"Uma mente que devaneia é uma mente infeliz" é o título de uma matéria da edição de 12 de novembro de 2010 da revista *Science* sobre um experimento conduzido por dois psicólogos de Harvard, Matthew A. Killingsworth e Daniel T. Gilbert. Eles desenvolveram um aplicativo para iPhone que selecionou 2.250 voluntários entre 18 e 88 anos, em intervalos aleatórios, perguntando-lhes o quanto estavam felizes, o que estavam fazendo e se estavam pensando na atividade que estavam fazendo. Na média, as mentes dos pesquisadores estavam dispersas 47% do tempo, e nunca menos de

30% do tempo (exceto quando estavam fazendo amor). Descobriu-se também que as pessoas ficavam mais felizes quando estavam fazendo amor, exercitando-se ou conversando e menos felizes quando estavam descansando, trabalhando ou usando o computador em casa – ou seja, em situações que normalmente favorecem a distração da mente. Ao descrever o estudo, um dos pesquisadores disse: "A mente que entrega-se a devaneios é um excelente indicador do quanto as pessoas são felizes. Na verdade, a frequência com que nossas mentes deixam o momento presente e para onde vão é um indicador ainda melhor sobre nossa felicidade do que as atividades em que estamos envolvidos." Além disso, a análise do intervalo de tempo da resposta dos pesquisados sugeria que a distração da mente era a causa, e não o resultado, de sua infelicidade.

"Concentração" tem como significado literal reunir (algo) para um centro. O que reunimos quando praticamos a atenção focada é a atenção com consciência. Em vez de permitir que fique difusa, sem rumo e mergulhada na fantasia de memórias passadas e ilusões futuras, nós a recolhemos e a trazemos para a realidade do presente. Essa é a essência da atenção plena. Como expliquei no capítulo quatro, o treino da atenção plena está agora amplamente disponível. Nos dias de hoje, muitos profissionais que cuidam da saúde, incluindo profissionais da área de saúde mental, estão usando a atenção plena como parte do tratamento integrativo. Não há desvantagens em aprender a ter mais consciência plena. Ela não somente ajuda a lidar com problemas médicos e emocionais como pode aumentar a eficiência e habilidade em tudo aquilo que se fizer, melhorar os relacionamentos e permitir com que se experimente a vida de um modo mais completo – tudo como resultado de conseguir manter melhor concentração e foco na atenção. Estimulo os médicos e os profissionais de saúde que estão em treinamento no Centro de Medicina Integrativa do Arizona a cultivar a atenção plena e constantemente indico aos pacientes que façam o programa de redução de estresse com base na atenção plena (MBSR). É possível encontrar uma grande variedade de informações sobre essa forma de meditação, originária da prática budista, em livros de autoajuda e na internet, incluindo orientações em websites.

MEDITAÇÃO

O mantra, a visualização e o trabalho com a respiração são formas de meditação. A meditação nada mais é do que a concentração direcionada, mantendo o foco da atenção em algum objeto. Embora muitos ocidentais a associem com religiões orientais, existem práticas de meditação no judaísmo, no cristianismo e no islamismo, bem como as puramente seculares direcionadas a reduzir o estresse e suscitar reações mais relaxadas. Na psicologia budista, diferente da religião budista, a meditação é enfatizada como uma maneira poderosa para reestruturar a mente, o que considero muito importante para o tema deste livro. Mais do que simplesmente uma técnica para afastar pensamentos indesejáveis, a meditação permite que você observe as criações de sua mente, inclusive os pensamentos, partindo de uma perspectiva desinteressada, desapegada e livre de julgamentos.

O professor espiritual Eckhart Tolle coloca esse aspecto de forma sucinta:

> Se você identificar, mesmo que ocasionalmente, os pensamentos que passam por sua mente como simples pensamentos, se conseguir observar seus próprios padrões reativos mental-emocionais conforme eles acontecem, então essa dimensão já está emergindo em você como a consciência na qual os pensamentos e emoções acontecem – o espaço interior onde não existe tempo, no qual o conteúdo da sua vida se desenrola.
>
> O fluxo de pensamentos tem uma força enorme e pode facilmente arrastá-lo com eles. Parece que cada pensamento importa muito. Os pensamentos querem atrair sua atenção completamente.
>
> Sugestão de uma nova prática espiritual: não leve seus pensamentos tão a sério.

Certamente a meditação não é uma maneira rápida para consertar as coisas. É uma solução de longo prazo para um problema central, o de confundir a consciência com os objetos da consciência (incluindo os pensamentos) e o de sofrer como resultado do apego. No capítulo quatro, eu disse que depois de quarenta anos de prática ainda acho difícil meditar e manter o foco da minha consciência no aqui e agora, simplesmente percebendo os pensamentos e as sensações enquanto eles surgem, sem julgá-los ou reagir a eles. Também mencionei que fazer disso um hábito diário, logo após acordar pela manhã, tem sido uma das maneiras de manter minha distimia sob controle. Escrevi sobre o valor da meditação no meu primeiro livro, *The Natural Mind* (A mente natural), nos idos de 1972, e continuo a escrever e ensinar sobre meditação desde então.

Tendo em vista que a prática de meditação pode contribuir enormemente para um programa integrativo que visa otimizar o bem-estar emocional, recomendo que tente praticá-la. Se você acha que a associação da meditação com a religião em geral, e com as religiões orientais em particular, é um obstáculo, procure livros, CDs, instruções em websites ou aulas que ensinem técnicas puramente seculares. Simplesmente sentar-se calmamente e tentar manter a atenção na respiração já é um método comprovado, que qualquer um pode fazer. Faça essa prática, mesmo que por dez minutos todos os dias, e você dará início ao processo de reestruturar sua mente de uma forma que lhe trará grande contentamento, serenidade, satisfação e resiliência.

DEI-LHE UM MENU DE OPÇÕES para lidar com pensamentos que nos deixam deprimidos ou ansiosos e que se tornam obstáculos para a felicidade espontânea, tanto da psicologia ocidental quanto da oriental. Mas lidar com a mente significa mais do que só controlar os pensamentos. Nas páginas a seguir, discutirei outros fatores mentais que influenciam o humor e como controlá-los.

SOM E BARULHO

O som tem uma influência direta e poderosa no sistema nervoso e em nossas emoções. Ficamos alertas e frequentemente ansiosos quando ouvimos sirenes, pessoas discutindo, pneus cantando e bebês choramingando. Uma canção de ninar pode nos acalmar e nos induzir ao sono. Recitar algo como um mantra pode focar nossa atenção e facilitar a meditação. A maioria das pessoas não se dá conta dos efeitos do som no corpo e na mente, mesmo em meio ao barulho e poluição tão característicos das cidades e dos ambientes de trabalho. Não vou excluir deste capítulo informações sobre como nos protegermos de sons que perturbam e como estar mais expostos a sons que nos fazem bem.

As correlações mais óbvias são com ansiedade e insônia. Se você sofre dos dois, eu o aconselho a prestar atenção aos sons do seu ambiente para descobrir como eles o estão afetando. Duas maneiras simples são desligar aparelhos de televisão e rádios caso você não os esteja realmente ouvindo e notar como diferentes tipos de música fazem você se sentir.

A música afeta o cérebro e a mente de maneira poderosa, deixando-nos calmos ou agitados, podendo nos incitar a uma ação ou nos paralisar de medo. Se você não tem consciência desse poder da música, provavelmente não está tomando cuidados em relação a não ficar exposto a tipos de música que pioram seu humor. É muito fácil ouvir inconscientemente sons que afastam nosso sistema nervoso da tranquilidade e nos tiram de nosso centro.

Em seu cativante e mais recente livro, *In Pursuit of Silence: Listening for Meaning in a World of Noise* (Em busca do silêncio: ouvindo o significado em um mundo de barulho), o ensaísta George Prochnik conta a história de sair em patrulha com um policial de Washington, D.C., chamado John Spencer:

> De repente, por volta das três da manhã, o policial Spencer virou-se para mim e disse: "Sabe, vou lhe contar uma coisa. A maioria das discussões domésticas para as quais somos chamados na verdade são reclamações sobre barulho." Perguntei o que ele queria dizer. "Você entra em casas onde o casal ou a família inteira está brigando, a televisão está aos berros de um jeito que torna-se impossível alguém raciocinar e o rádio, mais alto ainda. No meio disso tudo, alguém chega em casa do trabalho e quer relaxar ou dormir e fica óbvio o motivo pelo qual estão brigando. O motivo é o barulho. Eles não percebem, mas esse é o problema. Tudo na casa está ligado ao mesmo tempo. Então, a primeira coisa que digo a eles é: 'Sabem de uma coisa? Vocês nem precisam me contar por que pensam que estão brigando! Primeiro, abaixem a música. Desliguem o videogame. Abaixem a televisão.' Então deixo que eles fiquem sentados ali por um minuto e digo: 'Agora está diferente, não é? Talvez o mo-

tivo real da briga fosse o barulho. Vocês ainda têm alguma coisa para me dizer?' Bem, você ficaria espantado com o número de vezes em que a briga termina por aí."

Se você já esteve em Las Vegas (participei de mais de uma convenção sobre cuidados com a saúde lá), sabe como é a experiência de passar por hotéis cassinos e não conseguir evitar os sons incessantes das máquinas caça-níqueis. Essas máquinas me afastam, e muito, da serenidade e do conforto, assim como muitos outros bipes eletrônicos, sons metálicos agudos e zumbidos, sem falar nos alarmes de carro, sopradores de folhas e britadeiras. Se não é possível escapar de sons perturbadores, a nova tecnologia de cancelamento de ruído nos dá alternativas para nos protegermos deles. Fones de ouvido antirruído detectam ruídos do ambiente com microfones embutidos e geram sinais que os neutralizam. São fáceis de se encontrar e têm preço acessível. Outra possibilidade, especialmente útil no quarto, quando você for dormir, é mascarar os sons indesejáveis com ruído branco, como o som de precipitação de ar ou de água corrente. Geradores portáteis de ruído branco também são fáceis de serem encontrados e têm preços acessíveis. Existem também sistemas maiores que podem atender escritórios e casas inteiras. Alguns oferecem uma variedade de sons, de ondas do mar à chuva.

Além de neutralizar ou mascarar sons indesejáveis, você pode, é claro, escolher entre escutar aqueles que têm efeito positivo em seu humor. Ao contrário da maioria dos sons eletrônicos, os sons da natureza, como o da brisa soprando nas árvores e o da água correndo nas pedras, são complexos e podem "nutrir" o cérebro de alguma maneira. Nós nos segregamos dos sons da natureza e a relativa falta deles em nossos ambientes artificiais pode ser outra causa do mal-estar emocional. Há inúmeras formas de trazer sons que curam para dentro do nosso espaço. Tenho uma grande coleção de sinos do vento que adoro ouvir. O som mais grave tem uma sustentação incrivelmente longa, que me faz lembrar dos cânticos de monges tibetanos. Sempre que o ouço, tendo a fechar os olhos, concentrar a atenção na respiração e deixar que o som flua pelo meu corpo. Eu o ouço e o sinto simultaneamente. Esse som sempre me faz retomar meu centro de tranquilidade e, com frequência, coloca um sorriso no meu rosto.

Finalmente, recomendo cultivar o silêncio como um antídoto para os efeitos das emoções inquietantes causadas pelos sons e pelo barulho. Darei sugestões sobre esse tema no próximo capítulo.

NUTRIÇÃO MENTAL

Exercitar o controle sobre os sons que deixamos entrar é uma parte do que chamo de "nutrição mental". Sabemos muito sobre nutrição e saúde no que diz respeito a escolhas alimentares e sua influência no bem-estar e nos riscos de doença. A maioria das pessoas, no entanto, não leva em consideração que aquilo que você deixa entrar em sua mente é tão importante quanto o que alimenta seu corpo e também influencia significativamente o bem-estar emocional. É essencial ser tão cuidadoso com a nutrição mental quanto com a alimentação.

Se você habitualmente e inconscientemente escuta músicas tristes, lê histórias tristes e assiste a filmes tristes, é provável que fique mais triste do que se escolhesse *inputs* mais alegres. Se você tem o hábito de sintonizar noticiários que o deixam irritado e perturbado, há grandes chances de passar menos tempo na faixa de serenidade e contentamento. O desafio está em exercitar o controle consciente sobre aquilo em que você presta atenção. O mundo é maravilhoso e terrível, belo e feio. A qualquer momento, podemos optar por nos concentrar em aspectos positivos ou negativos da realidade. Sem ignorar os negativos, é possível praticar o foco nos positivos, principalmente se você quer mudar seu ponto de ajuste emocional para essa direção.

Aconselho-o a prestar especial atenção às suas escolhas na mídia. Muito do conteúdo é elaborado para induzir à agitação e tensão. Isso costuma exacerbar a ansiedade e o sentimento de opressão e impotência. Fiz do "jejum de notícias" um dos elementos principais do meu "Programa de Oito Semanas para Otimizar a Saúde": comece por excluir notícias de todo tipo durante um dia na semana e vá aumentando até a abstinência total por uma semana inteira. Foi muito divertido falar sobre os benefícios dessa estratégia em noticiários de tevê com abrangência nacional (não foram poucos os âncoras de noticiários que me contaram secretamente que adorariam fazê-lo).

Muitos dos que fizeram o "jejum de notícias" relataram que a ansiedade e a preocupação diminuíram, enquanto a felicidade aumentou, como consequência da limitação do consumo de notícias. Com a imposição das notícias sobre nossas vidas, é preciso muito esforço para mantê-las afastadas de maneira consciente. Sinto-me muito mal em ter de escutá-las nos elevadores dos hotéis e terminais de embarque dos aeroportos. E enquanto começava a escrever sobre esse assunto, recebi um e-mail não solicitado de um conhecido recomendando um website[20] que permite clicar em qualquer cidade do mundo para ver as manchetes do dia no jornal local. "Clique duas vezes para a página ficar maior", avisa o entusiasmado remetente. "É possível ler o jornal todo de algumas cidades se você clicar no lugar certo. Você pode passar o dia todo aqui." Tudo o que precisávamos.[21]

Para controlar o que entra em minha mente, presto atenção aos efeitos no meu estado de espírito com relação ao que leio, assisto e escuto para me entreter. Não assisto à televisão, a não ser quando estou viajando e, enquanto estou em um quarto de hotel passando pelos canais cada vez mais numerosos, fico abismado com a falta de opções aceitáveis. Não me interesso por programas sobre policiais e criminosos. Não dou a mínima para seriados cômicos sem sentido ou programas de auditório e também não assisto ao noticiário. Gosto de documentários: biografias, programas sobre ciência, história e natureza; também olho os canais sobre culinária de vez em quando. Não leio jornais ou revistas, mas às vezes percorro as manchetes na internet ou escuto esporadicamente à National Public Radio. Jamais me preocupo se estou desinformado. Se algo importante acontece, alguém sempre me conta. Quando percebo que estou vulnerável a uma queda de humor, tomo cuidado redobrado em nutrir bem minha mente.

Não desejo de forma alguma ser arbitrário e não é meu papel lhe dizer o que ler, escutar ou assistir. Apenas quero que você esteja consciente de que

---

[20] www.newseum.org/todaysfrontpages/flash/

[21] Recentemente, vários sites de "boas notícias" apareceram na web, como o www.happynews.com e o www.goodnewsnetwork.org. A AOL tem um também: www.aolnews.com/category/goodnews/. O melhor é o www.odewire.com. Não recomendo usar esses websites como fonte para todas as notícias, mas pode valer a pena acrescentar um deles aos seus "favoritos" como antídoto para a negatividade que domina a maioria das publicações de notícias.

as decisões que toma com relação a isso afetam seu humor e suas emoções para melhor ou para pior. Eu o aconselho a ser cuidadoso em suas escolhas.

LIMITANDO O EXCESSO DE INFORMAÇÕES

O jejum de notícias é uma maneira de controlar a quantidade e o tipo de informação que entra em nossas vidas. Infelizmente para todos nós, dificilmente irá criar um impacto em um problema muito maior e de origem bastante recente que traz implicações sérias para a nossa saúde mental e nosso bem-estar emocional. Dizem que estamos vivendo a Era da Informação, que a revolução em obter e disseminar informações, facilitada pelo computador, internet, e-mail, celulares e mídia digital, é o que define nossos tempos e a força principal que agora molda a evolução da sociedade humana. Concordo. O problema é que grande parte dessa informação é irrelevante ou suspeita e a enorme quantidade de notícias está nos afogando. Além disso, a mídia que a transmite está mudando funções cerebrais, e não necessariamente para melhor. No capítulo dois, mencionei que ao analisar como nossos genes e o ambiente moderno estão interligados, acredito que a revolução na comunicação e a transmissão de informações são as formas de contribuição mais significativas para a epidemia da depressão.

Existem vários artigos acadêmicos impressos sobre excesso de informação e suas consequências físicas, psicológicas e sociais. Francis Heylighen, ciberneticista[22] na Free University de Bruxelas, escreveu em um artigo de 2002 com o título "Complexity and Information Overload in Society: Why Increasing Efficiency Leads to Decreasing Control" (Complexidade e excesso de informação em sociedade: por que a eficiência crescente leva à diminuição do controle):

> Obtemos muito mais informações do que desejamos, pois estamos inundados por um número crescente de mensagens de e-mail, relatórios internos, faxes, telefonemas, jornais, revistas, artigos, páginas da web, programas de rádio

---

[22] Pessoa que estuda sistemas regulatórios automáticos e de comunicação.

e TV... A recuperação, a produção e a distribuição da informação são infinitamente mais fáceis agora do que antigamente, praticamente eliminando o custo de publicação. Foi possível então reduzir os processos de seleção natural, que permitiam que apenas as informações importantes fossem transmitidas... O resultado é uma exposição de fragmentos de informações irrelevantes, duvidosas ou simplesmente errôneas. Isso é que se chama "poluição da informação"... O mesmo se aplica para a quantidade crescente de informações que chega até nós por intermédio dos meios de comunicação de massa... O problema é que as pessoas possuem limites claros com relação à quantidade de informação que são capazes de processar.

Quando a quantidade de informação assimilada excede esses limites, as pessoas sofrem. A tendência é ignorarem ou esquecerem informações necessárias, confiantes demais na base de informações falhas ou incompletas, consequentemente ficando com menos controle sobre suas vidas. A longo prazo, o excesso de informação aumenta o estresse, com todas as consequências previsíveis para a saúde física e emocional.

É fácil perceber como a minha vida e a de meus amigos e família mudaram com a chegada da Era da Informação. Quando eu era criança, meus pais trabalhavam, e trabalhavam duro, mas quando o dia terminava, realmente terminava, então podíamos ficar em casa com a família para preparar o jantar, comer juntos e, depois de lavar a louça, ler ou assistir a um programa na TV. Geralmente eu tinha dever de casa para fazer e minha mãe costurava ou finalizava chapéus para a chapelaria que ela e meu pai possuíam, mas nossas noites eram predominantemente relaxantes. Com a chegada das máquinas de fax, telefones celulares, computadores e, acima de tudo, e-mails, descobri que meus dias de trabalho não terminavam; a comunicação e a informação começaram a invadir minhas horas de descanso. Então, enquanto a internet se desenvolvia e eu me tornava mais hábil em seu uso, não precisava mais ir a bibliotecas ou consultar livros de referência. Hoje consigo obter em meu computador em casa qualquer tipo de informação de que precise ou queira em minutos, às vezes segundos: fatos históricos, referências médicas, letras de música, receitas – praticamente tudo. Posso me comunicar instantaneamente com pessoas ao redor do mundo e dar entrevistas para a TV sem sair da minha mesa de trabalho. Muitas dessas coisas são ótimas – não consigo mais me imaginar voltando a consultar enciclopédias e enviar cartas pelo correio tradicional. Infelizmente, também percebo mudanças das quais não gosto de maneira nenhuma.

Para começar, sinto o tempo passar mais rapidamente. É como se o Natal chegasse cada vez mais cedo, por exemplo. Sei que a maioria das pessoas acha que o tempo se acelera com a idade (talvez porque cada passagem de ano seja uma fração cada vez menor do tempo de vida de uma pessoa), mas fiquei muito surpreso alguns anos atrás quando minha filha, então com 12 anos, contou-me que ela e suas amigas tinham a mesma sensação. Lembro-me de que o tempo passava bem devagar quando tinha a idade dela; as férias de verão pareciam bem longas e o Natal não chegava antes que eu estivesse pronto para ele. Acredito que o excesso de informação possa ter alterado nossa sensação subjetiva do tempo, dando-nos mais dados para processar a cada minuto, a toda hora, todos os dias. Há mais coisas acontecendo no mesmo espaço de tempo, há mais para fazer. Acho as novas tecnologias convenientes e úteis, mas também as culpo por me fazerem sentir como se nunca tivesse tempo suficiente para fazer tudo o que preciso. Com frequência, me sinto assoberbado com todos os e-mails que tenho de responder e ligações e mensagens para retornar, o que me deixa exasperado já antes do meio da tarde. Minha sensação é de que não tenho – ou não consigo – tempo suficiente para ler como tinha no passado e que devo me forçar a parar de pensar nas mensagens e de processar tantas informações quando vou dormir se quiser ter um sono restaurador.

Com toda certeza, o excesso de informação é incompatível com o foco na atenção. Conforme mencionei anteriormente neste capítulo, o foco na atenção é a essência da atenção plena e a chave para o domínio de qualquer atividade, além de ser uma habilidade mental que vale a pena ser desenvolvida para ser feliz. Tanta informação vinda de canais diferentes nos força a tentar nos ocupar com mais de uma coisa por vez – a sermos polivalentes. Um número grande de pesquisas psicológicas sugere que o desempenho sofre quando as pessoas tentam fazer várias tarefas simples ao mesmo tempo. Com tarefas mais complicadas, como dirigir enquanto falamos ao celular, os riscos são óbvios. A realidade é que o cérebro humano não consegue se ocupar de duas ou mais tarefas simultaneamente; na melhor das hipóteses, consegue mudar rapidamente de uma coisa a outra. É possível que algumas pessoas consigam se tornar muito hábeis nesse tipo de mudança e que crianças que crescem em meio a videogames e equipamentos multimídia desenvolvam habilidades mentais que outros (como eu) não desenvolveram. Crianças da era da informática devem desenvolver, inclusive, funções cerebrais melhores para determinadas tarefas, como a coordenação olho-mão, necessária para vencer em jogos de videogame. Apesar disso, observo uma diminuição coletiva no intervalo de atenção em nossa sociedade e a vejo como outro efeito prejudicial do excesso de informação. Por exemplo, quando assisto a programas de televisão ou a filmes contemporâneos, fico impressionado em ver como as cenas estão mais curtas em relação aos filmes do passado. E não tem como não pensar que o aumento da incidência de TDAH (Transtorno do Déficit de Atenção com Hiperatividade) nas crianças é uma manifestação do mesmo problema.

As novas tecnologias podem afetar a atividade cerebral de outras maneiras, com consequências de longo alcance ainda não conhecidas. Minha maneira de escrever mudou conforme fui me adaptando ao processador de textos no computador em vez de redigir em uma máquina de escrever. Muito do trabalho de procurar as melhores palavras e de revisão, que costumava fazer em minha cabeça (para evitar ter de corrigir ou refazer páginas datilografadas) faço agora na tela do computador. Não consigo imaginar voltar ao modo antigo e excessivamente trabalhoso de datilografar artigos e livros inteiros, mas fico imaginando se perdi alguma capacidade mental com a mudança. Resisto em usar o navegador GPS no carro, pois gosto de confiar na minha intuição e no meu senso de direção para chegar ao destino e não quero perdê-los. Um colega, professor de física na graduação de uma grande universidade em um estado vizinho, me disse que teve de simplificar seus cursos nos últimos anos. Ele acha que os computadores e calculadoras destruíram habilidades intelectuais dos alunos; nenhum deles sabe como usar uma régua de cálculo e alguns não sabem acrescentar colunas a estimativas.

Já mencionei que a incapacidade de processar excesso de informações pode fazer com que as pessoas sintam menor controle sobre suas vidas. Esse sentimento, aliado a um sentimento de impotência, está fortemente correlacionado a transtornos emocionais, como a ansiedade e a depressão. Se você presta mais atenção aos aspectos temerosos do seu ambiente e do mundo e sente-se impotente para mudá-los, você provavelmente não desfrutará de serenidade, contentamento e satisfação, principalmente se também estiver se sentindo oprimido e arrastado pela aceleração do tempo.

Finalmente, temo que a Era da Informação possa também ser chamada de "Era do Isolamento Social". Passamos cada vez mais tempo interagindo virtualmente com outras pessoas, ou não interagindo, enquanto navegamos na internet e nos perdemos nas muitas formas de fantasia e fuga da realidade disponíveis através da multimídia. O isolamento social arruína o bem-estar emocional e predispõe à depressão, portanto, é preciso ser proativo para evitar esse tipo de condição.

Aprendi isso da forma mais dura. Logo depois que comprei meu primeiro computador pessoal, um amigo me apresentou um jogo desafiante com elementos de mistério, busca e caça ao tesouro em um mundo de fantasia. Fui fisgado rapidamente e me vi acordado até altas horas da madrugada, três noites seguidas, grudado na tela. Na manhã seguinte, deletei o jogo e resolvi nunca fazer nada parecido de novo. Anos depois, no entanto, tive de trabalhar muito para quebrar o hábito de navegar na internet por horas, um website envolvente levando a outro, depois outro, terminando em uma perda de tempo parecida. Encontrar minha paz com e-mails tem sido mais desafiador ainda, tendo em vista que esse se tornou meu modo preferido de me comunicar e me manter em contato com amigos e sócios. Agora envio e recebo e-mails quase exclusivamente no computador, quase nunca no celular ou no *tablet*. O computador fica no meu escritório e, quando termino meu dia, geralmente à tarde, despeço-me dele e dos e-mails até o dia seguinte. Recomendo que você faça regras parecidas para que os e-mails não tomem conta de sua vida.

Foi um pouco mais fácil com os celulares pela simples razão de que quando eles entraram na minha vida, eu morava em uma área sem recepção (na base de uma cordilheira a sudeste de Tucson). Embora tenha me mudado recentemente, meu hábito de usar o celular apenas quando estou fora de casa, e ainda assim moderadamente, está bem desenvolvido. Minha filha me ensinou a enviar mensagens de texto alguns anos atrás, mas eu as uso somente em situações excepcionais. Também não fico tentado pelos muitos *"apps"* que poderia instalar no meu *smartphone*, que fascinam muitas pessoas que conheço e que as usam de uma forma que me faz lembrar dos tempos em que eu navegava obsessivamente na internet. Trabalhei conscientemente para mudar meu relacionamento com telefones em geral. Como resultado do trabalho em hospitais, por muito tempo foi difícil para mim não prestar atenção a um telefone tocando; sentia-me obrigado a atendê-lo, mesmo quando não estava mais cuidando dos pacientes. Durante muitos anos, corri para o telefone toda vez que ele tocava – de outro cômodo ou até mesmo de fora de casa – mas com bastante frequência não conseguia atendê-lo porque quem chamava já havia desligado. O resultado era sentimento de frustração e raiva. Quando as secretárias eletrônicas surgiram, pensei que me ajudariam, mas comecei a temer a chegada em casa e ver a longa série de mensagens gravadas. Hoje em dia, não deixo mais que telefones comandem minha atenção ou me afastem do que estou fazendo. Fico tranquilo em deixar muitas ligações irem para a caixa postal (e gosto de receber essas mensagens por e-mail). Diria que levei 30 anos para conseguir me sentir tranquilo com relação aos telefones.

As pesquisas ajudam a explicar por que achamos tão difícil ignorar os equipamentos digitais que estão cada mais mais presentes em nossas vidas, por que é preciso fazer tanto esforço para resistir checar e-mails antes de ir para a cama, por exemplo, ou desconsiderar o som do bipe avisando que uma nova mensagem de texto entrou no celular. Os experimentos de B. F. Skinner com ratos e pombos são muito relevantes nesse caso. Quando animais em jaulas obtêm o "reforço" com alimentos depois de apertar um botão, a quantidade de esforço que depositarão dependerá de como a recompensa é apresentada: depois de um intervalo fixo ou variável de tempo, ou depois de um intervalo fixo ou variável de apertos no botão. A relação de tempo variável do reforço – quando a comida vem depois de um certo número de apertos no botão, mas o número varia imprevisivelmente de uma recompensa a outra – tem maior poder de controlar o comportamento. Os animais apertarão o botão até ficarem exaustos quando o reforço é programado dessa maneira. É exatamente assim que as máquinas caça-níquel funcionam e os humanos jogam incessantemente para ganhar algum dinheiro. Tenho a impressão de que checar e-mails com frequência é algo comparável. De vez em quando, você obtém uma recompensa – talvez alguma boa notícia com relação aos negócios, uma mensagem amorosa ou um vídeo que o faz rir em voz alta, mas e-mails recompensadores chegam com intervalos de tempo variáveis em resposta ao comportamento. Por isso é tão difícil deixar de conferir se mais algum entrou na caixa postal.

Além disso, os sons dos aparelhos digitais podem estimular a liberação de dopamina no cérebro. Lembre-se de que a dopamina é fundamental para o sistema de recompensas do cérebro e da nossa experiência com o prazer. Na minha opinião, os sons eletrônicos dos cassinos são irritantes, mas as pessoas que jogam (ou que são viciadas em jogo) os consideram prazerosos e estimulantes. Parece que muitas pessoas agora dependem desse estímulo mediado pela dopamina na forma de sons dos aparelhos digitais, celulares, vídeo games e outros equipamentos; sem eles, as pessoas ficam entediadas.

Fiz do tópico "Limitando o excesso de informações" o elemento principal do programa que apresentarei na última seção deste livro e apresentarei outras estratégias que você pode experimentar. Não há maneira certa, mas para proteger seu bem-estar emocional dos efeitos nocivos da "poluição de informações" e das novas mídias, acho que você deve decidir o quanto quer estar conectado e durante quanto tempo, atendo-se a limites razoáveis.

PREVINA-SE DO ISOLAMENTO SOCIAL

Já contei que quando fui engolido pela distimia, abstive-me do contato social. Racionalizei esse comportamento dizendo a mim mesmo que não estava bem para ficar de lá para cá, não queria que os outros me vissem tão fora do meu centro e não queria expô-los à minha melancolia. Agora percebo que o isolamento social foi o sintoma central das minhas depressões e um dos principais fatores para sua realimentação. Quando me fechava para o contato social, caía em um padrão de ruminação depressiva: voltava-me para dentro, focava em meus pensamentos e ruminava os negativos indefinidamente.

A interação social dá suporte ao bem-estar social. As pessoas tinham muito mais apoio social quando viviam em tribos e em comunidades; em nosso mundo moderno não contamos com muito suporte social. No início do século XX, as famílias eram tipicamente maiores e mais estáveis, o divórcio não era tão comum e relativamente poucas pessoas viviam sozinhas.

Em 1900, apenas 5% dos lares americanos eram constituídos de pessoas morando sós; em 1995, 10% dos americanos moravam sozinhos e em 2010 esse número subiu para 11%, ou aproximadamente 31 milhões de pessoas. Não é de surpreender que essa tendência esteja ligada ao aumento na predominância da solidão.

Um estudo publicado em 2006 na *American Sociological Review* descobriu que os americanos tinham em média somente dois amigos íntimos nos quais podiam confiar, média menor que a de 1985, de três amigos. A porcentagem de pessoas que declararam não ter nem ao menos um confidente cresceu de 10% para quase 25%. Estima-se que 20% da população norte-americana – cerca de 60 milhões de pessoas – sinta-se solitária. A solidão é comum nas cidades grandes. Apesar de cercados por milhões de pessoas, muitos moradores sofrem com a falta de uma comunidade com a qual se identifiquem. É claro que os que vivem em cidades pequenas e vilas podem se sentir sozinhos também, mas o enorme número de pessoas com as quais se entra em contato todos os dias em uma cidade grande parece dificultar uma interação significativa e aumentar a sensação de se estar isolado e sozinho.

O isolamento social e a solidão estão intimamente relacionados à depressão. Em sua obra clássica, *O suicídio*, Émile Durkheim (1858-1917), o pai da sociologia moderna, escreveu: "O homem não pode viver sem se apegar a algo que o transcenda e sobreviva a ele... [Se] não tivermos nada a não ser nós mesmos, será difícil evitar o pensamento de que todos os nossos esforços terminarão em nada, pois desapareceremos." Obviamente, a solidão existencial é uma parte inevitável da condição humana, mas teremos muito mais tempo de solidão se vivermos isolados, concentrados em nós mesmos. Durkheim atribuiu a depressão ao isolamento social e argumentou que essa é uma das causas mais comuns de suicídio. Pesquisas recentes sobre os efeitos psicológicos do confinamento de prisioneiros em solitárias sugerem, colocando de forma direta, que as pessoas enlouquecem quando ficam completamente privadas de contato; tomar consciência dessa verdade pode acabar um dia com a prática de colocar prisioneiros "no buraco" como forma de punição cruel e não usual.

Pesquisadores documentaram a associação entre o uso da internet, o isolamento social e a depressão entre adolescentes (não está claro se o uso da internet enfraquece os laços sociais ou se jovens com laços sociais pobres gravitam em torno de atividades na internet; suspeito que seja uma via de mão dupla). Além disso, pessoas solitárias de todas as idades aglomeram-se em sites da internet para procurar ajuda ou reduzir sua dor emocional. Digite "Estou só" em uma página de busca e encontrará muitos sites oferecendo encontros virtuais com outras almas solitárias. Talvez esse espaço eletrônico compartilhado ofereça algum consolo, mas duvido que ofereça a proteção emocional da vida real.

Durante grande parte da minha vida adulta, vivi em lugares relativamente distantes, geralmente lugares que faziam fronteira com a natureza selvagem. Apreciava as vantagens de morar perto da natureza e longe do barulho, do tráfego e da poluição, mas isso foi à custa de não ter muita companhia. Poucas pessoas dispunham-se a dirigir para tão longe por estradas acidentadas para me visitar e era um grande esforço para mim ir até a cidade para encontrar outras pessoas. Achava que gostava daquela vida, tendo em vista que estou sempre viajando para dar aulas, falar para grandes plateias e aparecer na televisão e no rádio. Quando voltava dessas viagens, queria me esconder. No entanto, vim a perceber que minha preferência por morar longe das pessoas não me fazia bem. Para começo de conversa, a profissão de escritor é bastante solitária e isolar-me fisicamente apenas facilitou o hábito de ruminar sobre pensamentos que me deixavam infeliz, apesar do lindo cenário. Por fim, depois dos 65 anos de idade, admiti para mim mesmo que precisava de mais tempo de qualidade com outras pessoas. Não podia mais ignorar o fato de meu estado de espírito ser fortemente influenciado para pior devido ao isolamento social e fortemente influenciado para melhor quando interajo socialmente.

Em 2010, coloquei minha propriedade rural à venda e me mudei para uma casa confortável em Tucson; a última vez que havia morado na cidade fora há cinquenta anos. Deixar as raízes e fazer a mudança foi difícil, mas em poucas semanas comecei a me sentir à vontade na minha nova casa e muito contente por não ter de dirigir por tanto tempo para encontrar as pessoas para um almoço, jantar ou um passeio. Também fica muito mais fácil convidar as pessoas para virem me fazer uma visita.

Muitos aspectos da vida contemporânea promovem o isolamento social. Vivemos em núcleos familiares e não em tribos. Aprendemos a desconfiar de estranhos, a ter cautela. Acostumamo-nos à natureza impessoal de muitos dos que interagem conosco. Somos seduzidos pela realidade virtual, pela multimídia e outras formas de comunicação que meramente simulam o contato real. Se você quer ter boa saúde emocional, tenha em mente que o isolamento social se coloca entre você e sua saúde. Procure outras pessoas. Faça parte de grupos – para tocar um instrumento, meditar, cantar, costurar, ler, o que quer que seja. Encontre comunidades – de jardinagem, trabalho social, viagens, qualquer atividade que o interesse. Nós, seres humanos, somos animais sociáveis. A felicidade espontânea é incompatível com o isolamento social. Ponto final.

UM RESUMO DAS ABORDAGENS VOLTADAS PARA A MENTE VISANDO AO BEM-ESTAR SOCIAL

- Entender que a ruminação depressiva é uma indicação da depressão e que pensamentos são a principal fonte de tristeza, ansiedade e outras emoções negativas são a motivação para lidar com eles.
- Leia sobre psicologia positiva e selecione algumas intervenções que ajudaram outras pessoas a se tornarem mais otimistas e felizes. Faça uma tentativa.
- Familiarize-se com as teorias e métodos da psicologia cognitiva e considere ver um profissional de terapia cognitivo-comportamental. A TCC é a terapia mais eficaz, com menor tempo e custo para pacientes com depressão e ansiedade.
- Se o que escrevi sobre repetição de mantras como ferramenta para interromper pensamentos negativos lhe interessa, selecione uma palavra ou frase apropriada e faça a experiência com ela, observando se isso o ajuda.
- Experimente imagens mentais ativas como foco alternativo para sua atenção. Trabalhe com uma imagem em particular de um lugar que você associe com emoções positivas, concentrando-se nessa imagem sempre que se sentir triste, estressado ou nas garras de um sentimento negativo.
- Sempre que se lembrar, aprofunde sua respiração, deixando-a mais lenta, tranquila e regular. Pratique colocar sua atenção na respiração quando

perceber que está preso a pensamentos preocupantes. Pratique também a técnica de "respiração 4-7-8" e use-a para controlar a ansiedade.
- Desenvolva seu poder de atenção e concentração. Tente trazer sua consciência cada vez mais para o momento presente. O treinamento da atenção plena é uma forma excelente para atingir esse objetivo.
- Considere alguma forma de prática de meditação diária.
- Identifique sons que o afetam de maneira negativa em seu ambiente. Encontre formas de neutralizá-los ou mascará-los. Exponha-se a sons da natureza ou ouça alguma música que o deixe feliz.
- Exercite maior controle consciente sobre aquilo que permite entrar em sua mente, especialmente o que vem da mídia. Procure ficar sem os noticiários de tempos em tempos.
- Estabeleça limites com relação ao tempo que você gasta na internet, com e-mails, telefone e em frente à TV. O excesso de informação lhe fará mal se você não tomar medidas para se proteger.
- Faça da interação social uma prioridade. Ela é uma proteção poderosa do bem-estar emocional.

7

Espiritualidade secular e bem-estar emocional

A maioria dos profissionais de saúde mental integrativa acredita que a espiritualidade e as emoções estão ligadas. Alguns argumentam que a depressão é principalmente um transtorno de ordem espiritual, que afeta a mente e está associada a mudanças secundárias no cérebro e no corpo. Como fundador e defensor da medicina integrativa, tenho ensinado há muito tempo que os seres humanos são indivíduos mentais/emocionais e entidades espirituais, assim como corpos físicos, e que a medicina deve abordar *todos* os aspectos dos pacientes para ser mais eficaz.

Com frequência, entretanto, acho estranho discutir sobre espiritualidade por dois motivos. Em primeiro lugar, muitas pessoas confundem espiritualidade com religião. Embora as duas se sobreponham, as religiões geralmente exigem aderência dogmática às crenças que, em última análise, não são provadas, e diferenças nessas crenças são causas comuns de suspeita e conflito no nosso mundo. Em segundo lugar, a realidade espiritual tem relação com o aspecto não físico do nosso ser. A ciência ocidental e a medicina aderem à filosofia do materialismo, que dita que apenas o que pode ser percebido, tocado e mensurado diretamente é real; para os materialistas, *a realidade não física* é um contrassenso.

Gostaria de esclarecer o que quero dizer por *espiritualidade* com relação ao bem-estar emocional. Não estou falando sobre a crença em Deus ou em divindades, tampouco sobre optar somente pela fé em detrimento da racionalidade. Não falo sobre nenhum tipo de ritual ou prática religiosa, nem de dependência de livros ou pessoas "sagradas". Falo sobre o reconhecimento e a observação do "eu" não físico e essencial como parte de um completo cuidado pessoal. Os médicos treinados pelo Centro de Medicina

Integrativa do Arizona aprendem a incluir o "inventário espiritual" como parte do histórico médico completo. Isso inclui perguntas do tipo: "Quais são suas principais fontes de força?" "Se você tivesse uma doença séria, onde procuraria apoio?" "O que faz sua vida ter significado e propósito?"

Esqueça os usos religiosos da palavra "espírito". Ignore a confusão entre espíritos e fantasmas. Em vez disso, pense no que as pessoas querem dizer quando falam sobre o "espírito" de algo ou "entrar no espírito" de uma atividade. Por que "desanimado" (*des* = separação, *anima* = alma) é sinônimo de "deprimido"? E o que dizer sobre "Esse é o espírito!" como um elogio para a ação correta?

Quando escrevi sobre trabalho com respiração no capítulo anterior, prometi que falaria mais neste capítulo. Desde os tempos antigos e em muitas culturas, no Oriente e no Ocidente, as pessoas identificavam a respiração com o espírito; em muitas línguas – curiosamente não no inglês – a mesma palavra significa "respiração" e "espírito".[23] A respiração é a *essência* da vida – nossa função mais vital e central. Quando a respiração para, a vida para. Obviamente, a respiração faz parte do corpo físico e o ar que se movimenta para dentro e para fora dos pulmões é uma realidade física. Mas a respiração também é insubstancial, um ritmo misterioso que se estende sobre a percepção consciente e inconsciente, une corpo e mente e nos conecta com todos os outros seres vivos que respiram. O ar que você inspira em cada respiração foi inspirado e expirado por muitos outros, no passado e no presente. Sem virar as costas para a racionalidade e os métodos científicos, posso dizer que fico tranquilo com a ideia de que a respiração representa o movimento do espírito no corpo e que podemos nos tornar mais conscientes do nosso ser espiritual prestando atenção, observando e meditando com a respiração.

Compreender que essência e poder são encontrados menos no mundo físico do que no mundo não físico permitiu um entendimento mais rico sobre mim mesmo e sobre o mundo ao meu redor. Embora eu tenha um corpo único e uma mente única (ao menos por causa de minhas lembranças e percepções individuais), sinto que a essência espiritual do meu ser é a mesma de todos os seres. Quanto mais mantenho a consciência desse senti-

---

[23] Sânscrito *prana*, hebreu *ruach*, grego *pneuma*, latim *spiritus*.

mento, mais conectado sinto-me aos outros, e mais capaz de ter empatia e compaixão – qualidades que considero essenciais ao bem-estar emocional.

Optei pelo termo "espiritualidade secular" como título deste capítulo para enfatizar que não faço relação nenhuma com qualquer interpretação ou explicação sobrenatural. Sem acreditar no sobrenatural, é possível reconhecer aspectos da experiência humana não explicados na visão materialista. (Até mesmo os ateus e agnósticos abraçam o conceito da interconexão de tudo e da importância de se viver em harmonia com a natureza e com o universo.) Nas páginas seguintes, falarei sobre estratégias inspiradas na espiritualidade secular que considero complementares aos métodos recomendados para o corpo e a mente. Algumas, como ter flores em casa e se relacionar com animais de estimação podem parecer muito mais seculares do que espirituais. Outras, como a terapia do riso, poderiam certamente estar no capítulo anterior. Se você ainda não está confortável com o termo "espiritualidade", mesmo estando acompanhada da palavra "secular", fique à vontade para pensar em todas as estratégias a seguir como abordagens adicionais relacionadas ao corpo e à mente para uma vida emocional melhor. Por outro lado, se você é religioso e conecta-se com o espírito principalmente através da fé e da prática religiosa, considere as sugestões neste capítulo como propostas adicionais para enriquecer essa experiência.

Pesquisas a respeito da interação do corpo com a mente e sua potencial utilidade na clínica médica há tempos vêm sendo tolhidas pela medicina por causa das limitações do modelo biomédico. A filosofia materialista insiste que mudanças nos sistemas físicos devem ter necessariamente causas físicas; essa teoria não leva em consideração a causalidade não física de acontecimentos físicos. Essa ideia preconcebida fica no caminho de uma aceitação maior de terapias como a hipnose e a imagem guiada, cegando os médicos para o valor da resposta ao placebo (que há muito considero o maior aliado dos médicos). Tudo isso agora está mudando, como consequência da nova pesquisa neurocientífica que mencionei no capítulo quatro. A medicina mente-corpo vem crescendo e cada vez mais cientistas estão levando a sério as respostas ao placebo. No entanto, considerando o tempo que se levou para legitimar pesquisas científicas sobre as influências da mente sobre o corpo e a saúde, imagine os obstáculos para coletar evidências sobre a interação entre espiritualidade e saúde. Há pesquisas sobre os efeitos curativos da prece e de correlações entre a religiosidade e a melhora da saúde, mas isso não lança luz em relação ao poder da espiritualidade secular e tampouco as descobertas são relevantes para o tema deste livro. Quando for possível, citarei estudos que validem as recomendações que vou fazer; do contrário, darei o respaldo da minha experiência pessoal e profissional.

Recordando as palavras do sociólogo Émile Durkheim: "O homem não pode viver sem se vincular a algo que o transcenda e sobreviva a ele." Sugeri abaixo algumas formas para ajudá-lo a identificar mais de perto sua essência não física, vivenciando uma conexão mais profunda com outras pessoas e vinculando-o a "algo" que o transcenda.

CONEXÃO COM A NATUREZA

Embora sejamos parte da natureza, ela é maior do que nós: infinita em sua variedade, fascinante em sua ingenuidade, capaz de inspirar admiração, reverência e terror. Por sermos criaturas da natureza, é impossível gozarmos do máximo bem-estar físico e emocional se tivermos pouco contato com ela. O biólogo E. O. Wilson cunhou o termo "biofilia", que significa "amor à vida e aos organismos vivos" para descrever essa necessidade humana inata. Acredito que ela seja tão real quanto a necessidade que temos por alimentos, sexo, amor e convívio social.

Alguns anos atrás, fiz um passeio em um submarino nuclear. Das inúmeras razões por que eu não seria capaz de ficar em um navio desses – nem mesmo por um dia ou dois, quanto mais por meses a fio – a principal é o total distanciamento da natureza. Com exceção da tripulação (na maioria homens bem jovens escolhidos para a tarefa após detalhados testes psicológicos), não vi nada de natureza viva no submarino – nem ao menos uma planta. Infelizmente, essa situação não é diferente de muitos escritórios e edifícios. Os seres humanos até conseguem sobreviver em ambientes assim, mas não conseguem ter bom desempenho.

Tenho tido a sorte de morar perto da natureza e passar muito tempo em ambientes naturais e relativamente intactos durante boa parte da minha vida. Mas mesmo que você more no centro de Nova York, Tóquio ou Londres, pode encontrar maneiras de se conectar com a natureza para nutrir seu eu espiritual. Uma dessas maneiras é ir a um parque. O Central Park em Nova York é magnífico; sem ele a cidade seria bem menos suportável. Cresci em uma casa geminada na Filadélfia e adorava me divertir no também maravilhoso Fairmount Park. A maioria das cidades possui parques, praças públicas, jardins botânicos e áreas verdes ou rurais em seus arredores. O que devemos fazer é aproveitá-los, abrindo-nos para a vista, os sons e os aromas que eles têm a oferecer.

Também podemos trazer um pouco da natureza para o nosso espaço, até mesmo para um pequeno apartamento. As plantas domésticas precisam de um pouco de atenção, mas dão muito em troca. Procure saber quais sobreviverão nas condições da sua casa e selecione algumas que o atraiam. Também procure manter flores naturais por perto. Com um investimento pequeno, você terá à mão beleza natural para elevar seu ânimo.

Um dos meus hobbies é "forçar"[24] flores de bulbo para que floresçam dentro de casa. No mês de outubro, costumo colocar bulbos de tulipas, narcisos e jacintos na geladeira e em dezembro os coloco em vasos em local protegido, encostados a uma parede externa, mantendo-as úmidas. Muitas pessoas não imaginam que esses bulbos têm dentro deles "embriões" de flores e folhas totalmente formados. Com água e um pouco de calor, eles saem do estado de dormência, brotam e usam a energia do sol para crescer. Quando as hastes em floração aparecem, trago os vasos para dentro de casa, expondo-os gradualmente a mais luz e calor. Procuro não ficar impaciente para que apareçam, pois, para mim, bulbos florescendo são como fogos de artifício em câmara lenta. (Adoro fogos de artifício.) Não importa com que frequência eu veja essas plantas fazendo sua mágica, fico sempre cativado pela beleza da floração e extasiado com a fragrância que emanam. Fico ainda mais feliz em compartilhar essa dádiva com outras pessoas, dando-lhes vasos com bulbos que estão prestes a florescer.

Susan Collins, 68 anos, de Boynton Beach, Flórida, descreve sua forma de se conectar com a natureza:

---

[24] Uma palavra horrível: os bulbos ficam felizes em brotar dessa forma e, apesar do que dizem os livros, podem ser plantados fora de casa depois de terem florescido, voltando a florescer nos anos seguintes.

Descobri que quando estou me sentindo triste, uma visita até os pântanos da região onde moro, no sul da Flórida, invariavelmente levanta meu humor e renova meu espírito. Assim que meus pés tocam a passarela de madeira que abre caminho por esses lugares, minha respiração torna-se mais lenta e um sorriso se abre em meu rosto. Minhas preocupações gradualmente desaparecem enquanto caminho. Adoro observar a fauna selvagem em seu habitat, a poucos metros da passarela. Percebi que esse contato com a natureza é meu melhor remédio.

Pelo bem da sua saúde emocional, aconselho-o a se prevenir contra o transtorno de déficit de natureza deixando que a natureza penetre em sua consciência com a maior frequência possível. Observe os formatos das nuvens mudando, admire as árvores, ouça o vento, olhe para a lua, para os pássaros e para as montanhas. E quando o fizer, esteja consciente de que você faz parte da natureza, ligado a ela através de algo muito maior, que o transcende e que permanecerá depois de você.

INTERAJA COM ANIMAIS DE ESTIMAÇÃO

Na minha infância e adolescência, minha família teve vários cachorros. Tive grande afeição por uma cadela pastor alemão que tivemos por alguns anos, quando ainda estava no ensino fundamental, e fiquei arrasado quando tivemos de doá-la; ela precisava de mais espaço e liberdade do que podíamos proporcionar. Não tive outro animal de estimação até os meus 40 anos, quando estava sem raízes fixas em nenhum lugar e no meio de uma crise da meia-idade, que incluía a distimia. Uma amiga de muitos anos me deu de presente de aniversário um filhote fêmea de leão de Rodésia com dois meses de idade. Disse a ela que não podia cuidar de um filhote, levando em vista minha vida instável. Minha amiga colocou a pequena cadela em meus braços dizendo que ela ajudaria minha vida a ficar mais estável. Ela fez isso e muito mais e os cachorros têm sido meus companheiros desde então. Estou atualmente na terceira geração de leões de Rodésia, todos criados desde filhotes, todos amigos verdadeiros, aguentando meus piores humores, com frequência elevando meu ânimo e trazendo felicidade à minha vida.

Um grande número de pesquisas científicas confirmam os benefícios à saúde em geral, e à saúde emocional em particular, de viver na companhia de animais de estimação – não apenas cães, mas também gatos, pássaros e até mesmo répteis e peixes. Lynette A. Hart, doutora em veterinária e professora na Universidade da Califórnia, em Davis, escreve: "A satisfação e o contentamento trazidos pelos animais estão documentados em muitos estudos com pessoas vulneráveis, incluindo crianças, idosos, pessoas deficientes, doentes e solitárias." Lembra-se da satisfação e do contentamento? Os animais de estimação podem trazê-los para sua vida. "Estar próximo de animais de estimação parece nutrir a alma, promovendo um sentimento de ligação emocional e bem-estar geral", diz outro escritor em relação à terapia com animais (ou terapia assistida com animais), um tratamento agora reconhecido para depressão e outros transtornos de humor.

Posso relatar alguns presentes que recebi dos meus companheiros caninos. Eles frequentemente me fazem lembrar que a felicidade espontânea é uma possibilidade real, sempre à disposição – e a demonstram a todo momento. Por exemplo, eles podem pegar um osso ou um graveto e correr freneticamente, ou dançar alegremente. Expressam uma alegria arrebatadora quando chego em casa depois de ter ficado ausente, seja por uma semana ou por uma hora. Eles me cobrem de carinho, mesmo que eu esteja triste ou não esteja lhes dando atenção. Encorajam-me a sair e a permanecer ativo fisicamente. Como dependem de mim para cuidar de suas necessidades e proteger sua saúde, acabam me impedindo de ficar demasiadamente focado em mim mesmo. Se estou mais isolado socialmente do que deveria, eles não deixam que me sinta sozinho. Considero-os da família. Eles enchem meu coração – e meu espírito – de profunda alegria. Frequentemente, os agradeço por tudo isso, tanto com palavras quanto com afeição física.

Ter um animal de estimação é uma grande responsabilidade. A decisão de tê-los deve ser feita com ponderação, assim como a escolha do animal certo para você. O animal errado pode ser, no mínimo, uma chateação, ou pior, um grande motivo de estresse e problemas. Se você está deprimido por causa de solidão, está preso à ruminação depressiva por estar excessivamente focado em si mesmo ou sente-se desanimado por falta de vínculos, considere os benefícios da companhia de um animal. Ele poderá enriquecer sua vida.

VALORIZE A ARTE E A BELEZA

A beleza criada pelas pessoas pode ter o mesmo poder da beleza natural para nos afastar de pensamentos negativos e elevar nosso ânimo. Alguns anos atrás, trabalhei como consultor para um grupo japonês que trabalha com cura através de energia e que queria documentar os efeitos de seu método trabalhando com cientistas. O método, chamado *Johrei*, transfere energia através das mãos para um receptor, sem contato físico. Isso era feito por um professor espiritual, Mokichi Okada (1882-1955), que fundou uma das muitas novas religiões existentes no Japão. Seus ensinamentos são centrados na existência de um mundo espiritual que coexiste com o mundo físico e a necessidade de receber a influência desse mundo espiritual sem interferências. Ele defendia a valorização da arte e da beleza como uma das melhores formas de fazer isso. Okada colecionava grandes obras e fundou um museu de arte mundialmente famoso, nas montanhas localizadas acima da cidade litorânea de Atami; criou também um estilo de arranjos florais do tipo ikebana chamado *sangetsu*. "É importante desenvolver e elevar a consciência humana através da beleza", ele escreveu. "Para isso, estimulo as pessoas a colocar flores em todos os lugares, como a melhor forma de promover o amor e a beleza." Ele também estimulava as pessoas a terem contato com obras de arte.

Visitei o museu de Okada, vi várias exposições de *sangetsu* e pude desfrutar do aumento de consciência proporcionado por essas experiências. Percebo isso também quando vou a museus e paro em frente a obras de arte e esculturas que mexem comigo ou quando descubro em feiras de rua arte folclórica e artesanato que me agradam esteticamente. Trago comigo cerâmicas e tapeçarias que chamam minha atenção nas viagens que faço e as espalho pela casa. Tenho tapeçarias bolivianas muito bonitas nas paredes; tomo chá de um bule de cerâmica japonês especial que alegra meu espírito sempre que o seguro e escrevo em minha mesa de trabalho sob o olhar benevolente de uma estátua grande de Ganesha, a divindade hindu com cabeça de elefante conhecida como deus do sucesso e da superação dos obstáculos. Meu Ganesha está feliz, tocando tambor. Comprei-o quando visitei o Rajastão alguns anos atrás e, sempre que olho para ele, me sinto feliz.

Mary Fossella, 51 anos, dona de casa em Fort Mill, Carolina do Sul, escreve:

> Meu marido e eu nos mudamos de Massachusetts para a Carolina do Sul em 2004. Um mês antes, coloquei minha mãe em uma casa de repouso porque ela tinha doença de Alzheimer. Não é preciso dizer que me senti péssima e muito culpada por me mudar. Viajava a cada seis ou oito semanas para visitar minha mãe. Deixá-la foi ficando cada vez mais difícil, ficava muito deprimida e chorava durante todo o trajeto de volta. Depois de um ano assim, decidi que antes de ir embora passaria as tardes no Museum of Fine Arts ou em algum outro museu em Boston. Passar algum tempo olhando para toda a beleza que a arte proporciona me acalmava de imediato e, mesmo que eu estivesse triste por ir embora, caminhar em meio àquelas obras de arte que perduram através dos tempos fez mudar minha perspectiva e parei de ficar deprimida.

É claro que beleza é uma questão de gosto pessoal (até mesmo com relação a flores). Não ousaria lhe dizer que tipo de arte ou artesanato você deveria ver, mas como parte de uma abordagem espiritual secular para o bem-estar emocional, sugiro que tenha contato com arte e beleza de várias formas e expressões, mantendo objetos que o agradem nos ambientes onde circula.

OS OUTROS EM PRIMEIRO LUGAR

Se você mora com um cachorro ou gato, às vezes precisa colocar os interesses deles à frente do seu. Se mora com seu cônjuge, filhos, pai ou mãe idosos é comum ter de subordinar suas necessidades às deles. Quando a situação nos força a isso, é fácil nos ressentirmos das demandas por atenção e tempo, mas colocar os outros em primeiro lugar é uma prática bastante recomendada para estimular o autodesenvolvimento e o crescimento espiritual. Acaba se tornando também uma estratégia eficaz para aumentar o bem-estar emocional. Além de reduzir o isolamento social, ajuda a diminuir o foco em si mesmo que favorece a ruminação depressiva, e pode levar a maior empatia e compaixão.

Dizem que fazer o bem já é a própria recompensa. Na verdade, fazer o bem para outras pessoas traz gratificações bastante tangíveis na forma de benefícios à saúde física e mental. Em seu livro lançado em 2001, *The Healing Power of Doing Good* (O poder curativo de fazer o bem), o ex-voluntário da organização Peace Corps (Corpos de Paz) e advogado voluntário para pessoas de baixa renda, Allan Luks, introduziu o termo "barato do bem" para descrever o fluxo de bons sentimentos que as pessoas têm quando ajudam outras pessoas. Ele sugeriu que essa sensação é um estado mediado pela endorfina, semelhante ao conhecido "barato do corredor".* Desde então, neurocientistas vêm demonstrando que ajudar os outros ativa os mesmos centros cerebrais envolvidos nas respostas de prazer ligadas à comida e sexo mediadas pela dopamina. Em um estudo clínico, esses centros de prazer se iluminavam quando os participantes simplesmente pensavam em doar dinheiro para instituições de caridade.

A partir de um estudo com 3 mil voluntários, Allan Luks concluiu que pessoas que ajudam os outros regularmente têm dez vezes mais chances de gozar de boa saúde do que as que não são voluntárias. Doutora em sociologia e especialista em felicidade, Christine L. Carter, escreve: "Ajudar outras pessoas protege a saúde geral duas vezes mais do que a aspirina protege contra doenças do coração." Ela continua dizendo:

> Pessoas na faixa dos 55 anos ou mais que fazem trabalhos voluntários para duas ou mais organizações têm 44% menos chances de morrer – e isso depois de investigar outros fatores contribuintes, incluindo saúde física, exercícios, gênero, hábitos como o fumo, estado civil e muitos outros. O efeito do trabalho voluntário é mais forte que fazer exercícios quatro vezes por semana ou ir à igreja; isso quer dizer que trabalhar voluntariamente é quase tão benéfico para a saúde quanto parar de fumar!

As pessoas que ajudam os outros também ficam menos propensas à depressão e mais propensas a serem felizes. Uma das descobertas da memorável pesquisa publicada em 2000, denominada *Social Capital Community Benchmark Survey*, com cerca de 30 mil americanos, foi a de que pessoas que contribuem com tempo ou dinheiro possuem 42% mais chances de

---

* Durante a corrida ou outro exercício vigoroso, o organismo produz endorfina, causando um efeito de bem-estar conhecido como "barato do corredor" (*runner's high*). (N. da T.)

serem felizes do que os que não contribuem. É por isso que o aconselho a tentar colocar os outros em primeiro plano. Há muitas maneiras de fazê-lo, tanto no pensamento como na ação. Você pode fazer parte de uma instituição de ajuda comunitária, como a Cruz Vermelha ou o Corpos de Paz, ou ser voluntário para ajudar em áreas acometidas por desastres, mas acredito que você possa ter benefícios similares apenas ficando mais consciente do sofrimento de outras pessoas, oferecendo parte do seu tempo e energia para amenizá-lo. Você pode ter ações mais altruístas, ações simples como ser mais cortês quando estiver dirigindo seu carro. Você pode optar por ser mais gentil ao lidar com os outros. Tudo isso funciona. Gentileza e generosidade para com outras pessoas podem fazê-lo mais feliz de verdade.

Se você age com benevolência somente com o intuito de ter a sensação de "barato do bem", melhorar sua saúde ou ser feliz, estará realmente sendo benevolente? A caridade é, "na verdade, interesse próprio mascarado como altruísmo", usando as palavras de Anthony de Mello, um padre jesuíta? Isso tem importância? O Dalai Lama usa o termo "altruísmo egoísta" sem nenhum sentido pejorativo. E os Coríntios 9:7 avisam que "Deus ama ao que dá com alegria", o que para mim indica que está correto na fé cristã tornar-se feliz por dar. Todos ganham.

Quando considero as maneiras pela qual tentei doar a outras pessoas e o que recebi em troca, vejo que algumas formas de doação me deixaram mais feliz que outras. Não tenho a sensação do "barato do bem" ao preencher cheques no fim do ano para instituições de caridade e outras organizações que o merecem, mas sim a quando ajudo pessoalmente, principalmente quando estou ensinando e compartilhando meu conhecimento. Trabalho gratuitamente tanto quanto trabalho por remuneração e fazê-lo sem esperar retorno financeiro faz com que me sinta muito bem. Em 2005, consegui criar uma fundação privada, financiada com a doação de todos os lucros, depois do recolhimento do IR, provenientes dos royalties sobre as vendas de produtos no varejo licenciados com a marca Weil Lifestyle, LLC. Até o momento, a fundação doou mais de US$ 2 milhões para instituições sem fins lucrativos no campo da ciência médica para alavancar a medicina integrativa. Como membro da diretoria, sinto enorme prazer em fazer essas doações e acompanhar os efeitos gerados. Ao longo dos anos, meus amigos envolvidos com instituições de ajuda a famílias têm relatado a alegria de fazer caridade. Agora eu entendo.

Terry Norwood, 67 anos, de Monroe, Washington, diz o seguinte:

Você me perguntou sobre o "barato do bem" – nunca pensara nisso dessa maneira, mas devo dizer que agora tenho essa experiência regularmente! Não sou apenas avô de trigêmeos, dos quais ajudo a cuidar todo dia, sou também advogado voluntário da CASA, Court Appointed Special Advocates (Advogados Especiais Indicados pelo Tribunal), cuidando de cinco casos no momento. Dar é um verdadeiro presente DE mim PARA mim mesmo. Ajudar a criar meus netos é uma bênção e advogar para crianças que sofreram abuso ou foram abandonadas enche meu coração todos os dias com uma alegria que não consigo explicar. Me doar é realmente o melhor barato de todos!!!

As únicas vezes em que não me senti feliz por ajudar os outros foram as ocasiões em que fiquei indiferente com relação ao que estava fazendo, trabalhei além da conta ou o fiz mais por obrigação do que por generosidade. É importante lembrar de cuidar de si próprio. Voluntários podem acabar extrapolando limites pessoais, ficando emocionalmente esgotados. Algumas pessoas se colocam nessa situação por considerarem egoísmo atender às suas próprias necessidades quando as necessidades dos outros são tantas. Se você se pegar pensando dessa maneira, aprenda uma lição com seu coração. A primeira coisa que o coração faz com o sangue rico em oxigênio que recebe dos pulmões é nutrir a si mesmo através das artérias coronárias. Ele faz isso antes de enviar o sangue para o resto do corpo. Se não cuidasse de si, não seria capaz de lhe prestar uma vida de serviços. Altruísmo egoísta? Não importa como queira chamá-lo, colocar os outros em primeiro lugar – seja para ajudar, aumentar sua felicidade, ou ambos – não significa deixar de lado suas próprias necessidades.

APRENDA EMPATIA E COMPAIXÃO

Empatia é a capacidade de sentir o que os outros sentem, conhecer a experiência de outra pessoa através da conexão com a sua própria. Compaixão é compreender o que os outros sentem e usar esse entendimento para responder a eles com amor e gentileza. Pensamos em empatia e compaixão como virtudes, mas elas também são habilidades aprendidas que podem trazer maior felicidade para sua vida e melhorar todos os seus relacionamentos. Existem várias formas de treinamento da empatia, não apenas aulas de meditação budista, mas também cursos de negócios que têm como objetivo capacitar melhores negociadores ou gerentes. No mundo dos negócios, a empatia está em alta pela simples razão de que as pessoas que possuem mais empatia são as mais bem-sucedidas.

Empatia e compaixão favorecem a comunicação e o vínculo social. Fortalecem uma comunidade, atenuam violência e conflitos interpessoais. Para ferir ou matar outro ser humano, deve-se primeiramente definir aquela pessoa como "outro", diferente de você na essência. A empatia impede que isso aconteça.

A meditação compassiva é uma prática budista que ensina a pensar no sofrimento de outras pessoas gerando sentimentos positivos, em primeiro lugar com aqueles que amamos e, por fim, envolvendo todas as pessoas, desejando-lhes bem-estar, felicidade e libertação dos sofrimentos. Fazer isso é bom para nós e bom para os outros. O Dalai Lama disse:

> Compaixão e carinho ajudam o cérebro a funcionar de maneira mais harmoniosa. Além disso, a compaixão nos dá força interior e propicia a autoconfiança que reduz o medo, o que, por sua vez, mantém nossa mente tranquila. Portanto, a compaixão tem duas funções: fazer com que nosso cérebro funcione melhor e trazer força interior. Essas são as causas da felicidade.

Em estudos com imagens do cérebro, Richard Davidson e seus colegas documentaram mudanças no cérebro de monges tibetanos e leigos treinados em meditação compassiva. Descobriu-se atividade significativa na ínsula, região cerebral que faz a mediação de representações corporais da emoção, bem como na junção temporoparietal direita, que parece estar envolvida em detectar o estado emocional das outras pessoas e em processar a empatia. Em um estudo inovador que utilizou a ressonância magnética funcional, pediu-se aos participantes (todos meditadores treinados) para iniciarem a meditação compassiva ou absterem-se dela. Os participantes foram, então, expostos a sons humanos negativos, positivos e neutros: uma mulher chorando em apuros, um bebê rindo e ruído de restaurante ao fundo. Quando os voluntários do estudo estavam sentindo compaixão, a reação empática às vocalizações positivas e negativas era muito maior, conforme indicado pelo aumento de atividade nas duas regiões cerebrais. Além disso, a extensão da ativação cerebral estava relacionada com a intensidade da meditação, como foi informado pelos participantes.

Em seu extraordinário livro *The Compassionate Mind* (A mente compassiva), o psicólogo Paul Gilbert, que dirige o Mental Health Research Unity na Universidade de Derby (Reino Unido), enfatiza que a atenção plena e a compaixão estão intimamente ligadas e afirma que a essência da compaixão é estar *aqui, agora, com o outro* – e não *lá, em um momento qualquer, com seus pensamentos*. Ele sugere diversos exercícios para desenvolver essas habilidades, um deles criando uma imagem mental compassiva para ser usada durante a prática meditativa ou para mentalizar sempre que estivermos estressados ou tristes. Gilbert recomenda criarmos nossa própria imagem a partir do zero, pensando se queremos que seja algo velho ou novo, masculino ou feminino, humano ou não. Seja qual for a forma escolhida, a imagem deve ser sábia, forte, gentil, simpática, afetuosa e tolerante, que deseje seu bem-estar e felicidade.

Aprender a ter empatia e compaixão contribui para o bem-estar emocional na medida em que promove o crescimento espiritual. Essas habilidades permitem que você se identifique com outras pessoas em um nível profundo, diminuindo o isolamento e a solidão. Tais sentimentos proporcionam proteção contra a depressão, além de propiciarem maiores possibilidades de experimentar a felicidade espontânea.

PRATIQUE O PERDÃO

Filósofos e santos costumam ensinar que o perdão é a chave para a felicidade. O motivo, dizem, é que ele acalma a mente e o espírito, neutralizando ressentimentos. O ressentimento alimenta uma das formas mais tóxicas de ruminação depressiva: fazer o pensamento dar voltas e mais voltas revivendo mágoas do passado. "Ele me roubou." "Eu a amava e ela me traiu." "Por que ele me trata assim?" "Eles roubaram minha ideia." Formulações desse tipo acabam com a saúde emocional. Livre-se delas se quiser mais felicidade espontânea em sua vida.

Perdoar é renunciar a algo ou deixar para lá, especialmente com relação ao desejo de punir ou vingar-se de quem o magoou ou ofendeu. Você o faz para si próprio e não pelo outro. (Não leve em conta o conselho de Oscar Wilde que diz: "Perdoe sempre a seus inimigos – nada os aborrece tanto.") Ao praticar o perdão, reconhecemos nossa conexão e identidade com outros indivíduos e, fazendo isso, melhoramos nosso bem-estar espiritual e diminuímos a solidão. Aprender a ter empatia e compaixão facilita o perdão, pois essas habilidades permitem que vejamos as coisas do ponto de vista das outras pessoas, sentindo o que elas sentem e entendendo por que nos teriam ofendido.

Pesquisas mostram que aqueles que perdoam desfrutam de melhor interação social e tornam-se mais altruístas com o passar do tempo. Após o perdão, sente-se melhor bem-estar físico e emocional, e um estudo de 2009 documenta a correlação entre perdão e depressão. Simplesmente lembrar de ocasiões em que perdoamos pode nos deixar mais próximos das pessoas. Conhecemos, inclusive, um pouco sobre os mecanismos neurológicos envolvidos, como a ativação da junção temporoparietal direita, a mesma região cerebral associada à empatia e à capacidade de compreender as crenças e os pontos de vista de outras pessoas.

Se perdoar nos faz tão bem, por que é tão difícil? Quando acho difícil perdoar, grande parte das vezes é porque não quero exonerar a outra pessoa, não quero fazer com que sua atitude ofensiva pareça adequada. Se isso acontece com você, ajuda saber que as definições acadêmicas para o perdão geralmente especificam que ele não repara o comportamento ofensivo, minimiza sua gravidade ou dá a entender que o autor não foi responsável pelo ato. Tento me lembrar de que o perdão significa, para mim, que aqueles que me ofenderam terão de lidar com as consequências de suas ações, independentemente das minhas reações. Quando sou totalmente honesto comigo mesmo, tenho de admitir que minha relutância em perdoar também pode ter um elemento de satisfação em alimentar uma mágoa emocional, da mesma maneira que pode ser gratificante cuidar obsessivamente de um ferimento físico. Tornar-me consciente disso me ajuda a deixar passar.

Recomendo que você *pratique* o perdão, pois é um processo que requer esforço consciente e comprometimento constante. Se achar que precisa de ajuda nesse tema, pode tentar várias intervenções, como o *"empathy-oriented forgiveness seminar"* (seminário sobre perdão com foco em empatia), no qual lhe pedirão para descrever acontecimentos passados nos quais você foi ofendido ou sentiu-se magoado, ponderando sobre diversas estratégias para lidar com seus sentimentos. Os participantes são estimulados a tentar entender os pensamentos e sentimentos das pessoas que agiram de forma ofensiva, refletindo também sobre os sentimentos dessas pessoas ao serem perdoadas.

O dr. Frederic Luskin, que dirige o *Standford Forgiveness Project* na Stanford University, documentou a eficácia desse treinamento, que ele apresenta em livros, programas de vídeo e de áudio e cursos online (veja www.learningtoforgive.com). Ele vem trabalhando com mediadores e outras pessoas interessadas na resolução de conflitos e alguns dos que passaram pelo seu treinamento estão usando seu método para ajudar a trazer paz a áreas de conflito no mundo. A dissertação do doutorado de Luskin foi sobre a qualidade espiritual do perdão. Ele escreveu: "Na minha opinião, foi limitante estarmos tão presos ao mundo material, tangível e mensurável, no que diz respeito a questões e buscas espirituais." Concordo. Foi por isso que me referi a recompensas emocionais no mesmo capítulo da espiritualidade secular.

Segue um relato sobre o poder do perdão, enviado por Marcia Rommal, 53 anos, assistente administrativa em Katy, Texas:

> Quando tinha dois anos de idade, minha mãe casou-se novamente. Ela e meu padrasto ficaram casados por oito anos. Ele era agressivo, tanto fisicamente quanto verbalmente e fui sua vítima muitas vezes. Mesmo que eles tenham se divorciado quando eu tinha dez anos, tive raiva por décadas. A violência afetou todos os aspectos da minha vida. Inclusive acabei me casando, aos 21 anos, com um homem muito parecido com meu padrasto, mas me divorciei um ano depois. Passava noites em claro desejando que meu padrasto morresse, culpando-o por tudo que fizera dar errado em minha vida.
>
> Aos 45 anos, reencontrei-o na casa de minha mãe. Ele estava fazendo sessões de quimioterapia na nossa cidade e foi convidado para um encontro com a família. Ele não me reconheceu! Tive tanta raiva por tudo o que ele me fizera passar, por ter arruinado minha vida, e ele nem ao menos se lembrava do que havia feito ou quem eu era. Incrível! Analisei aquela situação por algumas horas na ocasião, tomei um ou dois drinques e fui até onde ele estava, beijando-lhe a bochecha e dizendo: "Sabe, eu o amei de verdade um dia" e no fundo do meu coração eu o perdoei por todos os anos de violência.

No dia seguinte, acordei livre de toda aquela raiva, livre da culpa e da vergonha. Nunca mais tive nenhum momento de aflição pelas atitudes daquele homem. Sinto-me mais leve, mais forte, mais confiante. Não acredito que vivi tantos anos da minha vida debaixo de uma nuvem negra, quando tudo o que tinha a fazer para que ela fosse embora, era perdoar.

Ponto principal: agora temos provas científicas que confirmam a ideia – proposta durante séculos – de que perdoar pode fazer com que nos sintamos melhor.

SORRIA E DÊ BOAS RISADAS

Quando o assunto é expressar emoção positiva, a crença comum é de que causa e efeito trabalham em uma mesma direção. Em primeiro lugar, vem um sentimento de felicidade. Segue-se então um sorriso ou, quem sabe, uma risada. Depois disso, enquanto o sentimento faz seu curso natural, a expressão exterior cessa. A jornada de mão única do *sentimento* para a *demonstração* chega ao fim.

A hipótese sobre a resposta facial de expressões emocionais é uma explicação alternativa. Essa hipótese sustenta que expressar fisicamente uma emoção envia um sinal bioquímico para o cérebro que vai até os músculos faciais e voltam ao cérebro, da mesma forma que o som que sai de um alto-falante pode ser captado por um microfone e retransmitido para o alto-falante, como uma resposta amplificada. Charles Darwin foi um dos primeiros cientistas a lançar essa ideia, afirmando que "a livre manifestação de uma emoção através de sinais exteriores faz com que esta se intensifique. Por outro lado, a contenção, tanto quanto possível, de qualquer sinal exterior, ameniza nossas emoções... Até mesmo a simulação de uma emoção pode despertá-la em nossas mentes".

A melhor forma de testar essa teoria é simularmos a contração muscular de uma expressão facial e observar se ela muda nosso estado emocional. Um estudo de 1988, feito por pesquisadores da Universidade de Mannheim, na Alemanha, fez justamente isso. Pediu-se aos participantes que segurassem uma caneta com a boca de duas maneiras: nos lábios, ativando o músculo orbicular da boca, usado para franzir os lábios; ou com os dentes, empregando o músculo zigomático maior ou risório, usado para sorrir. Um grupo controlado apenas segurou a caneta nas mãos. Depois disso, os grupos assistiram a um desenho animado e avaliaram o quanto o acharam divertido.

Os participantes do grupo dos "dentes" relataram ter achado o desenho animado mais divertido de maneira muito mais significativa do que os membros do grupo dos "lábios" ou do grupo controlado. Além disso, o estudo foi cuidadosamente planejado para impedir qualquer "interpretação cognitiva da ação facial" – em outras palavras, diferentemente de estudos anteriores que instruíam os participantes a fingir um sorriso ou uma careta, esse estudo não lhes deu a menor dica de que tipo de emoção era esperado que eles sentissem.

Esse e outros estudos similares demonstram claramente que as emoções estimulam as expressões físicas *e* as expressões físicas estimulam as emoções. Esse tipo de estudo dá suporte científico a letras de músicas aparentemente piegas, como "Smile and the whole world smiles with you!" (Sorria e o mundo todo sorrirá com você). É por isso que fico cada vez mais incomodado com o uso cada vez maior de injeções de *botolinum toxin* (Botox) para diminuir rugas paralisando os músculos da face; esse tratamento pode, na realidade, inibir a capacidade de sentir emoções.

O mecanismo de resposta facial, que funciona individualmente, também funciona para grupos. Quando vemos ou ouvimos pessoas rindo, a tendência é rirmos também, o que provoca mais risos nos outros e assim por diante. Isso significa que um grupo de pessoas rindo forma um acervo poderoso de respostas internas e externas de emoção positiva, o que faz das gargalhadas em grupo um dos grandes prazeres da vida. Assistir a filmes engraçados com amigos e ver peças cômicas são maneiras informais de aproveitar essas maravilhosas e complexas redes sociais de bons sentimentos, mas uma prática relativamente nova, conhecida como ioga do riso (ou terapia do riso) cria situações dessa natureza de maneira específica e intencional. Iniciado pelo dr. Madan Kataria, um médico de Mumbai, na Índia, o primeiro clube do riso aconteceu em março de 1995, com apenas algumas pessoas. Agora, segundo o website oficial da ioga do riso, há mais de seis mil Clubes do Riso, espalhados por 60 países. Conheci o dr. Kataria e tive o prazer de rir com ele. Ele sabia que o riso era o melhor remédio e se perguntava como fazer as pessoas rirem mais. Sua grande descoberta foi perceber que, quando as pessoas em grupos simulavam o riso, ele rapidamente se tornava real.

A verdadeira risada envolve atividades do sistema nervoso involuntário: lacrimejar dos olhos, espasmos do diafragma e rubor da face. Essas atividades saem do controle e podem deixá-lo dobrado no chão de tanto rir. E essa sensação é muito boa na hora em que acontece e também depois. Por sua magnitude e rapidez em impulsionar o humor, a terapia do riso coloca o mais poderoso antidepressivo no chinelo.

O método usado nos clubes do riso é direto. Após alguns exercícios físicos e respiratórios sob a orientação de um líder treinado, as pessoas estimulam o riso com "há-hás" e "ho-hos". No grupo, essas risadas forçadas rapidamente tornam-se reais e contagiantes, podendo se estender por meia hora ou mais. O resultado final é alegria e companheirismo. E a alegria permanece. As participações constantes em clubes do riso têm demonstrado melhoras de longo prazo na saúde física e emocional de várias maneiras, incluindo uma redução significativa do hormônio do estresse, o cortisol.

Se você quiser participar, a boa notícia é que esses grupos são, como o riso em si, grátis e fáceis: não existem taxas para se tornar sócio, formulários para preencher ou quaisquer complicações. Os clubes são administrados por voluntários treinados, não estão ligados a nenhum partido político ou religião e não possuem fins lucrativos. São financiados por Clubes Internacionais do Riso na Índia e Ioga do Riso Internacional em outros países. Para obter mais informações, visite www.laughteryoga.org.

Se a prática formal de ioga do riso não o atrai, entenda simplesmente – como Darwin percebeu – que expressar uma emoção é um componente chave para *sentir* tal emoção. Muitas pessoas riem pouco, ou o fazem silenciosamente, como se sentissem que rir por muito tempo, em voz alta, fosse um comportamento indigno, inaceitável. Essa maneira de pensar pode ser produto da cultura. Os japoneses com frequência cobrem a boca quando dão risada, como forma de ocultá-la. Por outro lado, conheço brasileiros que habitualmente jogam a cabeça para trás e gargalham, algumas vezes morrendo de rir quando estão em grupo. Respeito as duas culturas, mas nesse caso acho que os brasileiros estão com a razão.

Se você só se permite dar meios sorrisos e gargalhadas ocasionais, tente se abrir e se soltar da próxima vez que sentir vontade de rir. É possível que você se descubra no meio de seu próprio clube do riso, gerado espontaneamente e deixe todos os que fazem parte do seu mundo, inclusive você, mais felizes por ter feito isso.

CULTIVE O SILÊNCIO

Ensaios sobre o valor do silêncio e ditados como "o silêncio vale outro", aconselham-nos a não falar tanto. Tenho pouca paciência com pessoas que não conseguem ficar quietas e descobri que a melhor forma de adquirir conhecimento e informações úteis é ouvindo e não falando. Entretanto, ao recomendar que você cultive o silêncio, peço que limite o que ouve mais do que o que fala. Já discorri sobre o impacto prejudicial do barulho da vida moderna sobre nosso humor. Acredito que fazer um esforço para experimentar o silêncio regularmente, mesmo que por pouco tempo, ajuda a neutralizar o barulho e contribui para nosso bem-estar físico, mental e espiritual.

Cultivar o silêncio exige grande esforço. Horários e lugares calmos são difíceis de se encontrar – tão difíceis, na realidade, que imagino se temermos o silêncio. "Por quê?", questiona a escritora e crítica literária inglesa Susan Hill. "Será que temos medo do que iremos descobrir quando estivermos cara a cara com nós mesmos? Talvez não haja nada além de um grande vazio, nada dentro de nós e nada fora também. Aterrorizante. Vamos afogar nossos medos em algum barulho, rápido." Certa vez, sentei dentro de uma câmara anecoica, uma sala protegida contra qualquer tipo de som usada para pesquisas acústicas. O silêncio antinatural era quase palpável e, depois de alguns minutos, achei-o opressivo. No entanto, aprecio o silêncio natural, principalmente quando vou de um lugar barulhento para outro tranquilo. O contraste me alivia tanto quanto um bom copo de água gelada quando estou com calor e sede. Se o silêncio o assusta, mergulhe nele por breves momentos, mas com frequência, para que você o tolere e perca qualquer temor relacionado a ele.

Concordo com Susan Hill que "o silêncio é um solo rico e fértil no qual muitas coisas crescem e florescem, inclusive a consciência de tudo o que está fora e que não faz parte de nós e, paradoxalmente, tudo o que está dentro de nós". É por esse motivo que o cultivo ao silêncio está no mesmo capítulo da espiritualidade secular. Essa atitude promove a atenção plena e todos os benefícios mentais e emocionais de trazer total consciência para o momento presente.

Se você procurar, poderá encontrar oásis de relativa tranquilidade nas grandes cidades: em bibliotecas e salas de leitura, museus, locais de oração, parques e jardins. A maioria dos hospitais onde trabalhei tinha salas de meditação e habituei-me a escapar de todo o estresse induzido pelos sons das repartições e dos corredores, mesmo que apenas por alguns minutos. Também aproveito os horários calmos do dia e da noite, levantando um pouco antes do amanhecer quando o mundo ao meu redor ainda não está tumultuado. Acho mais fácil meditar nesse horário e depois saio para passear com meus cachorros, assisto ao nascer do sol e aprecio as ruas próximas à minha casa antes de começar o movimento dos carros. O anoitecer pode ser quase tão tranquilo e agradeço a chegada do silêncio que a noite traz. Se por acaso me pego acordado no meio da noite, em vez de tentar dormir de novo, absorvo o silêncio, agradeço-o e foco na minha respiração até adormecer.

Comece a administrar os sons eletrônicos em seu ambiente, desligando TVs e rádios, a menos que haja algum programa que lhe interesse; silencie toques e bipes, colocando o celular para vibrar. Evite pessoas e lugares barulhentos. Cultive o silêncio em sua vida e deixe que ele o cure e alivie sempre que puder.

ESCOLHA AS COMPANHIAS CERTAS

O termo *felicidade contagiante* sugere que as emoções podem se espalhar de pessoa para pessoa com o contato, como ocorre com as doenças contagiosas. Com certeza, você conhece pessoas em cuja companhia se sente mais animado e otimista e outras que o deixam para baixo. Temos agora evidências científicas de que o contágio emocional não só descreve e quantifica as formas em que o humor se espalha através das redes sociais, mas também apresenta fortes argumentos para a escolha da companhia certa. Por exemplo, se você tem um amigo feliz que mora a 1,5 km de você, sua chance de felicidade aumenta em 25%.

Essa é uma descoberta de um estudo publicado no *British Medical Journal* em 2008 e que analisou dados sobre 4.739 pessoas que foram acompanhadas de 1983 a 2003 no Framingham Heart Study. Descobriu-se também que pessoas que moram juntas e são felizes aumentam a probabilidade da felicidade de seu parceiro em 8%, que irmãos que moram próximos podem aumentar sua felicidade em 14% e os vizinhos, em 34%. A proximidade ajuda a espalhar a felicidade. Você tem 42% mais chances de ser feliz se um amigo que mora a menos de um quilômetro de distância está feliz. O efeito diminui com distâncias maiores, até se tornar insignificante. Os autores do estudo, um cientista social da Escola de Medicina de Harvard e um cientista político da Universidade da Califórnia, em San Diego, concluíram que: "Mudanças na felicidade individual podem se propagar pelas redes sociais e gerar estruturas de larga escala, fazendo surgir agrupamentos de pessoas... felizes."

Outra análise dos mesmos dados mostra que as emoções negativas são tão transmissíveis quanto as positivas. Quanto maior for nosso contato com pessoas descontentes, maior a probabilidade de ficarmos descontentes. O mesmo acontece com a depressão. O psicólogo clínico Michael Yapko publicou um livro em 2009 chamado *Depression Is Contagious: How the Most Common Mood Disorder Is Spreading Around the World and How to Stop It* (A depressão é contagiosa: como o transtorno de humor mais comum está se espalhando pelo mundo e como impedi-lo). Ele identifica os maus relacionamentos como sendo o problema central e estimula os leitores a desenvolverem as habilidades sociais necessárias para construírem bons relacionamentos.

Gosto de pensar que os seres humanos "ressoam" mutuamente na dimensão do espírito, da mesma forma que um diapasão induz outro próximo a ele a vibrar na mesma nota. Seja qual for o mecanismo, não há dúvidas de que as pessoas com as quais você escolhe interagir podem elevar ou baixar seu ânimo, fazer com que você fique feliz ou triste, calmo ou ansioso, satisfeito ou insatisfeito. Portanto, peço que seja cuidadoso ao escolher suas companhias.

SINTA E EXPRESSE GRATIDÃO

Existem fortes evidências de que o poder da gratidão eleva o humor. Podemos ler sobre os estudos feitos em um livro recente: *Thanks! How Practicing Gratitude Can Make You Happier* (Obrigado! Como praticar a gratidão pode fazê-lo mais feliz), de Robert A. Emmons, professor de psicologia da Universidade da Califórnia, em Davis, e editor-chefe do *Journal of Positive Psychology*. "Praticar a gratidão?" Provavelmente você ainda não ouviu falar disso, pois é bem recente. A descoberta mais significativa até agora é que praticar o pensamento de gratidão regularmente pode melhorar em 25% seu ponto de ajuste de felicidade. É uma ótima notícia, pois desafia a suposição de que nosso ponto de ajuste não muda durante toda a vida. Até antes do aparecimento da ciência da gratidão, a maioria dos psicólogos acreditavam que a capacidade de um indivíduo de vivenciar a felicidade era fixada ao nascer – um produto da genética e da estrutura cerebral que não poderia ser influenciado pela experiência, ambiente ou esforço consciente. Agora parece, como acontece com muitas outras características humanas, que é a interação de fatores genéticos e não genéticos que determina onde, no espectro das emoções, tendemos a passar mais tempo.

Dos dados da pesquisa que examinei, considero a expressão da gratidão uma das melhores estratégias para promover o bem-estar emocional, juntamente com o óleo de peixe, a atividade física e o domínio dos pensamentos negativos. Assim como o perdão, a gratidão também pode ser cultivada.

Ser grato é reconhecer o recebimento de algo precioso – um presente, um favor, uma bênção –, sentir-se agradecido por isso e estar disposto a retribuir com gentileza. *Gratidão* vem do latim *gratia*, que significa "favor", e *gratus*, "agradecido". Obter algo *grátis* é tê-lo sem expectativa de pagamento. Outra palavra com a mesma origem é *grace*, definido na teologia como "dado gratuitamente, favor imerecido e amor de Deus", algumas vezes combinado de maneira redundante com ainda outra palavra, na expressão *gratuitous grace*, que é a graça concedida livremente por Deus a alguns indivíduos em particular, sem relação com sua moral ou comportamento.

A maioria das pessoas conhece o ato de agradecer antes das refeições para expressar gratidão pelo alimento recebido. Minha família não fazia isso quando eu era criança e eu me sentia desconfortável quando estava à mesa junto com pessoas que agradeciam pela comida, pois me parecia ser um ritual religioso que requeria crença em uma divindade. Em minhas viagens pela contracultura americana no final dos anos 1960 e início dos 1970, habituei-me a dar as mãos para as pessoas na mesa do jantar, algumas vezes agradecendo por alguns minutos, em silêncio, pela companhia e pelo alimento, outras vezes entoando o mantra *om* ou cantando uma canção. Depois, em viagens frequentes ao Japão, familiarizei-me com o hábito de iniciar as refeições colocando as mãos juntas em frente ao coração e dizendo em voz alta *itadakimasu*, traduzido frequentemente como *bon appétit*, mas que na verdade quer dizer "recebo humildemente". Adotei esse hábito como uma maneira secular de agradecer pelo alimento à mesa.

Robert Emmons concebe a gratidão em dois estágios:

> Em primeiro lugar, a gratidão é o reconhecimento das coisas boas na vida de uma pessoa. Quando somos gratos, dizemos sim à vida. Afirmamos que, levando todas as coisas em consideração, a vida é boa e tem elementos que fazem com que valha a pena ser vivida. O reconhecimento de que recebemos algo nos gratifica, tanto pela presença quanto pelo esforço do doador ao escolher fazer sua doação. Em segundo lugar, a gratidão é reconhecer que a fonte(s) dessas coisas positivas está, pelo menos parcialmente, fora do eu. O objeto da gratidão é direcionado ao outro; podemos sentir gratidão a outras pessoas, a Deus, aos animais, mas nunca a si mesmo... O sentimento de gratidão é direcionado para fora, àquele que fez o bem.

Eu acrescentaria que sentir gratidão e expressar gratidão são coisas diferentes. Para obter recompensa emocional em grau máximo, eu o aconselho a fazer os dois. Você pode lembrar a si mesmo de sentir gratidão, mas provavelmente terá de aprender e experimentar diferentes maneiras de expressá-la. É muito mais fácil ser bom em expressá-la do que perdoar, pois não há sentimentos ruins para atrapalhar, nada a superar ou ceder. O único impedimento é a tendência comum de admitir como certas as dádivas e bênçãos que recebemos.

Afinal, devemos ser gratos a quê? O que você acha de agradecer por estar vivo, para começar? Ou por ser capaz de colocar comida à mesa, pelo alimento de melhor qualidade e maior variedade do que muitas pessoas jamais tiveram? Vivemos um período de relativa paz. Temos abrigo, aquecimento no inverno e conforto material nunca imaginado por nossos ancestrais. O sol nos fornece gratuitamente luz, calor, e a energia que nos dá o alimento. Se observarmos o nascer do sol, pode ser uma boa ocasião para nos sentirmos gratos por suas dádivas. Descobri que se não criar tais ocasiões, esqueço de me sentir grato. É tão fácil aceitar tudo como natural e certo, e demonstrar gratidão no jantar de Ação de Graças uma vez ao ano não irá mudar seu ponto de ajuste para a felicidade.

O método mais usado em pesquisas sobre os efeitos da prática da gratidão é o "diário da gratidão". Pede-se que os participantes dediquem um caderno só para isso, anotando mentalmente durante todo o dia coisas pelas quais agradecer e registrá-las no caderno em um horário de costume, como antes de dormir.

Jennifer Coen, 41, de Plano, Texas, diretora de produção que sofre de esclerose múltipla, relata:

> O diário da gratidão ajudou a mudar o modo como penso e reajo às coisas. Procuro coisas positivas e acho mais fácil desprezar os pensamentos negativos. Atualmente, estou fazendo um tratamento de cinco dias com esteroides intravenosos para minha esclerose múltipla e acabei de escrever em meu diário que sou grata pela medicação. Sou grata pela enfermeira que vem todos os dias. Sou grata por poder trabalhar enquanto faço esse tratamento, que vai fazer com que eu fique mais forte e mais produtiva. Esses pensamentos superam o fato de meus braços doerem, de não estar dormindo bem e, às vezes, estar um pouco debilitada. O diário coloca as coisas sob uma perspectiva que poderiam ter se perdido se eu apenas me concentrasse nas coisas negativas e sempre fui muito boa em me concentrar no negativo. Acho que o diário me deixou mais feliz, com certeza sou uma pessoa mais fácil de conviver.

Outro método é a "visita de gratidão", que descrevi no capítulo seis como uma intervenção da psicologia positiva: escrever uma carta de agradecimento para alguém que teve uma influência positiva sobre você, encontrar a pessoa e ler a carta para ele ou ela pessoalmente.

Ainda não usei nenhuma dessas duas técnicas, mas durante alguns momentos de minha meditação matinal, procuro sentir e agradecer pelas coisas a que devo ser grato. Como faço isso há alguns anos, surpreendo-me com maior frequência no decorrer do dia pensando em coisas às quais sou grato: flores que desabrocharam dentro ou fora de casa, o amor incondicional que sinto por meus cães, um pôr do sol magnífico, a chuva no deserto, a dádiva da amizade, a resiliência do meu corpo.

A razão para sentir e expressar a gratidão é mudar nossa perspectiva. A frase "Gratidão é uma atitude do coração" pode ser um lugar-comum, mas é verdade: tornando-nos conscientes das coisas a que precisamos ser gratos, encontraremos cada vez mais coisas a agradecer. Seremos menos pessimistas e mais otimistas, aprendendo a ver o copo metade cheio e não metade vazio (um amigo me conta que sua mãe, que é extremamente pessimista, não só vê o copo metade vazio, mas acha que "a qualquer momento irá tombar, quebrar e molhar o chão"). Creio que essa mudança de atitude e perspectiva é o que libera o ponto de ajuste e nos abre para uma felicidade maior.

Com o passar dos anos, muitos escritores, poetas, filósofos e professores escreveram sobre gratidão. Minha citação favorita, curta e direta, é do poeta, pintor e litógrafo William Blake (1757-1827):

"Aquele que recebe com gratidão terá colheita farta."

A felicidade espontânea pode ser grande parte dessa colheita.

RESUMO DAS ABORDAGENS ESPIRITUAIS SECULARES PARA O BEM-ESTAR EMOCIONAL

- O contato insuficiente com a natureza predispõe à depressão. Encontre maneiras de estar em contato com a natureza. Aproveite os parques nas cidades. Traga beleza natural para o seu ambiente.
- Se você está triste porque está se sentindo sozinho ou sente falta de interação social, pense sobre ter um animal de estimação. Pense na responsabilidade de cuidar de um animal e na importância em escolher um que seja apropriado para você e sua situação. As recompensas emocionais de cuidar de um animal de estimação são enormes.

- Tenha contato com a arte e a beleza. Fazendo isso, você supera estados negativos e eleva seu espírito. Tenha flores naturais em casa e objetos bonitos ao seu redor.
- Sem deixar de lado suas necessidades, tente colocar as outras pessoas em primeiro lugar na maior parte do tempo. Estenda sua mão – como voluntário ou apenas fazendo favores às pessoas. Você sentirá o "barato do bem" em retorno, tornando-se uma pessoa mais feliz com o passar do tempo.
- Aprenda a ser mais empático e compassivo. Sentir e compreender o que os outros sentem, além de desenvolver relacionamentos melhores, promoverá seu bem-estar emocional.
- Pratique o perdão para liberar os sentimentos negativos e as emoções que o impedem de otimizar sua saúde emocional. Lembre-se de que perdoar faz bem, acima de tudo, a você mesmo.
- Ria! Passe mais tempo com pessoas com quem possa rir. Tente fazer parte de um grupo do riso.
- Procure lugares e horários que propiciem o silêncio. O silêncio alivia o espírito, reduz a ansiedade e facilita a atenção plena.
- Passe mais tempo com pessoas otimistas, positivas, felizes e menos com pessoas pessimistas, ansiosas ou deprimidas. As emoções contagiam.
- Lembre-se de sentir-se grato por tudo o que tem e aprenda a expressar sua gratidão com frequência. Essa é a forma mais fácil e melhor de mudar seu ponto de ajuste na direção de mais felicidade e positividade.

PARTE TRÊS

JUNTANDO OS PEDAÇOS

8

Programa de oito semanas para otimizar o bem-estar emocional

Agora você entende que a base do bem-estar emocional é o contentamento, a serenidade e a satisfação. A variação de humor é normal. É natural experimentar emoções negativas e positivas como respostas para os acontecimentos da vida, mas os momentos bons e ruins devem se equilibrar e você deve ter resiliência para voltar ao seu centro. Não é aconselhável ficar preso a certas emoções. Suas emoções também não devem danificar a saúde física, interferir no sono ou no trabalho, prejudicar os relacionamentos ou impedi-lo de estar totalmente engajado com a vida. Se você sente que tem pouca felicidade espontânea, saiba que pode fazer mudanças para permitir que ela faça mais parte da sua vida.

As sugestões e estratégias que dei para otimizar o bem-estar emocional derivam de um modelo integrativo de saúde mental. Elas abordam todos os fatores que afetam o humor. Selecionar aqueles que mais se adequam às suas necessidades individuais e trabalhá-las cuidadosamente é mais eficaz do que simplesmente confiar em medicamentos que agem somente alterando a química cerebral. Eu já elucidei os fundamentos lógicos para tais recomendações e os dados científicos que sustentam meu raciocínio. Agora vai depender de você implementar as sugestões dadas.

Para ajudá-lo, organizei as informações dos capítulos cinco, seis e sete em um programa de oito semanas. A cada semana, darei uma tarefa ou mais (em alguns casos, pedirei que você tente várias opções para encontrar a que funciona melhor no seu corpo). É claro que algumas tarefas, como mudar sua dieta, explorar a terapia cognitivo-comportamental e expressar gratidão regularmente, exigem um comprometimento de longo prazo. Contudo, você poderá facilmente dar os primeiros passos no decorrer de uma semana e posso lhe prometer que depois de dois meses, na sua "formatura", você terá sentido a melhora em seu bem-estar emocional.

Fique à vontade para dar prosseguimento ao programa no seu ritmo, levando o tempo que for preciso para realizar as tarefas. Se preferir ficar duas semanas em vez de uma em cada seção, não há problema algum. Acima de tudo, seja paciente consigo mesmo: pela minha experiência, levará pelo menos oito semanas para que você perceba os efeitos na mudança de estilo de vida na saúde, tanto física quanto emocional.

Semana 1:

Preparação

Para dar início à jornada, é preciso saber onde estamos e para onde ir. Suas tarefas essa semana serão avaliar seu estado de saúde atual, rever seu estilo de vida e planejar os objetivos. Vou lhe fazer uma série de perguntas. Escreva as respostas. Farei uma revisão com você para identificar suas necessidades mais urgentes.

Como está sua saúde?

- Você tem alguma doença?
- Você tem algum sintoma que o preocupa?
- Você está tomando alguma medicação com ou sem prescrição médica?
- Você está tomando algum suplemento alimentar ou ervas medicinais regularmente?
- Quando foi a última vez em que você fez um check-up completo, com exames de sangue? Havia algo fora do normal?
- Existem doenças hereditárias em sua família?
- Em uma escala de 1 a 10, com 1 sendo "nada saudável" e 10 "muito saudável", dê uma nota para seu estado de saúde atual.

Como está sua saúde emocional?

- Você já foi diagnosticado com algum transtorno de humor?
- Você já se consultou com algum profissional de saúde mental?
- Você já sofreu de depressão ou ansiedade?
- Existem ou existiram casos de transtorno mental na família?

- Você tende a ser pessimista ou otimista?
- Em uma escala de 1 a 10, com 1 sendo "muito triste" e 10, "muito feliz", onde está seu ponto de ajuste emocional?
- O que você acha que o deixaria mais feliz?
- Você se recupera facilmente dos contratempos emocionais?
- Você experimenta serenidade em sua vida? Com que frequência você está contente e satisfeito?

Como é seu estilo de vida?

- Você acha que sua alimentação é saudável?
- Você gosta de comer?
- Quanto do que você come é refinado, processado e industrializado?
- Você consome cafeína? Quanto e de que formas?
- Você já foi fumante? Ou usou outras formas de tabaco?
- Você toma bebida alcoólica? Se toma, de que tipo, quanto, com que frequência e em quais circunstâncias?
- Você usa drogas?
- Você pratica atividades físicas regularmente? De que tipo? Com que frequência? O que o impede de ser mais ativo?
- Você dorme bem?
- Avalie seu nível de estresse em uma escala de 1 a 5, sendo que 1 é "nenhum tipo de estresse" e 5 "muito estressado". Como o estresse o afeta? Como você lida com ele?
- Qual a principal fonte de estresse na sua vida?
- O que você faz para relaxar?
- O que você faz para se divertir?
- Você gosta do seu trabalho?

Perguntas pessoais

- Seus relacionamentos são satisfatórios?
- Você considera que suas interações sociais são afetivas? Você tem apoio social suficiente?
- Você tem bons amigos?

- Você se vê preso a padrões de pensamento que o deixam deprimido ou ansioso?
- Como você se afasta de estados de espírito negativos?
- O quanto é difícil para você limitar seu tempo na internet, checando e-mails e no celular?
- Quantos amigos e parentes felizes você tem? Eles moram perto de você? Você os vê com frequência? As pessoas que moram com você e seus vizinhos são felizes?
- Você é uma pessoa religiosa? É participativo em sua religião? Frequenta as cerimônias de sua religião?
- A espiritualidade é um tema do seu interesse? Onde você vivencia a espiritualidade em sua vida?
- Com que frequência você está em contato com a natureza?
- Você tem algum animal de estimação?
- Você é uma pessoa que costuma perdoar?
- Você sente gratidão? Costuma expressar sua gratidão?
- Com que facilidade e frequência você ri?

Vamos examinar suas respostas.

Se você está preocupado com sua saúde ou com quaisquer sintomas que possam ser indícios de alguma doença, faça um check-up médico antes de começar esse programa. Acima de tudo, esteja certo de que você não possui nenhum desequilíbrio hormonal ou algum distúrbio de imunidade que possa estar afetando seu humor.

Se você sente que sua saúde não está boa, quero que saiba que muitas das recomendações que lhe darei, como a dieta anti-inflamatória e atividade física regular, são elementos-chave de um estilo de vida que favorece o bem-estar geral e a longevidade. Você se sentirá bem, física e emocionalmente, se as seguir.

Se você tem histórico de depressão maior ou transtorno bipolar, não siga esse programa como substituto da medicação ou do profissional de saúde mental. O programa pode ser de grande ajuda juntamente com um tratamento convencional e sugiro que você o discuta com seu médico. Peça-lhe que monitore seu progresso.

Em seguida, repasse suas respostas sobre estilo de vida. Onde você é forte, onde é fraco? Talvez você coma bem mas não faça exercícios. Seu problema pode ser estresse ou poucas horas de sono. Talvez você esteja solitário e isolado. Ou goze de boa saúde física e tenha bons hábitos alimentares, mas esteja sujeito a pensamentos negativos que o deixam entristecido ou ansioso. Talvez você nunca tenha pensado sobre espiritualidade e a sua influência no seu estado de espírito e visão de mundo.

Escreva quais são os pontos fracos em seu estilo de vida. Conforme for avançando com o programa nos próximos dias e semanas, preste especial atenção aos elementos que abordam esse tema, prometendo a si mesmo que até o fim da "Semana 8" terá feito melhoras substanciais em todos eles.

Agora pense qual a sua maior necessidade dentro desse programa. Você quer ajuda com a depressão? Se for isso, priorize as recomendações sobre alimentação, suplementos alimentares, atividades físicas, treinamento mental e interação social. Você precisa controlar a ansiedade? Preste atenção às minhas sugestões com relação à cafeína, atividade física, sono, a "respiração 4-7-8", barulho e excesso de informação. Na Semana 4, pedirei que você comece a experimentar os fitoterápicos que recomendo para depressão e ansiedade.

Você quer maior resiliência e equilíbrio? Use o programa para criar um estilo de vida mais equilibrado, comendo bem todos os dias, estando mais em contato com a natureza, dando igual atenção ao trabalho e à diversão, melhorando seu sono e sendo fisicamente ativo. Encontre uma forma de meditação da qual você goste e pratique-a. Quer maior contentamento, satisfação e serenidade? A prática da meditação pode lhe proporcionar tudo isso, assim como todas as recomendações semanais do tópico "Cuidando do espírito".

Você normalmente não tem depressão, mas quer mover seu ponto de ajuste emocional para um lado mais positivo? Trabalhe com os exercícios da psicologia positiva, começando pela Semana 4, dando especial atenção a sentir e expressar gratidão.

Quer mais felicidade espontânea na sua vida? Torne-se aberto a ela completando todas as tarefas semanais. Ao fazer isso, você estará afinando seu estilo de vida para maximizar seu bem-estar emocional.

Por fim, escreva os objetivos principais da sua jornada. Anote também quaisquer objetivos secundários. Leia-os ao iniciar cada nova semana do programa. Ao final da Semana 8, pedirei que você avalie seus progressos com relação aos seus objetivos, analisando o que precisa ser feito nas semanas seguintes para consolidar as mudanças já conquistadas e seguir adiante.

Semana 2:

O que vem primeiro

Nessa semana, dê os primeiros grandes passos em direção ao seu objetivo abordando questões pendentes sobre saúde, começando a modificar sua alimentação e tomando os suplementos recomendados, fazendo suas atividades físicas e familiarizando-se com as técnicas de respiração que se tornarão uma ferramenta poderosa nas próximas semanas.

Cuidados com o corpo

- Se você não tiver feito um check-up médico nos últimos cinco anos, agende-o com seu médico. Descubra se você tem exames pendentes. Solicite a seu médico exames de sangue completos, certificando-se de incluir os exames que checam a função da tireoide e seu nível de 25 hidroxi-vitamina D (caso você nunca tenha medido sua vitamina D, solicite esse exame mesmo que não precise de um exame físico completo).
- Reveja as informações das páginas 105 a 106 sobre os efeitos de medicamentos com ou sem prescrição médica e fitoterápicos no humor. Se você está tomando uma dessas medicações e sente-se deprimido, ansioso ou tem qualquer outro problema de humor, eles podem estar contribuindo para essas alterações. No caso da medicação prescrita, pergunte ao seu médico se há outras alternativas. Experimente descontinuar o uso dos outros remédios para ver se o seu humor melhora.
- Se você toma café ou usa outras formas de cafeína diariamente, procure retirar a cafeína para saber se terá crises de abstinência. Em caso positivo, abstenha-se da cafeína e observe se ela estava afetando sua energia, seu sono e seu humor. Depois disso, tente retomar a cafeína gradual-

mente e observe o quanto dela você tolera e quais as formas dessa substância a que você mais se adapta – talvez um chá de vez em quando em vez do habitual café, por exemplo. Se você sofre de transtorno de ansiedade, evite qualquer forma de cafeína. Abstenha-se totalmente e aguente alguns dias os sintomas da crise de abstinência, se for necessário.

- Familiarize-se com os detalhes da dieta anti-inflamatória no Apêndice A. Lembre-se: o item mais importante é reduzir o consumo de alimentos refinados, processados e industrializados. Olhe em sua geladeira, em seu freezer e em sua despensa, identificando esses produtos e reduzindo-os progressivamente. Você terá bastante tempo nas próximas semanas para mudar seus hábitos alimentares para a direção correta.
- Faça uma lista de amigos e conhecidos que tenham bons hábitos alimentares e passe mais tempo com eles.
- Comece a tomar óleo de peixe: 2 a 4 gramas por dia de um produto que propicie EPA e DHA (mais do primeiro). Leia os rótulos atentamente para certificar-se de que está tomando de 2 a 4 gramas de ácidos graxos ômega-3 (EPA+DHA) e não de óleo. Não compre produtos que contenham ácidos graxos ômega-6 ou ômega-9, não é necessário tomá-los como complemento. Compre apenas marcas de óleo de peixe que são "destilados molecularmente" ou sem contaminações tóxicas. Pode ser que você precise tomar 3 a 4 cápsulas duas vezes ao dia para chegar à dose recomendada. Tome-as com o estômago cheio. Se acontecer de você arrotar óleo de peixe, tente colocar o produto no freezer e tome as cápsulas congeladas.
- Comece a tomar também 2.000 UI de vitamina D diariamente, junto com sua maior refeição (você não a absorverá bem se não houver gordura em seu trato digestivo). Você pode usar a D2 ou D3. Note que se seu nível de 25-hidroxi-vitamina D estiver muito baixo, você pode precisar de uma dose maior durante algumas semanas até atingir a taxa normal. Seu médico poderá orientá-lo a esse respeito.
- Se você toma um suplemento multivitamínico/multimineral diário, certifique-se de que ele ofereça 400 microgramas (mcg) de ácido fólico, pelo menos 50 miligramas (mg) de vitamina B-6 (piridoxina) e 50 mcg de vitamina B-12 (cianocobolamina). Se você não toma um suplemento multivitamínico/multimineral diário, comece a fazê-lo. Para assegurar a absorção e evitar indigestão, tome-o depois de uma boa refeição.

- Se você não está fazendo atividades físicas todos os dias, pergunte-se o que o está impedindo. Procure fazer uma caminhada vigorosa todos os dias desta semana, principalmente se você não está se exercitando.
- Faça uma lista de amigos e conhecidos que tenham bons hábitos em relação a atividades físicas. Comece a passar mais tempo com eles. Ligue para um amigo esta semana e caminhem juntos.

Cuidados com a mente

- Comece a praticar a "respiração 4-7-8" que descrevi nas páginas 147 e 148. Faça-a de agora em diante pelo menos duas vezes ao dia, todos os dias, *sem falta*! Procure fazê-la de manhã e à noite ao se deitar. Você pode praticá-la com mais frequência, mas nas próximas quatro semanas limite-se a quatro ciclos de respiração por vez.

Cuidados com o espírito

- Leve flores naturais para sua casa e aprecie sua beleza.

Semana 3:

Planeje estratégias de longo prazo

Nesta semana, gostaria que você pensasse em opções para administrar a ansiedade e a depressão. Também quero que concentre-se em seu sono e seus sonhos. Chegou a hora de encarar o desafio de administrar pensamentos negativos.

Cuidados com o corpo

- Se você está tomando ansiolíticos, sugira ao seu médico a possibilidade de interrompê-los. Diga-lhe que está seguindo recomendações para estabilizar e melhorar o humor que englobam medidas contra a ansiedade. Peça um programa por escrito para gradualmente ir reduzindo a dosagem e a frequência da medicação; você dará início à retirada da medicação somente na Semana 5 (darei instruções mais detalhadas quando chegar lá). Comprometa-se a ter acompanhamento médico regular enquanto estiver descontinuando a medicação.
- Se você está tomando antidepressivos, pense se ainda são necessários. Se os toma há mais de um ano, pergunte ao seu médico se é hora de tentar descontinuá-los e usar outros métodos para estabilizar e melhorar seu humor. Deixe-o a par do método que está seguindo e, se ambos concordarem que não há problema, peça um planejamento seguro de redução da dosagem do medicamento que você possa seguir *quando tiver completado todas as oito semanas.*
- Lembre-se de que as melhores comprovações que temos para tratamento de depressão sem drogas farmacológicas é com suplemento alimentar com ácidos graxos ômega-3 e exercícios. Você começou a tomar a dose

certa de óleo de peixe e espero que sua atividade física diária seja mais agradável e melhor esta semana do que foi na semana passada. Você deve manter uma atividade física regular não só durante esse programa, mas por toda a vida.
- Certifique-se de que você está dormindo o suficiente. Faça um teste sobre higiene do sono no website http://cl1.psychtests.com/take_test.php?idRgeTest=2985.
- Se você não está descansando o suficiente, tente identificar quais são os motivos. Os mais comuns são cafeína em excesso, dores no corpo, colchão inadequado, barulho, estresse, preocupações e incapacidade de se desligar de pensamentos que o deixam ansioso. Provavelmente você precisará de ajuda com este último e, mais adiante, eu o aconselharei sobre o que fazer. Os outros têm soluções relativamente fáceis. Certifique-se de que seu quarto esteja completamente escuro quando você estiver indo dormir e faça uso de um gerador de ruídos brancos se quiser mascarar sons que incomodam. Para maiores informações use o termo "sleep" para pesquisar em www.drweil.com.
- Tente não usar medicamentos para dormir com ou sem prescrição médica, a não ser em ocasiões excepcionais.
- Se você precisar de uma ajuda para dormir, faça uma tentativa com a erva sedativa valeriana, 2 cápsulas ou 500 mg de extrato padronizado, 20 minutos antes de dormir. Outra opção é tentar 2,5 mg de melatonina em tabletes sublinguais (para dissolver sob a língua). Ambos são seguros para uso constante.*
- Se você não conseguir melhorar seu sono com esses métodos, pense em consultar um profissional especializado em sono. Você pode encontrar um por intermédio do National Sleep Foundation, em www.sleepfoundation.org.
- Faça a experiência de registrar seus sonhos. Tenha um caderno ao lado da cama e tente escrever qualquer coisa que lembrar a respeito dos sonhos logo ao acordar (ou conte-o ao seu companheiro(a) ou grave-o em um gravador). Se um sonho ruim perturbar seu sono ou seu estado de espírito,

---

* Só utilize fitoterápicos ou suplementos sob a supervisão de um profissional de saúde especializado. (N. do R. T.)

esse é outro problema a ser falado para um profissional especializado em sono.
- Experimente tirar sonecas curtas durante o dia, de dez a vinte minutos à tarde, melhor ainda se for deitado em um quarto escuro. Observe como a soneca afeta seu sono e suas emoções.

Cuidados com a mente

- É hora de assumir o desafio de administrar pensamentos negativos. Se você costuma ficar preso a ruminações depressivas, primeiro tente mudar sua atenção para a respiração. Faça a experiência com a repetição de um mantra, se o interessar. Leia o *The Mantram Handbook*, selecione um mantra de que você goste e tente usá-lo.
- Experimente também usar uma imagem mental positiva como foco alternativo de atenção. Leia a seção sobre visualização no capítulo seis e os recursos para visualização no Apêndice B, se precisar de ajuda.
- Se não conseguir se desprender de padrões de pensamento repetitivos que o deixam deprimido ou ansioso, pense em trabalhar com um terapeuta cognitivo-comportamental. A TCC é um método eficaz, com um custo benefício que vale a pena.
- Dominar a técnica de "respiração 4-7-8" é sua melhor proteção contra a ansiedade. Mantenha-se firme nela!

Cuidados com o espírito

- Passe um tempo em contato com a natureza no decorrer desta semana, não fazendo nada a não ser deixar que sua paisagem, seus sons e seus aromas o preencham. Se você puder estar em meio à natureza, ótimo, mas você também poderá se beneficiar caminhando em um parque ou jardim, assistindo ao pôr do sol ou observando o céu à noite. Tente fazer isso na maioria dos dias desta semana, principalmente se estiver se sentindo triste ou estressado.

Semana 4:

Siga adiante

No final desta semana, você estará a meio caminho do fim do programa e terá construído a base de um estilo de vida emocionalmente saudável. Você continuará a avançar na direção do seu objetivo, aprendendo a cuidar melhor da sua mente e do seu espírito.

Cuidados com o corpo

- Tente fazer pelo menos 30 minutos de atividade física em seis dias desta semana, incluindo alguns momentos de atividade mais vigorosa que o deixe ofegante.
- Reveja os fitoterápicos descritos no capítulo 5, nas páginas 113 a 123, e escolha um que você gostaria de tentar. Comece a usá-lo esta semana.

Cuidados com a mente

- Leia sobre psicologia positiva, usando os recursos no Apêndice B.
- Reveja os dois exercícios da psicologia positiva – ambos já foram comprovados para aumentar a felicidade – e faça o que lhe interessar mais: "A visita da gratidão", na qual você escreve uma carta de gratidão para alguém que o ajudou, visita essa pessoa e lê alto a carta ou a intervenção; "As três coisas boas", na qual você escreve três coisas que deram certo e por que, a cada dia por uma semana.
- Você foi bem-sucedido com a repetição dos mantras, o trabalho com a respiração ou no uso de imagens mentais para interromper pensamentos negativos que o deixam triste ou ansioso? Se a resposta for "não muito",

procure um psicoterapeuta cognitivo-comportamental e marque uma consulta.
- Tente ficar um tempo longe das notícias, por exemplo, sem ouvir ou assistir aos noticiários no rádio ou na televisão por dois ou três dias esta semana. Perceba as diferenças na forma como se sente.

Cuidados com o espírito

- Faça uma lista de pessoas em cuja companhia você se sente mais otimista, mais positivo, mais animado, menos ansioso. Passe mais tempo com elas. Marque um encontro com uma delas esta semana.
- Ouça músicas que elevem seu estado de espírito e seu humor.

Semana 5:

Avalie seus progressos

Parabéns! Você já está na metade do caminho. Esse é um bom momento para fazer um levantamento de onde você está e de onde veio.

- De que forma você mudou sua alimentação nas últimas quatro semanas? Você reduziu a ingestão de alimentos refinados, processados e industrializados? Quantos elementos da dieta anti-inflamatória você incorporou em sua vida? De que está sendo mais difícil abrir mão? Ou acrescentar? Você está sendo mais cuidadoso com a seleção dos alimentos quando faz compras e quando come fora?
- Você está tomando regularmente o suplemento multivitamínico/multimineral, a vitamina D e o óleo de peixe?
- Como está sua ingestão de cafeína? Você acha que a cafeína afeta seu humor? Já tentou ficar sem ela?
- Você está fazendo mais atividades físicas diárias agora do que fazia quando começou o programa? Foi capaz de identificar e remover obstáculos para ser fisicamente mais ativo? Encontrou amigos para caminhar?
- Está fazendo a "respiração 4-7-8" pelo menos duas vezes ao dia, todos os dias? É importante fazê-la. Está começando a notar seus efeitos positivos? Ela o ajuda a relaxar e a dormir?
- E com relação ao sono? Você identificou qualquer coisa que o esteja impedindo de ter sono de boa qualidade? Que ação reparadora você tomou?
- Recordou-se de algum sonho?
- Você se animou a ter flores naturais dentro de casa por mais tempo?
- Passou mais tempo na natureza?
- Como tem sido sua experiência em controlar seus pensamentos?

- Pensou sobre experimentar a terapia cognitivo-comportamental? Encontrou um terapeuta? Marcou horário para uma consulta inicial?
- Achou o exercício da psicologia positiva útil? Vai tentar outro?
- Passou algum tempo com alguém mais otimista e positivo que você?
- Está usando algum dos fitoterápicos que sugeri?

Espero que você sinta que fez progressos em direção ao seu objetivo após estar no programa por um mês. Que tarefas foram as mais fáceis? Quais foram as mais difíceis? Viu mudanças na sua vida emocional? Está pronto para seguir em frente?

Cuidados com o corpo

- Se você vem tomando ansiolíticos e programou com seu médico como diminuir a dose gradualmente, você poderá começar a fazê-lo esta semana. Se ficar ansioso ao fazê-lo, faça uma experiência com valeriana ou kava-kava (descritos na página 119).
- Exponha-se à luz natural tantos dias quanto possível.
- Faça um agrado a si mesmo com uma massagem esta semana.

Cuidados com a mente

- É hora de aumentar para 8 ciclos quando praticar a "respiração 4-7-8". Isso será o máximo que você fará em uma sessão. A prática agora é de 8 ciclos de respiração duas vezes por dia, sem falhar. Você poderá fazer o exercício sempre que quiser e deve começar a se sentir confortável com ele agora, tentando contar mais devagar. Gostaria que você usasse a "respiração 4-7-8" toda vez que começar a se sentir ansioso ou estressado.
- Você está exposto a muito barulho? Como isso o afeta? Que atitudes poderia tomar para minimizar os ruídos e se proteger? Verifique os recursos no Apêndice B sobre produtos que podem ajudá-lo.
- Como você reagiu ao tempo sem contato com notícias? Continue fazendo experiências nesse sentido para ganhar mais controle sobre o quanto de informação você quer em sua vida.

- Preste atenção às suas escolhas de mídia. O que você gosta de ler, assistir e ouvir para se distrair e se entreter? O conteúdo que escolhe é compatível com os objetivos aos quais se propôs para esse programa? Se não for, comece a fazer mudanças apropriadas.

Cuidados com o espírito

- Comece um diário da gratidão esta semana (talvez você já o tenha feito como exercício da psicologia positiva na semana passada; se o fez, continue nesta semana também). Separe um caderno para essa tarefa e mantenha-o ao lado da cama. Faça anotações mentais no decorrer do dia das coisas às quais você deve ser grato e anote-as em seu diário antes de dormir. Reserve um momento para sentir gratidão.
- Você tem algum animal de estimação? Se tiver, passe mais tempo com ele esta semana e expresse sua gratidão pela presença do animal em sua vida. Se não tiver, pense seriamente durante esta semana sobre ter um animal de estimação.

Semana 6:

Ganhe impulso

Antes que você possa se dar conta, terá completado este programa. Você sabe que terá de continuar as práticas que lhe apresentei para concretizar benefícios de longo prazo. A esta altura, no entanto, você já deve sentir as muitas maneiras em que pode influenciar suas emoções e quais delas têm mais a lhe oferecer. Comece a pensar sobre como conseguirá se manter fiel às suas novas práticas após a Semana 8. Prepare-se também para atacar o problema do excesso de informação.

Cuidados com o corpo

- Se você eliminou ou tratou quaisquer problemas médicos que poderiam estar prejudicando seu bem-estar; está gradualmente eliminando alimentos refinados, processados e industrializados e está seguindo a dieta anti-inflamatória da melhor maneira possível; está tomando óleo de peixe e outros suplementos alimentares; está fazendo atividades físicas na maioria dos dias da semana; tem um sono reparador; fez as mudanças necessárias no uso de drogas que alteram o humor; está praticando a "respiração 4-7-8" conforme o instruí, então está fazendo tudo o que deveria fisicamente para otimizar seu bem-estar emocional.
- Continue assim! Se precisar de ajuda para melhorar seus hábitos alimentares ou exercitar-se regularmente, passe mais tempo na companhia de pessoas que tenham hábitos que você queira desenvolver.
- Tente dar e receber mais abraços nesta semana.

Cuidados com a mente

- Como você se avalia com relação à empatia e à compaixão? Pense em fazer um treinamento sobre empatia. Considere também fazer a meditação compassiva (as fontes estão relacionadas no Apêndice B).
- É hora de começar a limitar o excesso de informação. Comece registrando esta semana quanto tempo você passa no telefone, na internet, passando e-mails, mensagens de texto etc. (Pesquise no Google um *"internet timer"*, software que registra seu tempo online automaticamente.) Quantas vezes por dia você checa seus e-mails? Preste atenção na frequência com que você tenta fazer várias coisas ao mesmo tempo. Ao final desta semana, verifique o registro de sua frequência online e reflita se foi fácil ou difícil limitar essas atividades.

Cuidados com o espírito

- Visite um museu de arte nesta semana e aprecie um pouco mais uma ou mais obras que você tenha achado belas e edificantes.
- Procure objetos que inspirem beleza em sua casa e os aprecie. Se falta beleza em seu ambiente, procure uma peça de arte ou de artesanato que lhe seja agradável aos sentidos e acessível e traga-a para embelezar sua casa. Lembre-se de observá-la, apreciá-la e ser grato por sua presença.

Semana 7:

Mantenha-se atento aos objetivos

Você está próximo da reta final e há trabalho importante a fazer esta semana, incluindo o ajuste de limites no uso de internet, e-mail e celular e a escolha de uma técnica de meditação para praticar.

Cuidados com o corpo

- Se você gostou da massagem e achou que ajudou em seu humor, faça-a regularmente. Se a massagem não atendeu a suas expectativas, tente outra forma de trabalho corporal; por exemplo, pessoas que acham a massagem de fricções profundas muito vigorosa, podem preferir massagens mais leves ou a *watsu*, feita em piscina aquecida.

Cuidados com a mente

- Leia as informações sobre meditação nas páginas 151 e 152. Examine as fontes sobre meditação no Apêndice B e escolha uma ou mais para usar – um livro, um áudio, um website ou uma aula ou grupo no qual você possa participar.
- Aventure-se na meditação, mesmo que seja por alguns minutos por dia. Sente-se confortavelmente, relaxe, faça a "respiração 4-7-8" e então, tente um método que lhe agrade. Pode ser algo tão simples quanto seguir sua respiração, trazendo a atenção de volta a ela sempre que perceber que sua mente divagou.
- Tente limitar seu tempo na internet esta semana. Reduza em 25% as horas em que você passou usando-a durante a semana anterior. Use seu tempo

livre para ficar mais em contato com a natureza, exercitar-se ou fazer atividades com amigos que façam você se sentir mais animado.
- Reduza o número de vezes por dia que você checa e-mails. Por exemplo, você pode decidir não fazê-lo depois de certa hora do dia.
- Tente também reduzir as mensagens de texto e o telefone celular.

Cuidados com o espírito

- Ria! Quem você acha que normalmente ri com você? Convide alguém assim para assistir a um filme engraçado.
- Localize um clube do riso em sua região e procure participar de uma reunião nesta semana.

Semana 8:

A reta final

Na última semana deste programa, você dará mais alguns passos na direção dos seus objetivos, principalmente no que diz respeito aos cuidados com o espírito.

Cuidados com o corpo

- Se você vem usando um ou mais fitoterápicos sugeridos nas últimas quatro semanas, já deve ter alguma ideia de como o tratamento está agindo. Notou algum benefício com relação ao seu humor ou bem-estar? Se notou, mantenha o tratamento por mais um mês e então analise se prefere continuar com ele, pará-lo para ver se os benefícios persistem, usá-lo de forma intermitente ou apenas quando sentir necessidade ou ainda mudar para algo diferente.
- Se está descontinuando a medicação contra ansiedade, é preciso que esteja se sentindo bem no decorrer desse processo. Se estiver com dificuldades, seja paciente. Faça uso da "respiração 4-7-8" sempre que começar a se sentir ansioso.
- Se está tomando antidepressivos e decidiu com seu médico que é uma boa ideia tentar deixá-los, examine o planejamento do seu médico para diminuir a dosagem gradualmente. Reflita se está confiante o suficiente com seus progressos nas últimas semanas em relação à sua estabilidade emocional para começar a reduzir a dosagem atual. Você pode levar o tempo que quiser. Também pode continuar a medicação, se achar necessário.

Cuidados com a mente

- Eu lhe apresentei alguns métodos que lidam com pensamentos negativos e afastam ciclos de ruminação depressiva. Continue praticando aqueles que funcionam melhor para você, seja a repetição de mantras, a visualização, a meditação com foco na respiração, os exercícios da psicologia positiva ou terapia cognitivo-comportamental. Quanto mais praticar, mais eficazes serão.
- A meditação é uma estratégia poderosa de longo prazo para reestruturar a mente e mudar funções cerebrais. Dei-lhe apenas uma mostra dela nesse programa e não espero que você tenha vivenciado tudo o que ela pode fazer. Sugiro que experimente várias formas e estilos de meditação até encontrar uma que se harmonize com você, fazendo dela uma prática diária.
- Você também obteve dicas para se proteger das influências nocivas do excesso de informação. É preciso ter esforço e dedicação para colocá-las em prática. A tecnologia na informação e na comunicação vai continuar se expandindo e afetando nossas vidas e nossas mentes. Encontre formas de limitar o tempo que passa com esses novos aparelhos e com a mídia.
- A esta altura, a "respiração 4-7-8" já deve fazer parte da sua vida diária e você deve estar começando a notar seus efeitos. Comece a usá-la com um propósito, como por exemplo afastar a mente de pensamentos que provoquem ansiedade, pegar novamente no sono se acordar no meio da noite ou evitar reações coléricas com aborrecimentos corriqueiros.
- Espero que você esteja mais consciente com relação à nutrição mental e escolha sobre o que ler, assistir e ouvir considerando os possíveis efeitos sobre seus pontos de vista e seu humor.

Cuidados com o espírito

- Agora vamos praticar o perdão. Você tem guardado raiva ou ressentimento de pessoas que o magoaram ou o ofenderam? Se for o caso, escolha uma pessoa para esse exercício. Durante todos os dias desta semana, tente se colocar no lugar dessa pessoa. Você consegue entender por que ele ou ela agiu da maneira como agiu? Analise de que forma esses sentimentos negativos aos quais você se apega dificultam seu objetivo de aprimorar seu bem-estar emocional.

- Antes do fim da semana, procure liberar esses sentimentos escrevendo uma carta de perdão à pessoa que os causou. Você não precisa enviar a carta – nem agora nem nunca – a menos que esteja inclinado a fazê-lo. Essa carta é para você mesmo. Deixe-a de lado e a leia novamente no dia seguinte, fazendo as mudanças que achar necessário. Repare como se sente ao fazer isso.
- Se você perceber o valor emocional do perdão, encontre outras oportunidades de praticá-lo.
- Sinta um "barato do bem" esta semana. Estenda sua mão, faça favores. Tente algum trabalho voluntário (veja sugestões no Apêndice B).
- Fique em silêncio quando puder durante esta semana. Como você se sente? Consegue encontrar maneiras de aproveitar o silêncio com mais frequência?
- Como está sua interação social? Se precisar melhorá-la, procure grupos que possam interessá-lo, cursos, atividades das quais você goste e que possa fazer com outras pessoas.
- Você tem passado mais tempo com pessoas que são emocionalmente saudáveis e positivas? E com pessoas que o fazem rir?
- Você tem se sentido grato e tem expressado sua gratidão? Não é preciso manter um diário de gratidão se não achá-lo útil, pelo menos não diariamente. No entanto, procure lembrar de se sentir grato pelo alimento quando se sentar à mesa, pela sua saúde, por tudo o que o sustenta e contribui para seu bem-estar. E quem sabe agradecer a um amigo especial por estar em sua vida. Lembre-se de que treinar sentir e expressar gratidão mudará seu ponto de ajuste na direção certa para maior felicidade.

Uma última tarefa

- Volte às perguntas que lhe fiz na Semana 1 sobre sua saúde emocional, seu estilo de vida e suas características pessoais. Responda-as novamente. Note como suas respostas mudaram após completar o programa.

Semana 9 e seguintes

Durante esta semana e as que estão por vir, use o que aprendeu sobre você mesmo no decorrer dessas oito semanas para aprimorar seu estilo de vida.

Tenha em mente que somos parecidos uns com os outros quando se trata de necessidades físicas. As recomendações relativas ao "corpo" neste programa, acredito, são apropriadas a quase todas as pessoas. Seguir uma dieta anti-inflamatória que consiste em alimentos não processados, fazer exercícios moderados com regularidade, praticar redução do estresse e usar suplementos de maneira cautelosa faz sentido para todos nós.

Ainda assim, há muito espaço para experiências. Um amigo que está na faixa dos 60 anos, lutando contra a falta de ânimo, entendeu que exercitar-se era crucial para o bem-estar emocional, mas simplesmente não conseguia ter interesse por nenhuma atividade física em particular. Um dia, por acaso, um parente pediu que ele rebatesse bolas na quadra de tênis, algo que ele nunca havia feito na vida. O tênis tornou-se o caminho para uma nova pessoa, contribuindo para seu bem-estar de formas que a corrida, os exercícios aeróbicos e a musculação não haviam conseguido. Além de satisfazer sua necessidade por exercício, o tênis lhe proporcionou luz do sol e ar fresco, amizades, oportunidades de viagem e, inclusive, reconhecimento: ele se tornou campeão no seu circuito sênior, adquirindo um sentimento de realização que havia perdido desde que se aposentara de uma atividade competitiva no trabalho. Em resumo, o tênis elevou seu estado de espírito de maneira extraordinária e tudo aconteceu porque ele se dispôs, em uma tarde, a tentar algo novo.

No que toca à mente e ao espírito, a magnífica diversidade das necessidades individuais é muito maior, e vale a pena prestar atenção às palavras de Ralph Waldo Emerson: "A vida é uma experiência. Quanto mais experiências você fizer, melhor." Ao explorar o leque de tentativas mentais e espirituais que levam os seres humanos à felicidade e à plenitude, alguns acharão melhor trabalhar com métodos psicológicos e espirituais consagrados que lhe digam o que fazer e o que não fazer. Outros preferirão princípios organizadores mais livres, que os encorajam a manter as próprias regras e a ficarem confortáveis com a incerteza.

Qualquer que seja seu estilo pessoal, acredito firmemente que o programa que planejei aqui cobre o fundamental, os aspectos necessários para uma base de sustentação física, mental e espiritual que, se atendidas, podem melhorar radicalmente o humor e o bem-estar emocional. Uma vez que alcance esse novo equilíbrio, será sua a decisão de encontrar maneiras próprias de como mantê-lo, expressá-lo e aperfeiçoá-lo.

Tenha coragem, siga em frente, descubra o que funciona melhor para você e estenda a mão a outros que encontrar pelo caminho. Desejo-lhe todo o sucesso em sua jornada.

Agradecimentos

Brad Lemley, diretor editorial da Weil Lifestyle, LLC, alertou-me para o fato de que a depressão é o assunto da grande maioria das perguntas endereçadas a mim em www.drweil.com. Quando mencionei esse fato ao meu agente, Richard Pine, ele me encorajou a escrever um livro sobre o tema e me ajudou a encontrar um lar para esse livro na editora Little, Brown & Company. Sou muito grato à minha editora, Tracy Behar, a toda a equipe da Little, Brown, a Richard Pine e a Brad Lemley. Fiquei imensamente feliz por ter escrito este livro e sou grato a todos os que me inspiraram e me apoiaram nesse projeto.

Brad também é escritor profissional sobre ciência, com interesse antigo por pesquisas sobre o funcionamento cerebral e a psicologia. Ele me proporcionou ajuda inestimável para descobrir as informações de que precisava, suprindo-me com o material que usei. Foi um prazer trabalhar com ele.

Susan Bulzoni Levenberg, colega de Brad na Weil Lifestyle, que cuida da minha mídia social, solicitou as opiniões pessoais com relação às vivências sobre os tratamentos e estratégias que recomendo. Ela fez a seleção dentre inúmeras mensagens, escolhendo as mais relevantes. Agradeço muito sua ajuda e, é claro, sou imensamente grato a todas as pessoas que me permitiram contar suas histórias neste livro.

Vários amigos e colegas deram ideias e sugestões que usei: dra. Victoria Maizes, dr. Bernard Beitman, dr. Jim Nicolai, dr. Russell Greenfield, dra. Ulka Agarwal, dr. Rubin Naiman, dra. Tieraona Low Dog, Winifred Rosen, Charris Ford, Betty Anne Sarver e Richard Pine. O dr. Brian Becker dedicou grande parte de seu tempo para me ajudar na compilação das referências bibliográficas e também revisou o original – só tenho a agradecer pelos seus esforços.

Meus agradecimentos especiais ao meu sócio, Richard Baxter, que manejou meus horários para que eu conseguisse tempo para escrever, além de ajudar na promoção do livro e à minha dedicada assistente executiva, Nancy Olmstead. Agradeço também à constante devoção de Ajax e Asha, meus companheiros caninos, que ficaram ao meu lado enquanto escrevia.

Apêndice A

A DIETA ANTI-INFLAMATÓRIA

Fica cada vez mais claro que a inflamação crônica é a raiz de muitas doenças graves, incluindo as doenças coronárias, muitos tipos de câncer e o mal de Alzheimer. Todos conhecemos os sintomas de inflamação que aparecem na superfície do corpo, como vermelhidão local, aquecimento, inchaço e dor. É a base da reação de cura do corpo, que traz mais suporte e atividade imunológica para o local do ferimento ou da infecção. Porém, quando a inflamação persiste ou não serve a nenhum propósito, ela danifica o corpo e causa doenças. Estresse, falta de exercícios, predisposição genética e exposição a toxinas (como a fumaça inalada pelos fumantes passivos) podem contribuir para essas inflamações crônicas, mas as escolhas alimentares representam um papel importante também. Saber como alimentos específicos influenciam o processo inflamatório é a melhor estratégia para contê-lo e reduzir a longo prazo os riscos de doenças.

A dieta anti-inflamatória não é uma dieta no sentido popular da palavra, pois não tem o objetivo de ser um programa para perda de peso (embora seja possível perder peso com ela) e tampouco é um programa nutricional para ser utilizado por um período limitado de tempo. É uma forma de selecionar e preparar alimentos com base no conhecimento científico de como uma boa alimentação pode ajudar o corpo a aprimorar a saúde. Além de influenciar na inflamação, essa dieta propiciará energia e muitas vitaminas, minerais, ácidos graxos essenciais, fibras alimentares e fitonutrientes protetores do organismo.

Também é possível adaptar suas receitas de acordo com os seguintes princípios anti-inflamatórios:

Dicas gerais de nutrição
- Procure variar sua alimentação.
- Inclua alimentos frescos o máximo possível.
- Minimize seu consumo de alimentos processados e fast-food.
- Coma frutas, legumes e hortaliças em abundância.
- Limite o consumo de doces.

Ingestão de calorias
- A maioria dos adultos precisa consumir entre 2.000 e 3.000 calorias por dia.
- A necessidade de ingestão de calorias para as mulheres, pessoas de menor porte e pessoas menos ativas é menor.
- Homens, pessoas de maior porte e pessoas mais ativas precisam de mais calorias.
- Se você está comendo a quantidade adequada de calorias para seu nível de atividade, seu peso não deve flutuar constantemente.
- A distribuição de calorias que você consome deve ser a seguinte: de 40 a 50% de carboidratos, 30% de gordura e de 20 a 30% de proteína.
- Procure incluir carboidratos, gordura e proteína em cada refeição.

Carboidratos
- Em uma dieta de 2.000 calorias por dia, mulheres adultas devem consumir entre 160 e 200 gramas de carboidrato por dia.
- Homens adultos devem consumir entre 240 e 300 gramas de carboidratos por dia.
- A maior parte dos carboidratos deve vir de alimentos menos refinados e menos processados, com baixo índice glicêmico.
- Reduza seu consumo de alimentos com farinha e açúcar, principalmente pão e a maioria dos salgadinhos industrializados (incluindo as batatas fritas e *pretzels*).
- Coma mais grãos integrais, como arroz e trigo integrais, nos quais o grão está intacto ou em pedaços grandes. Eles são preferíveis aos produtos com farinha integral que, *grosso modo*, têm o mesmo índice glicêmico dos produtos feitos com farinha branca.
- Coma mais feijão, abóbora e batata-doce.
- Cozinhe as massas *al dente* e coma com moderação.
- Evite produtos feitos de xarope de milho com alto índice de frutose.

Gordura
- Em uma dieta com 2.000 calorias por dia, 600 calorias podem vir da gordura – ou seja, cerca de 67 gramas. Isso deve estar em uma escala de 1:2:1 de gordura saturada para monoinsaturada para polinsaturada.
- Reduza a ingestão de gordura saturada comendo menos manteiga, *chantilly*, queijos gordurosos, frango sem pele, carnes gordurosas e produtos feitos de óleo de palma.
- Use azeite extravirgem como sua primeira opção de óleo para cozinhar. Se quiser um óleo de sabor mais neutro, use o óleo orgânico de semente de canola. Os óleos orgânicos de girassol e açafrão de alto conteúdo oleico também são aceitáveis.

- Evite os óleos comuns de girassol e açafrão, óleo de milho, óleo de algodão e óleos vegetais misturados.
- Evite totalmente a margarina, os caldos industrializados de legumes e todos os produtos que os contenham em sua composição. Evite totalmente produtos feitos com óleos parcialmente hidrogenados de qualquer tipo.
- Inclua em sua dieta abacate e frutos secos, principalmente as nozes, castanha de caju, amêndoas e pastas cremosas feitas com elas.
- Para obter ácidos graxos ômega-3, coma salmão (de preferência fresco ou congelado ou ainda o salmão do Pacífico Norte enlatado), sardinhas conservadas em água ou azeite, arenque e bacalhau negro (peixe-carvão do pacífico e peixe-manteiga); ovos enriquecidos com ômega-3 e sementes de cânhamo e linhaça (de preferência moídos na hora).

Proteína
- Em uma dieta de 2.000 calorias por dia, seu consumo diário de proteína deve ser entre 80 e 120 gramas. Coma menos proteína se você tiver problemas de fígado ou rins, alergias ou doenças autoimunes.
- Diminua o consumo de proteína animal, exceto peixes e queijos naturais de alta qualidade e iogurtes.
- Coma mais proteína vegetal, especialmente a dos feijões em geral, e da soja em particular. Familiarize-se com a variedade de sojas integrais e descubra as que você gosta.

Fibra
- Tente comer 40 gramas de fibras por dia. Você pode aumentar o consumo de frutas (principalmente frutas vermelhas), legumes (principalmente feijões) e grãos integrais.
- Cereais comprados prontos podem ser boas fontes de fibra, mas leia os rótulos para ter certeza de que oferecem pelo menos 4 ou, de preferência, 5 gramas de farelo de trigo a cada 30 gramas.

Fitonutrientes
- Para obter o máximo de proteção natural contra doenças relacionadas ao envelhecimento (incluindo doenças cardiovasculares, câncer e doenças degenerativas) e contra as doenças de toxicidade ambiental, coma frutas variadas, legumes e cogumelos.
- Coma frutas e legumes de todas as cores, principalmente frutas vermelhas, tomates, laranja e frutas amarelas, além das folhas verde-escuras.

- Escolha produtos orgânicos sempre que possível. Aprenda que as colheitas convencionais têm maior probabilidade de conter resíduos de pesticidas, portanto é bom evitá-las. (Visite www.ewg.org, o website do Environmental Working Group para ver as listas dos "Doze mais sujos" e dos "Quinze mais limpos" – as colheitas mais e menos contaminadas.)
- Coma crucíferos regularmente (legumes da família dos repolhos).
- Inclua alimentos de soja integral em sua alimentação.
- Tome chá em vez de café, principalmente os chás-verdes, brancos ou chás oolong (chá chinês semifermentado) de boa qualidade.
- Se você toma bebidas alcoólicas, o vinho tinto é a melhor opção.
- Aprecie o chocolate amargo com moderação (procure algum que contenha no mínimo 70% de cacau).

Vitaminas e minerais
A melhor forma de obter diariamente todas as vitaminas, minerais e micronutrientes é alimentando-se preferencialmente de alimentos frescos, com abundância de frutas, legumes e hortaliças.

Além disso, complemente sua alimentação com os seguintes antioxidantes:

- Vitamina C, 200 mg por dia.
- Vitamina E, 400 UI de tocoferóis naturais (d-alfa-tocoferol com outros tocoferóis, ou melhor, um mínimo de 80 mg de tocoferóis mistos naturais e tocotrienóis).
- Selênio, 200 microgramas na forma orgânica.
- Carotenoides mistos, 10000 a 15000 UI diariamente.
- Os antioxidantes podem ser consumidos de forma mais conveniente como parte de suplementos multivitamínicos/multiminerais diários, fornecendo 400 microgramas de ácido fólico e 2000 UI de vitamina D. Não devem conter ferro (exceto no caso de mulheres que menstruem regularmente) e vitamina A que não seja pré-formada (retinol). Tome esses suplementos com sua maior refeição.

Outros suplementos nutricionais diários
- Se você não está comendo peixes oleosos pelo menos duas vezes por semana, tome suplemento de óleo de peixe, em cápsula ou líquido (2 a 3 gramas por dia de um produto que contenha EPA e DHA). Procure por produtos molecularmente purificados, com certificação de serem livres de metais pesados e outros contaminantes.
- Pergunte ao seu médico se a terapia com uma baixa dose de aspirina (81 a 162g) é indicada para o seu caso.

- Se você não come gengibre ou cúrcuma, considere tomá-los na forma de suplemento nutricional.
- Acrescente CoQ10 à sua alimentação diária: 60 a 100 mg em fórmula gel junto com sua maior refeição.
- Se você tem tendência à síndrome metabólica, tome ácido alfa-lipoico, de 100 a 400 mg por dia.

Água
- Beba água pura ou bebidas que sejam feitas principalmente de água (chá, suco de fruta bem diluído, água com gás e limão) durante todo o dia.
- Use água mineral ou tenha um purificador em casa se a água da torneira tiver gosto de cloro ou outros contaminantes, ou ainda se você mora em uma região onde a água seja contaminada ou haja suspeita de contaminação.

Apêndice B

SUGESTÕES DE LEITURA, FONTES E COMPLEMENTOS

Livros

Baumel, Syd. *Dealing with Depression Naturally: Complementary and Alternative Therapies for Restoring Emotional Health.* Nova York: McGraw Hill, 2000.

Challem, Jack. *The Food-Mood Solution: All Natural Ways to Banish Anxiety, Depression, Anger, Stress, Overeating, and Alcohol and Drug Problems – and Feel Good Again.* Hoboken, N. J.: John Wiley & Sons, 2007.

Easwaran, Eknath. *The Mantram Handbook: A Practical Guide to Choosing Your Mantram and Calming Your Mind.* Tomales, Calif.: Nilgiri Press, 2008.

Haidt, Jonathan. *The Happiness Hypothesis: Finding Modern Truth in Ancient Wisdom.* Nova York: Basic Books, 2006.

Horwitz, Allan V. e Jerome C. Wakefield. *The Loss of Sadness: How Psychiatry Transformed Normal Sorrow into Depressive Disorder.* Oxford: Oxford University Press, 2007.

Ilardi, Stephen S., PhD. *The Depression Cure: The 6-Step Program to Beat Depression Without Drugs.* Cambridge: Da Capo Press, 2009.

Larson, Joan Mathews Larson, PhD. *Depression-Free, Naturally: 7 Weeks to Eliminating Anxiety, Despair, Fatigue, and Anger from Your Life.* Nova York: Ballantine Books, 1999.

Nhat Hanh, Thich. *Happiness: Essential Mindfulness Practices.* Berkeley, Calif.: Parallax Press, 2009.

Prochnik, George. *In Pursuit of Silence: Listening for Meaning in a World of Noise.* Nova York: Doubleday, 2010.

Schachter, Michael B., MD, e Deborah Mitchell. *What Your Doctor May Not Tell You About Depression: The Breakthrough Integrative Approach for Effective Treatment.* Nova York: Wellness Central, 2006.

Seligman, Martin E. P. *Learned Optimism.* Nova York: Alfred A. Knopf, 1991.

Solomon, Andrew. *The Noonday Demon: An Atlas of Depression.* Nova York: Scribner, 2001.

Sood, Amit, MD, MSc. *Train Your Brain, Engage Your Heart, Transform Your Life: A Two Step Program to Enhance Attention; Decrease Stress; Cultivate Peace, Joy, and Resilience; and Practice Presence with Love*. Rochester, Minnesota: Morning Dew Publications, LLC, 2010.

Watters, Ethan. *Crazy Like Us: The Globalization of the American Psyche*. Nova York: Free Press, 2010.

Weil, Andrew. *8 Weeks to Optimum Health: A Proven Program for Taking Full Advantage of Your Body's Natural Healing Power*, ed. revisada. Nova York: Ballantine Books, 2006.

Weil, Andrew. *Natural Health, Natural Medicine: The Complete Guide to Wellness and Self-Care for Optimum Health*, ed. revisada. Boston: Houghton Mifflin, 2004.

Weil, Andrew. *Spontaneous Healing: How to Discover and Enhance Your Body's Natural Ability to Maintain and Heal Itself.* Nova York: Ballantine Books, 2000.

Weil, Andrew e Rosie Daley. *The Healthy Kitchen: Recipes for a Better Body, Life, and Spirit*. Nova York: Knopf, 2002.

Websites

Em meu website, www.drweil.com, há muito conteúdo sobre depressão, bem como conteúdo relacionado às terapias recomendadas neste livro, incluindo suplementos nutricionais, exercícios, meditação, técnicas de respiração e outras coisas mais. Use a função de pesquisa para encontrar artigos específicos e vídeos. Clique em "Free Wealth E-mails from Dr. Weil" (e-mails grátis sobre saúde do dr. Weil) na homepage para ir ao *Dr. Weil's Body, Mind and Spirit Newsletter*, que oferece e-mails semanais com dicas e inspirações.

Também tenho um website dedicado à *Felicidade espontânea* que fornece um fácil programa passo a passo para melhorar a saúde emocional. Visite www.spontaneoushappiness.com para mais informações.

O website do Arizona Center of Integrative Medicine, http://integrativemedicine.arizona.edu, tem informações sobre medicina integrativa e um localizador de médicos, http://integrativemedicine.arizona.edu/alumni.html.

Outros websites com conteúdo sobre depressão que vão ao encontro dos meus critérios de qualidade são:

Medicinenet
www.medicinenet.com

National Institute of Mental Health
http://www.nimh.nih.gov

Netdoctor.co.uk
www.netdoctor.co.uk

WebMD.com
www.webmd.com

    Websites recomendados com conteúdo relacionado a terapias específicas sugeridas neste livro:

Terapia cognitivo-comportamental:
National Association of Cognitive-Behavioral Therapists (CBT)
http://www.nacbt.org

Treinamento compassivo:
Professores e Aulas
http://www.training-classes.com/learn/_k/c/o/m/compassion/

Treinamento de empatia:
The Empathy Training Console
http://empathytrainingconsole.com/

Perdão:
Stanford Forgiveness Project
http://learningtoforgive.com

Gratidão:
Spirituality & Practice
http://www.spiritualityandpractice.com/practices/practices.php?id=11

Clubes do riso:
Laughter Yoga International
http://www.laughteryoga.org

Meditação:
Insight Meditation Center (Vipassana)
http://insightmeditationcenter.org

Projeto Meditação
http://www.project-meditation.org

Susan Piver (Dicas para meditação)
http://susanpiver.com/meditation_resources

Treinamento em Atenção Plena e Redução de Estresse Baseado na Atenção Plena e Autocuidado (MBSR):

Mindful Living Programs
http://www.mindfullivingprograms.com/index.php

Atividade Física:
Mayo Clinic (seção de fitness)
http://www.mayoclinic.com/health/fitness/MY00396

Psicologia Positiva:
Positive Psychology Center
http://www.ppc.sas.upenn.edu

Visualização:
Academy for Guided Imagery
http://www.acadgi.com/

Exercícios de Visualização
http://www.key-hypnosis.com/Visualization-Techniques/LV6-Guided-Visualization-Exercises.php

Programas em áudio
Jon Kabat-Zinn, "Mindfulness for Begginners", Sounds True audio edition, 2007.
Andrew Weil, "Breathing: The Master Key to Self Healing", Sounds True audio edition, 1999.
Andrew Weil e Jon Kabat-Zinn, "Meditation for Optimum Health: How to Use Mindfulness and Breathing to Heal Your Body and Refresh Your Mind", Sounds True audio edition, 2001.
Andrew Weil e Rubin Naiman, "Healthy Sleep: Wake Up Refreshed and Energized with Proven Practices for Optimum Sleep", Sounds True audio edition, 2007.

O primeiro Congresso sobre Saúde Mental Integrativa foi realizado no Phoenix, Arizona, de 22 a 24 de março de 2010, apresentando palestras sobre líderes nessa área. CDs e DVDs encontram-se disponíveis em www.conferencerecording.com. Digite "*integrative mental health*" no espaço para pesquisa.

Também recomendo CDs e *downloads* de áudio da psicoterapeuta Belleruth Naparstek, principalmente os intitulados *Depression, Relieve Stress* e *Healthful Sleep*. Essas e outras fontes estão disponíveis em seu website, http://www.health journeys.com.

Suplementos nutricionais
Recomendo e uso as vitaminas, minerais e suplementos nutricionais da marca Weil Nutritional Supplements, que podem ser encontrados em drweil.com. Desenvolvi essas fórmulas com base científica e supervisiono sua produção. Visite www.drweil.com e clique em "*Marketplace*" ou no link "*Vitamin Advisor*" para informações. Esses produtos também podem ser encontrados em muitas lojas que vendem produtos para a saúde.

Os produtos alinhados com as recomendações deste livro são:

Antioxidant & Multivitamin
Mood Support
Omega-3 Support

(Todo o lucro proveniente dos royalties das vendas desses produtos vai para a Weil Foundation, uma entidade sem fins lucrativos que apoia o avanço da medicina integrativa através de educação, pesquisa e mudanças nas políticas públicas.)

Outros produtos que estão de acordo com minhas especificações de qualidade:

Extratos padronizados de ashwagandha, kava-kava, rhodiola, erva-de-são-joão e valeriana:
Nature's Way Products, Inc.
3051 West Maple Loop Dr. Suite 125
Lehi, Utah 84043
www.naturesway.com

Óleo de peixe em cápsulas ou líquido:
Nordic Naturals, Inc.
94 Hangar Way
Watsonville, California 95076
www.nordicnaturals.com

Extratos de manjericão santo, rhodiola e cúrcuma:
New Chapter, Inc.
22 High Street

Brattleboro, Vermont 05301
www.newchapter.com

Melatonina – comprimido sublingual:
Source Naturals
23 Janis Way
Scotts Valley, California 95066
www.sourcenaturals.com

SAMe:
Nature Made
P.O. Box 9606
Mission Hills, California 91346
www.naturemade.com/products/segments/SAMe

Outros produtos
Light box (livre de ondas que podem causar prejuízo à retina):
Lo-LIGHT Desk Lamp, modelo D120
Sunnex Biotechnologies
Suite 657-167 Lombard Ave.
Winnepeg, MB Canada R3B-0V3
1-877-778-6639
www.sunnexbiotech.com

Fones de ouvido antirruído:
Bose QuietComfort 15 Acoustic Noise Cancelling Headphones
Bose Corporation
The Mountain
Framingham, MA 01701
1-800-999-2673
www.bose.com

Gerador de ruído branco:
Marpac SleepMate 980A Electro-Mechanical Sound Conditioner
Marpac Corporation
P.O. Box 560
Rocky Point, NC 28457
1-800-999-6962
www.marpac.com

Notas

INTRODUÇÃO

8 **O psicólogo de Harvard Daniel Gilbert fez um estudo de mais de uma década sobre a capacidade deplorável dos seres humanos em prever que eventos futuros os farão felizes:** "The Science of Happiness: A Talk with Daniel Gilbert", introdução de John Brockman, http://www.edge.org/3rd_culture/gilbert06/gilbert06_index.html.

11 **Os cardiologistas agora sabem que a perda da variação nos batimentos cardíacos é um sinal inicial de doença.** "Heart Rate Variability in Health and Disease" por E. Kristal, M. Raifel, P. Froom, J. Ribak, *Scand J Environ Health*, vol. 2, 21 de abril de 1995, pp. 85-95; veja também: "Heart Rate Variability: A Telltale of Health or Disease", editorial de J. M. Karemaker e K. I. Lie, *European Heart J*, vol. 21, março de 2000, pp. 435-7, http://www.heartmath.org.

12 **Ramakrishna Paramahansa (1836-1886), famoso santo indiano:** "The Transformation of Sri Ramakrishna", de Walther G. Neevel Jr., em *Hinduism: New Essays in the History of Religions*, editado por Bardwell L. Smith, (The Netherlands: E. J. Brill, 1976), pp. 53-97. Veja também: "Ramakrishna Paramahansa – God-Intoxicated Saint", biografia de Peter Holleran, http://www. mountainrunnerdoc.com/articles/article/2291157/31005.htm.

CAPÍTULO 1:
O QUE É BEM-ESTAR EMOCIONAL?

25 **Apesar de forçada, quase intimidadora, a animação domina nossa cultura:** *Bright-Sided: How the Relentless Promotion of Positive Thinking Has Undermined America*, de Barbara Ehrenreich. Nova York: Metropolitan Books/Henry Holt and Co., 2009.

26 **"O presidente quase exigia otimismo", observou Condoleezza Rice, a Secretária de Estado de Bush:** ibid., p. 10; veja também: "Bush's Toxic Optimism", por Richard Pine, *Huffington Post*, 16 de setembro de 2007, http://www.huffingtonpost.com/richard-pine/bushs-toxic-optimism_b_64616.html.

26 **Um deles de 2004, observa...:** "Cultural Constructions of Happiness: Theory and Empirical Evidence", por Yukiko Uchida, Vinai Norasakkunkit, Shinobu Kitayama, *J Happiness Studies*, vol. 5, 2004, pp. 223-39.

26 **Outros artigos acadêmicos reportam diferenças significativas de país para país nos graus de felicidade relatados:** "Happiness: A Literature Review of Cross Cultural Implications", por Roya Rohani Rad, novembro de 2010, www.selfknowledgebase.com/files/happinessliteraturereview.pdf.

CAPÍTULO 2:
A EPIDEMIA DE DEPRESSÃO

28 **A Organização Mundial de Saúde prevê que, até 2030, a depressão será a doença que mais afetará pessoas no mundo todo**: "Depression Looms as Global Crisis", BBC News, 2 de setembro de 2009, http://news.bbc.co.uk/2/hi/health/8230549.stm.

28 **O número de americanos que tomam antidepressivos dobrou na década de 1996 a 2005**: "Antidepressant Use in U.S. Has Almost Doubled", por Amanda Gardner, *Healthday*, 3 de agosto de 2009, http://health.usnews.com/health-news/family-health/brain-and-behavior/articles/2009/08/03/antidepressant-use-in-us-has-almost-doubled.

28 **Hoje, uma espantosa estatística mostra que uma em cada dez pessoas nos Estados Unidos toma um ou mais desses medicamentos, incluindo milhões de crianças**: "Can Antidepressants Work for Me?", por Katharine Kam, *WebMD*, 20 de fevereiro de 2011, http://www.webmd.com/depression/features/are-antidepressants-effective.

29 **o *Manual Diagnóstico e Estatístico de Transtornos Mentais* (DSM)**: *Manual Diagnóstico e Estatístico de Transtornos Mentais*, quarta edição, texto revisado (DSM-IV-TR), publicado pela Associação Americana de Psiquiatria, 2000. O DSM-V sairá em 2012.

29 **A edição atual do DSM fornece critérios específicos para o diagnóstico dessa forma mais severa de depressão**: DSH-IV-TR.

30 **O romancista William Styron, autor de *A escolha de Sofia*, nos propicia...**: *Visível escuridão*, de William Styron. Portugal: Bertrand Editora, 1991.

31 **O escritor inglês Aldous Huxley escreveu sobre este lugar**: *Beyond the Mexique Bay: A Traveler's Guide*, de Aldous Huxley. Nova York: Harper and Brothers, 1934.

32 **Segundo a classificação do DSM, teria sido diagnosticado com transtorno distímico ou distimia, a forma mais comum de depressão leve a moderada**: DSM-IV-TR.

33 **Um website conhecido sobre saúde observa que, em um grupo pesquisado...**: "The Relationship Between Depression and Anxiety", por HealthyPlace.com, 13 de janeiro de 2009, http://www.healthyplace.com/depression/main/relationship-between-depression-and-anxiety/menu-id-68/.

33 **As mulheres têm duas vezes mais probabilidade de sofrer de depressão do que os homens**: "Findings from the National Health and Nutrition Examinations Survey III", Stephanie A. Riolo, Tuan Anh Nguyen, John F. Greden, Cheryl A. King., *Am J Pub Health*, vol. 65(6), junho de 2005, pp. 998-1000.

34 **Sabemos também que é comum a depressão coexistir com doenças físicas**: National Institute of Mental Health, 2002, http://www.nimh.nih.gov/health/publications/depression/complete-index.shtml.

34 **Contudo, especialistas em envelhecimento concordam que a depressão não é uma consequência normal de envelhecer**: National Institute of Mental Health, op. cit.

34 **O National Institute of Mental Health informa que, anualmente, 4% dos adolescentes nos Estados Unidos sofrem de depressão severa**: ibid.

34 **A depressão também vem sendo diagnosticada com muito mais frequência em pré-adolescentes, como jamais ocorrera antes**: estudo da Universidade de Harvard publicado no *Harvard*

Mental Health Newsletter, fevereiro de 2002, http://www.health.harvard.edu/newsweek/Depression_in_Children_Part_I.htm. Veja também: http://www.about-teen-depression.com/teen-depression.html; "Depression Facts and Stats" http://www.upliftprogram.com/depression_stats.html#4; "Depression in Children and Adolescents Fact Sheet", National Alliance on Mental Illness, julho de 2010, http://www.nami.org/Template.cfm?Section=by_illness &template=/ContentManagement/ContentDisplay.cfm&ContentID=17623; "Trends in the Prevalence of Chronic Medication Use in Children: 2002-2005", por E. R. Cox, D. R. Halloran, S. M. Homan, S. Welliver, D. E. Mager, *Pediatrics*, vol. 122(5), novembro de 2008, pp. e1053-61, http://pediatrics.aappublications.org/cgi/content/abstract/122/5/e1053.

34 **Juntamente com o transtorno de déficit de atenção e hiperatividade e o transtorno autístico, a depressão responde pelo uso sem precedentes e em grande escala de medicamentos psiquiátricos prescritos para a geração jovem**: estudo publicado pela Universidade de Harvard em *Harvard Mental Health Newsletter*, fevereiro de 2002, http://www.health.harvard.edu/newsweek/Depression_in_Children_Part_I.htm. Veja também: http://www.about-teen-depression.com/teen-depression.html; "Depression Facts and Stats" http://www.upliftprogram.com/depression_stats.html#4; E. R. Cox, et al., op. cit., e1053-61.

35 **Em 1996, a indústria farmacêutica gastou US$ 32 milhões em marketing de antidepressivos diretamente ao consumidor; entre 1996 e 2005, esse número quase quadriplicou, chegando aos US$ 122 milhões**: "Number of Americans Taking Antidepressants Doubles", por Liz Szabo, *USA Today*, 4 de agosto de 2009, http://www.usatoday.com/news/health/2009-08-03-antidepressants_N.htm.

35 **Mais de 164 milhões de antidepressivos foram prescritos em 2008, totalizando US$ 9,6 bilhões em vendas nos Estados Unidos**: "Study: Antidepressant Lift May Be All in Your Head", USAToday.com, 5 de janeiro de 2010, http://www.usatoday.com/news/health/2010-01-06-antidepressants06_ST_N.htm.

36 *Crazy Like Us:* Ethan Waters: *Crazy Like Us: The Globalization of the American Psyche*, de Ethan Waters, Nova York: Free Press, 2010.

36 "pode vivenciar uma forma... algo parecido com solidão": ibid., p.195.

36 **Na década passada, entretanto, uma campanha de marketing gigantesca lançada no Japão**: ibid., p. 225.

37 **O fato de o marketing direto ao consumidor ser ilegal no Japão não foi um impedimento**: ibid., pp. 187-248.

38 **Um estudo publicado na edição de abril de 2007 da *Archives of General Psychiatry***: "Extending the Bereavement Exclusion for Major Depression to Other Losses: Evidence from the National Comorbidity Survey", de Jerome C. Wakefield, Mark F. Schmitz, Michael B. First, Allan V. Horwitz, *Arch Gen Psychiat*, vol. 64(4), abril de 2007, pp. 433-40.

38 **... a taxa [de depressão] mais que dobrou... também está aumentando no resto do mundo desenvolvido**: "Changes in the Prevalence of Major Depression and Comorbid Substance Use Disorders in the United States Between 1991-1992 e 2001-2002", de W. M. Compton, K. P. Conway, F. S. Stinson, B. F. Grant., *Am J Psychiat*, vol. 163(12), dezembro de 2006, pp. 2141-7.

40 **O mesmo estudo informa, contudo, que a sensação do quanto uma pessoa é feliz no dia a dia ("sentimentos positivos") é quase que inteiramente desvinculada de seus ganhos fi-

nanceiros: "Wealth and Happiness Across the World: Material Prosperity Predicts Life Evaluation, Whereas Psychosocial Prosperity Predicts Positive Feeling", de Ed Diener, Weiting Ng, James Harter, Raksha Arora, *J Pers Soc Psychol*, vol. 99(1), 2010, pp. 52-61.

40 **O risco de desenvolver uma depressão maior multiplicou por dez desde a Segunda Guerra Mundial:** "'Me' Decades Generate Depression: Individualism Erodes Commitment to Others", de Martin E. P. Seligman e In J. Buie, *APA Monitor*, vol.19(18), outubro de 1988, p. 18.

40 **Pessoas que moram em países mais pobres têm menor risco de depressão do que as que moram em países industrializados:** "Unipolar Depressive Disorders World Map", http://en.wikipedia.org/wiki/File:Unipolar_depressive_disorders_world_map_-_DALY_-_WHO2004.svg.

40 **Em países desenvolvidos, as taxas de depressão são mais altas em habitantes de áreas urbanas do que em pessoas que residem em áreas rurais:** "Rural – Urban Differences in the Prevalence of Major Depression and Associated Impairment", de JiamLi Wang, *Soc Psychiat and Psychiat Epidemiol*, vol. 39(1), 2004, pp. 19-25.

40 **Em geral, países com estilos de vida mais distantes dos padrões modernos têm os níveis mais baixos de depressão:** "Unipolar Depressive Disorders World Map", http://en.wikipedia.org/wiki/File:Unipolar_depressive_disorders_world_map_-DALY_-_WHO2004.svg.

40 **Dentro dos Estados Unidos, a taxa de depressão dos membros da Velha Ordem Amish:** "Amish Study, I: Affective Disorders Among the Amish, 1976-1980", de J. A. Egeland e A. M. Hostetter, *Am J Psychiat*, vol. 140(1), janeiro de 1983, pp.56-61.

40 **Sociedades de caçadores e coletores no mundo moderno têm níveis extremamente baixos de depressão:** "Therapeutic Lifestyle Change: A Brief Psychoeducational Intervention for the Prevention of Depression", de Chantal D. Young. Submetido à faculdade de Psicologia e ao corpo docente da Universidade do Kansas, com o preenchimento dos requisitos parciais para a tese de doutorado em Psicologia. Data da defesa: 27 de agosto de 2009, p. 31, http://kuscholarworks.ku.edu/dspace/bitstream/1808/5946/1/Young_ku_0099D_10545_DATA_1.pdf.

41 **"Nenhuma dessas culturas pré-modernas tem depressão nos altos níveis que nós temos":** "Why Is There So Much Depression Today? The Waxing of the Individual and the Waning of the Commons", de Martin E. P. Seligman e R. E. Ingram (eds.). *Contemporary Psychological Approaches to Depression: Theory, Research, and Treatment*. Nova York: Plenum Publishing, 1989-1990, pp. 1-9.

41 **"Quanto mais 'moderno' for o modo de vida de uma sociedade, mais alta é a taxa de depressão... o corpo humano não foi projetado para viver no ambiente moderno pós-industrial":** *The Depression Cure*, de Stephen Ilardi. Cambridge, Mass.: Da Capo Press, 2009, p. 6.

41 **A agricultura começou há 10 mil anos e, até 1801, 95% dos americanos ainda viviam em fazendas:** http://www.landinstitute.org/vnews/display.v/ART/2004/04/08/4076b2169776a.

42 **E, antes do início da agricultura industrial, os fazendeiros viviam uma vida muito mais saudável do que a maioria das pessoas atualmente:** Ilardi, op. cit., p. 122.

42 **O termo "transtorno de déficit de natureza" entrou recentemente para o vocabulário popular:** *Lost Child in the Woods*, de Richard Louv. Chapel Hill, Carolina do Norte: Algonquin Books, 2005.

43 Os caçadores-coletores e outros povos "primitivos" não desenvolvem problemas de visão...: veja http://www.physorg.com/news168157251.html.

45 Mais de 20 estudos embasam a relação entre depressão e criatividade: http://www.cnn.com/2008/HEALTH/conditions/10/07/creativity.depression/index.html.

45 Os psicólogos clínicos veem a ruminação como "um modo de reagir ao sofrimento que envolve focalizar repetidamente os sintomas dessa angústia e suas possíveis causas e consequências": S. Nolen-Hoeksema et al., "Rethinking Rumination", *Pers Psychol Sci* 3, 2000, pp. 400-424.

45 um artigo na revista *New York Times* em 2010, intitulado "Depression's Upside": Jonah Lehrer, *New York Times Magazine*, 28 de fevereiro de 2010, p. 41, http://www.nytimes.com/2010/02/28depression-t.html.

47 "Você não consegue ver o quanto um mundo de dores e provações é necessário para treinar a inteligência, transformando-a em alma?": John Keats, *Selected Letters* (*Oxford World's Classics*), de Robert Gittings. Nova York: Oxford University Press USA, reedição de 2009, p. xiii.

CAPÍTULO 3:
A NECESSIDADE DE UMA NOVA ABORDAGEM EM SAÚDE MENTAL

48 Em 1977, a revista *Science* publicou um artigo controverso cujo título...: "The Need for a New Medical Model: A Challenge for Biomedicine", de George L. Engel, vol. 196(4286), 8 de abril de 1977, pp. 129-35.

51 Em 1980, a Associação Americana de Psiquiatria revisou radicalmente o Manual de Diagnósticos e Estatísticas de Transtornos Mentais (DSM-III) para que estivesse de acordo com o modelo biomédico: http://www.allacademic.com/meta/p_mla_apa_research_citation/1/7/5/4/0/p175408_index.html.

52 Em 1921, Otto Loewi (1873-1961), um farmacologista alemão, demonstrou que as células nervosas (os neurônios) se comunicam liberando substâncias químicas: "Neurons and Synapses: The History of Their Discovery", de Renato M.E. Sabbatini, capítulo 5, "Transmissão Química", *Cérebro & Mente* (*Brain & Mind*) 17, 2003, http://www.cerebromente.org.br/n17/history/neurons5_i.htm.

54 O primeiro antidepressivo foi descoberto acidentalmente em 1952: "History of the Use of Antidepressants in Primary Care", de Joseph A. Lieberman, "Primary Care Companion", *J Clin Psychiat*, vol. 5, S.7, 2003, pp. 6-10.

55 ... a Amazon vende cerca de 3 mil livros com a palavra [serotonina] no título: Pesquisa por palavra-chave em agosto de 2010, por autor, de "serotonina", na seção "Livros" da Amazon.com, usando http://www.amazon.com/s/ref=nb_sb_noss?url=search-alias&percent;3Dstripbooks&field-keywords=serotonin&x=0&y=0.

56 Na verdade, um novo produto farmacêutico conhecido como tianeptina – vendido na França e em outros países europeus sob o nome comercial de Coaxil – tem se mostrado mais eficaz que o Prozac: "The Depressing News About Antidepressants", de Sharon Begley, *Newsweek Online*, 29 de janeiro de 2010, http://www.newsweek.com/2010/01/28/the-depressing-news-about-antidepressants.html.

56 Irving Kirsch, professor de psicologia da Universidade de Hull, na Inglaterra, faz a seguinte afirmação, publicada na *Newsweek*: ibid.

56 A primeira análise desse tipo, publicada em 1998: ibid.
56 Em abril de 2002, a Revista da Associação Médica Americana (*JAMA*) publicou resultados de um amplo estudo, com procedimentos aleatórios e controlados: "St. John's Wort e Depressão", de Wayne Jonas, David Wheatley et al., *JAMA*, vol. 288(4), abril de 2002, pp. 446-9. Veja também: http://nccam.nih.gov/news/2002/stjohnswort/q-and-a.htm.
57 ... o Zoloft não teve ação melhor que o placebo: Begley, op. cit.
57 Irving Kirsch resume as evidências crescentes contra os antidepressivos ISRS em seu livro, lançado em 2010: *The Emperor's New Drugs: Exploding the Antidepressants Myth*, de Irving Kirsch. Nova York: Basic Books, 2010.
57 ... uma análise mais recente, publicada na edição de 6 de janeiro de 2010 da *JAMA*: "Antidepressant Drug Effects and Depression Severity: A Patient-Level Meta-analysis", de Jay C. Fournier, Robert J. DeRubeis et al., *JAMA*, vol. 303(1), 5 de janeiro de 2010, pp. 47-53.
57 Cerca de 13% das pessoas com depressão têm sintomas muito graves: Begley, "Depressing News".
57 Um dos colaboradores da Revista da Associação Médica Americana (*JAMA*), Steven D. Hollon, PhD, da Vanderbilt University, observa: Begley, "Depressing News".
58 A solidão, por exemplo, é um indicador poderoso de depressão: "Risk Factor for Depression in Later Life: Results of a Prospective Community Based Study (AMSTEL)", de R. A. Schoevers, A. T. Beekman et al., *J Affect Disord*, vol. 59(2), agosto de 2000, pp. 127-37.
59 Citei Albert Einstein com relação aos modelos conceituais: A citação a seguir é de *Evolution of Physics*, de Einstein e Infeld, Cambridge, Reino Unido: Cambridge University Press, 1938, p. 152.
62 ... indivíduos treinados em meditação possuem atividade cerebral diferente dos que não possuem esse treinamento: "Mindfulness Practice Leads to Increases in Regional Brain Matter Density", de Britta K. Hölzel, James Carmody et al., *Psychiat Res Neuroimaging*, vol. 191(1), 30 de janeiro de 2011, pp. 36-43.

CAPÍTULO 4:
INTEGRANDO A PSICOLOGIA ORIENTAL E OCIDENTAL

63 O dr. Lewis Mehl-Madrona: *Coyote Medicine*, de Lewis Mehl-Madrona. Nova York: Simon and Schuster, 1997.
63 "A língua lakota não possui um conceito estrito para saúde mental": Lewis Mehl-Madrona, comunicação pessoal e conteúdo da palestra, março de 2010.
64 Nesse modo de pensar sobre mente e saúde mental, a comunidade é a unidade de estudo básica e não o indivíduo...: ibid.
65 A XV Mente e Vida, realizada em 2007 na Universidade de Emory, em Atlanta, Georgia: "Mind and Life XV", http://www.mindandlife.org/dialogues/past-conferences/ml15/.
66 "a possibilidade de terapias baseadas na atenção plena, em conjunto com técnicas para expandir a compaixão, que podem mostrar-se especialmente úteis no tratamento da depressão": "Mind and Life XV", www.mindandlife.org/dialogues/past-conferences/ml15/.
67 Os estudos de Davidson, juntamente com o de outros pesquisadores, demonstram que a *neuroplasticidade* é uma característica fundamental de nossos cérebros: "Buddha's Brain:

Neuroplasticity and Meditation", de Richard Davidson e Antoine Lutz, *IEEE Signal Processing Magazine*, vol. 25(1), janeiro de 2008, pp. 174-6.

67 **Em uma entrevista concedida em janeiro de 2007, Ricard contou ao jornal britânico *The Independent*...**: www.independent.co.uk/news/uk/this-britain/the-happiest-man-in-the-world-433063.html.

67 **O Dalai Lama, que acredita que "o propósito da vida é a felicidade", também ensina que "a felicidade pode ser alcançada através do treinamento da mente"**: *The Art of Happiness: A Handbook for Living*, de Sua Santidade o Dalai Lama e dr. Howard Cutler. Nova York: Putnam Books, 1998, pp. 13-14. Ed. bras.: *A arte da felicidade: um manual para a vida*, Ed. WMF Martins Fontes; veja também: http://www.1000ventures.com/business_guide/crosscuttings/cultures_buddhism_dalai_lama.html.

68 **Estudos mostram que o programa [MBSR] é eficaz para dor crônica e uma série de outras doenças**: "A Pilot Study Evaluating Mindfulness-Based Stress Reduction and Massage for the Management of Chronic Pain", de Margaret Plews-Ogan, Justine E. Owens, Matthew Goodman, Pamela Wolfe e John Schorling, *Gen Intern Med*, vol. 20(12), dezembro de 2005, pp. 1136-8; veja também: "The Effects of Mindfulness-Based Stress Reduction Therapy on Mental Health of Adults with a Chronic Medical Disease: a Meta-Analysis", de E. Bohlmeijer, R. Prenger, E. Taal, P. Cuijpers, *J Psychosom Res*, vol. 68(6), junho de 2010, pp. 539-44; veja também: http://www.mindfullivingprograms.com/whatMBSR.php.

69 **Em estudo relatado em janeiro de 2011, na *Psychiatry Research***: "Mindfulness Practice Leads to Increases in Regional Brain Gray Matter Density", de Britta K. Hölzel, James Carmody, Mark Vangel, Christina Congleton, Sita M. Yerramsetti, *Psychiat Res Neuroimaging*, vol.191, 30 de janeiro de 2011, pp. 36-43.

69 **Outra aplicação – *Mindfulness-Based Cognitive Therapy* (MBCT)**: http://www.mindfullivingprograms.com/whatMBSR.php; veja também: "Mindfulness-Based Cognitive Therapy": http://www.mbct.com/; http://archpsyc.ama-assn.org/cgi/content/short/67/12/1256; "Antidepressant Monotherapy vs. Sequential Pharmacotherapy and Mindfulness-Based Cognitive Therapy, or Placebo, for Relapse Prophylaxis in Recurrent Depression", de Zindel V. Segal, Peter Bieling et al., *Arch Gen Psychiat*, vol. 67(12), dezembro de 2010, pp. 1256-64.

69 **O dr. Daniel Siegel, professor de psiquiatria da UCLA... chama essa capacidade de *"mindsight"***: *Mindsight: The New Science of Personal Transformation*, de Daniel J. Siegel. Nova York: Bantam Books, Random House, 2010, pp. xi-xiii.

CAPÍTULO 5:
OTIMIZAÇÃO DO BEM-ESTAR EMOCIONAL
COM CUIDADOS PARA O CORPO

75 **Até 20% das pessoas que sofrem de depressão têm deficiência em hormônios da tireoide**: "Clinical and Subclinical Hypothyroidism in Patients with Chronic and Treatment-Resistant Depression", de I. Hickle, B. Bennett, P. Mitchell, K. Wilhelm, W. Orlay, *Austral NZ J Psychiat*, vol. 30, abril de 1996, pp. 246-52; veja também: "Depression Explored, with Dr. Barry Durrant-Peatfield", 19 de novembro de 2003, http://thyroid.about.com/b/2003/11/19/depression-explored-with-dr-barry-durrant-peatfield.htm.

76 Disfunções das glândulas pituitária e suprarrenal geralmente afetam também a saúde emocional, como as drogas usadas para tratá-las: "Psychiatric Aspects of Cushing's Syndrome", de W. F. Kelly, *QJM*, vol. 89, 1996, pp. 543-51, http://qjmed.oxfordjournals.org/content/89/7/543.full.pdf+html?sid=1ce50d74-b3f4-4d2a-b7b0-8d367d3133ee.

76 A depressão em homens idosos pode ser aliviada com o aumento dos níveis de testosterona: "Partial Androgen Deficiency, Depression and Testosterone Treatment in Aging Men", de M. Amore et al., *Aging Clin Exper Res*, vol. 21(1), fevereiro de 2009, pp. 1-8.

76 Os diabéticos são mais propensos à depressão do que os não diabéticos: "Bidirectional Association Between Depression and Type 2 Diabetes Mellitus in Women", de Pan Na, Michel Lucas et al., *Arch Int Med*, vol. 170(21), 22 de novembro de 2010, pp. 1884-91; veja também: "Examining a Bidirectional Association Between Depressive Symptoms and Diabetes", de S. H. Golden et al., *JAMA*, vol. 299(23), 2008, pp. 2751-9.

76 Um estudo recente realizado em animais com diabetes tipo 1 mostrou um efeito antes desconhecido da insulina: "Insulin's Brain Impact Links Drugs and Diabetes", Vanderbilt University Medical Center, *ScienceDaily*, 17 de outubro de 2007, encontrado em http://sciencedaily.com/releases/2007/10/071017090131.htm.

76 (nota de rodapé): **Preocupação sobre essa possibilidade em um paciente com a doença de Addison, John F. Kennedy**: "John F. Kennedy's Addison's Disease Was Probably Caused by Rare Autoimune Disease", de Thomas H. Maugh, *Los Angeles Times*, 5 de setembro de 2009, http://articles.latimes.com/print/2009/sep/05/science/sci-jfk-addisons5.

77 Um em cada três sobreviventes de infarto vivenciam esse problema [depressão], assim como uma em cada quatro pessoas que tiveram AVC e um em cada três pacientes com HIV: "Co-Occurrence of Depression with Other Illnesses", da publicação do National Institute of Mental Health "Men and Depression", *NIMH*, 2005, http://www.nimh.nih.gov/health/publications/men-and-depression/co-occurrence-of-depression-with-other-illnesses.shtml.

77 Mais alta ainda é a porcentagem (50%) de pessoas com doença de Parkinson que sofrem de depressão: "Depression Common With Parkinson's Disease", de Miranda Hitti. *WebMD Health News*, 29 de setembro de 2004, http://www.webmd.com/parkinsons-disease/news/20040929/depression-common-with-parkinsons-disease.

77 "A depressão é parte da doença e não simplesmente uma reação a ela": citação de Irene Richards, ibid.

78 Aproximadamente 25% das pessoas com câncer sofrem de depressão: "After Cancer, Ambushed by Depression", de Dana Jennings, *New York Times*, Seção Saúde, 29 de setembro de 2009.

78 Com alguns tipos de câncer – em especial o câncer no pâncreas – a porcentagem é bem mais elevada: "Palliative Care in Pancreatic Cancer", de Frank J. Brescia, *Cancer Control*, vol. 11(1), janeiro-fevereiro de 2004, pp. 39-45.

79 Um efeito colateral relatado com frequência na terapia com interferon é a depressão severa; alguns pacientes até chegaram a cometer suicídio: Molly McElroy, "Scientists Build on Case Connecting Inflammatory Disease and Depression", Illinois News Bureau, 27 de julho de 2004, http://news.illinois.edu/news/04/0727depression.html

79 Além dos efeitos colaterais físicos severos, a interleucina pode causar paranoia e alucinações: "What You Need to Know About Interleukin-2 for Metastatic Melanoma", de Timothy

DiChiara, *About.com*, 31 de março de 2009, http://skincancer.about.com/od/treatment options/a/interleukin.htm.

79 **Quando citocinas pró-inflamatórias são administradas em animais, eles apresentam um "comportamento doentio":** "Cytokine-Induced Sickness Behavior", de K. W. Kelley, R. M. Bluthe et al., *Brain Behav Immun*, vol. 17, 1, fevereiro de 2003, pp. 112-8.

79 **... na década de 1960, pesquisas revelaram que a causa era a transmissão de doenças pelo sangue:** "Effects of Bacterial Endotoxin on Water Intake, Food Intake, and Body Temperature in the Albino Rat", de J. E. Holmes e N. E. Miller, *J Exp Med*, vol. 118, 1963, pp. 649-58; veja também: "Some Psychophysiological Studies of Motivation and of the Behavioral Effects of Illness", de N. Miller, *Bull Br Psychol Soc*, vol. 17, 1964, pp. 1-20.

82 **São alimentos classificados como sendo de *alto índice glicêmico*, pois elevam rapidamente a glicemia ou concentração de açúcar no sangue:** veja *The Glucose Revolution: The Authoritative Guide to the Glycemic Index*, de Jennie Brand-Miller et al., Emmeryville, Calif.: Marlowe & Company, 1999.

83 **Pessoas em boa forma e que se exercitam regularmente têm menos inflamações:** "Does Exercise Reduce Inflammation? Physical Activity and C-reactive Protein Among U.S. Adults", de E.S. Ford, *Epidemiol*, vol. 15(5), setembro de 2002, pp. 561-8; veja também: "Effects of Aerobic Physical Exercise on Inflammation and Atherosclerosis in Men: The DNASCO Study: A Six-Year Randomized, Controlled Trial", de Rainer Rauramaa et al., *Ann Int Med*, vol. 140(12), 15 de junho de 2004, pp. 1007-14.

83 **A quantidade e a qualidade do sono também agem na inflamação, assim como no estresse:** "Poor Sleep Quality Increases Inflammation, Community Study Finds", *Science Blog*, 14 de novembro de 2010, http://scienceblog.com/40178/poor-sleep-quality-increases-inflammation-community-study-finds/; veja também: "Inflamation and Stress", de Robert A. Anderson, *Townsend Letter for Doctors and Patients*, maio de 2005, http://findarticles.com/p/articles/mi_m0ISW/is_262/ai_n13675741/; "Sleep and Inflammation", de N. Simpson e D. F. Dinges, *Nutr Rev*, vol. 65, nº 12, parte 2, Suplemento, dezembro de 2007, pp. 244-52.

84 **Muitos estudos relacionam deficiências específicas em nutrição a funções cerebrais insatisfatórias e saúde mental/emocional:** "Food, Micronutrients, and Psychiatry", de David F. Horrobin, *Int Psychogeriat*, vol. 14(4), janeiro de 2005, pp. 331-4.

85 **... ácidos graxos ômega-3. Essa gordura especial é extremamente necessária para a saúde física e mental:** ibid.

85 **Suplementos nutricionais com essas gorduras, geralmente na forma de óleo de peixe, provaram ser terapias eficazes, naturais e atóxicas:** "Fish Oils and Mental Health/Depression".

85 **Doses muito altas de óleo de peixe – 20 gramas por dia ou mais – têm sido usadas como tratamento, sem quaisquer efeitos nocivos:** ibid.

86 **Um gorila, que come mais folhas e outros vegetais crus com baixos níveis de gordura, tem um cérebro que pesa cerca de 0,2% do seu peso corporal total:** "The Difference Between Human Primates and Ape Primates", de Imonikhe Ahimie, postado em *Helium.com*, 1º de setembro de 2009, http://www.helium.com/items/1572554-differences-between-human-primates-and-ape-primates.

88 **... vitamina D e é quase impossível obtê-la unicamente pela alimentação:** "Vitamin D Important in Brain Development and Function", *Science News*, 23 de abril de 2008. Veja: http://www.sciencedaily.com/releases/2008/04/080421072159.htm.

88 ... não apenas para a saúde dos ossos, mas para a proteção contra muitos tipos de câncer, esclerose múltipla, gripe e outras doenças: ibid.
88 ... muitos médicos agora checam rotineiramente as taxas de vitamina D no sangue de seus pacientes, constatando essa deficiência em muitos deles: ibid.
88 Taxas altas de vitamina D podem proteger contra o declínio cognitivo relacionado ao envelhecimento: "Association Between 25-hydroxyvitamin D Levels and Cognitive Performance in Middle-Aged and Older European Men", de D. M. Lee, A. Tajar, A. Ulubaev et al., *J Neurol Neurosurg Pychiat*, vol. 80(7), Epub, 21 de maio de 2009, pp. 722-9.
88 (essa última correlação é uma possível explicação para o surpreendente alto índice de esquizofrenia em imigrantes de pele escura que se mudam para países do Norte da Europa): "Why are Immigrants at Increased Risk for Psychosis? Vitamin D Insufficiency, Epigenetic Mechanisms, or Both?", de M. J. Dealberto, comentado em: *Med Hypotheses*, vol. 70(1), 2008, p. 211.
90 Deficiências de outras vitaminas e microminerais (ou oligoelementos) foram constatadas em pessoas com transtornos de humor: "Food, Micronutrients, and Psychiatry", de David F. Horrobin, *Int Psychogeriat*, vol. 14(4), janeiro de 2005, pp. 331-4.
91 Uma matéria divulgada nos Estados Unidos, em junho de 2010, descreve um "tratamento não convencional para ansiedade e transtornos de humor...": "Is Exercise the Best Drug for Depression?", de Laura Blue, *Time Magazine Online*, sábado, 19 de junho de 2010, http://www.time.com/time/health/article/0,8599,1998021,00.html.
91 "Para que o homem seja bem-sucedido na vida, Deus lhe concedeu dois meios...": Platão, século IV a.C., citado em "Physical Activity, Exercise, Depression and Anxiety Disorders", de Andreas Struohle, *J Neural Transm*, vol. 116, 2009, pp. 777-84.
91 Muitos estudos mostram que pacientes deprimidos que adotam a prática de exercícios aeróbicos melhoram tanto quanto os que são tratados com medicamentos e tornam-se menos propensos à recaída: ibid.
91 Os estudos também sugerem que os exercícios auxiliam na prevenção de depressão e elevam o humor nas pessoas saudáveis: ibid.
92 A maioria dos estudos prospectivos usam programas de caminhada ou corrida: ibid.
92 ... alguns pesquisadores descobriram que exercícios não aeróbicos – como os treinamentos de força e flexibilidade, além da ioga – também são eficazes: ibid; veja também: "Mood Alteration with Yoga and Swimming: Aerobic Exercise May Not Be Necessary", de B. G. Bergen e D. R. Owen, *Percept Mot Skills*, vol. 75(3), parte 2, dezembro de 1992, pp. 1221-43.
92 ... a psicóloga clínica e professora de ioga, Bo Forbes, explica: a citação que se segue é do livro *Yoga for Emotional Balance*, de Bo Forbes, Boulder, Colo: Shambhala Publications, 2010, p. 39.
93 As conclusões mais importantes das pesquisas até agora são que a atividade física regular: Os itens descritos na sequência são de Andreas Struohle, op. cit.
96 A maioria dos especialistas concorda que sono e humor estão intimamente ligados: "Sleep and Mood", de Lawrence J. Epstein, 15 de dezembro de 2008, http://healthysleep.med.harvard.edu/need-sleep/whats-in-it-for-you/mood.
96 Estudos afirmam que cerca de 90% dos pacientes com depressão maior têm dificuldades em pegar no sono ou permanecer dormindo: ibid.

96 ... insônia crônica, intermitente na maior parte do ano, é um indicador de depressão: ibid.
97 De 5% a 10% da população adulta nos países ocidentais industrializados sofrem de insônia crônica: ibid.
97 ... maioria delas envolve falta de sono: seres humanos são observados em laboratório, por vários dias ou semanas, tendo dormido menos que o normal: "How Does Sleep Loss Affect Mood?, de Ruth M. Benca, *Medscape Family Medicine*, vol. 7(2), 2005, http://cme.medscape.com/viewarticle/515564; veja também: "Sustained Sleep Restriction Reduces Emotional and Physical Well-Being", de Monica Haack e Janet M. Mullington, *Pain*, vol. 119(1), 15 de dezembro de 2005, pp. 56-64.
97 **Um estudo da Universidade da Pensilvânia revelou:** "Cumulative Sleepiness, Mood Disturbance, and Psychomotor Vigilance Decrements During a Week of Sleep Restricted to 4-5 Hours Per Night", de David Dinges et al., *Sleep*, vol. 20(4), abril de 1997, pp. 267-77.
97 **Em outro estudo feito por pesquisadores da Escola de Medicina de Harvard e da Universidade da Califórnia, em Berkeley, a ressonância magnética funcional foi usada para avaliar mudanças na função cerebral com a privação do sono:** "The Human Emotional Brain Without Sleep – a Prefrontal Amygdala Disconnect", de Seung-Schik Yoo, Ninad Gujar, Peter Hu et al., *Curr Biol*, vol. 17(20), 23 de outubro de 2007, pp. R877-8.
98 ... pois a privação do sono também aumenta a inflamação no corpo: "Sleep and Inflammation", de Deborah Simpson e David F. Dinges, *Nutr Rev*, vol. 65, dezembro de 2007, pp. S244-52.
98 **Os transtornos de humor também... sono REM:** Rosalind Cartwright, *The Twenty-four Hour Mind: The Role of Sleep and Dreaming in Our Emotional Lives*. Nova York: Oxford University Press, 2010, 7.
98 "a perda do sono REM e dos sonhos é a principal influência sociocultural que não recebe a devida atenção no estudo das causas da depressão": "Circadian Rhythm and Blues: The Interface of Depression with Sleep and Dreams", de Rubin Naiman, postado em *Psychology Today Blog*, de Rubin Naiman, PhD, 28 de fevereiro de 2011, http://www.psychologytoday.com/blog/bloggers/rubin-naiman-phd.
98 É relevante o fato de que a maioria dos medicamentos para ajudar as pessoas a dormirem suprime o sono REM e os sonhos: ibid.
98 Pesquisas sugerem que o conteúdo emocional de muitos sonhos é negativo: ibid.
105 Com o uso prolongado, os esteroides causam instabilidade emocional, euforia e, com bastante frequência, depressão: "Exogenous Corticosteroids and Major Depression in the General Population", de S. B. Patten, *J Psychosom Res*, vol. 49(6), dezembro de 2002, pp. 447-9
107 (é interessante saber que a Islândia é exceção, provavelmente porque seus habitantes têm níveis excepcionalmente altos de ácidos graxos ômega-3 devido a uma dieta rica em óleo de peixe, bem como a ingestão elevada de vitamina D): do livro *The Jungle Effect: Healthiest Diets from Around the World – Why They Work and How to Make Them Work for You*, de Daphne Miller, Nova York: Harper, 2009, pp. 137-9.
107 Em 1984, Norman E. Rosenthal e seus colegas do Instituto Nacional de Saúde Mental descreveram uma forma de depressão que se repetia sazonalmente: "Seasonal Affective Disorder: A Description of the Syndrome and Preliminary Findings with Light Therapy", de N. E. Rosenthal et al., *Arch Gen Psychiat*, vol. 41(1), 1984, pp. 72-80.

107 Seu livro de 1993, *Winter Blues*, é um tratado clássico sobre o assunto: *Winter Blues*, de Norman E. Rosenthal. Nova York: Guilford Press, 1993.

107 Cerca de 6,1% da população americana sofre de transtorno afetivo sazonal, enquanto o dobro da população está sujeita a uma forma mais branda, chamada de "transtorno afetivo sazonal subsindrômico": "Bright Light Therapy of Subsyndromal Seasonal Affective Disorder in the Workplace: Morning vs. Afternoon Exposure", de D. H. Avery, D. Kizer, M. A. Bolte, C. Hellekson, *Acta Psychiatrica Scandinavica*, vol. 103(4), 2001, pp. 267-74; veja também: "Seasonal Affective Disorders", de M. Said, postado em *Priory*, janeiro de 2001, http://priory.com/psych/SAD.htm.

108 Seja qual for a causa, o tratamento com lâmpadas que simulam luz natural – não as mesmas que usamos em ambientes fechados – funciona para aliviar o transtorno afetivo sazonal de maneira tão eficaz quanto os antidepressivos e de forma mais rápida: "The Effect of Light Therapy in the Treatment of Mood Disorders: A Review and Meta-Analysis of the Evidence", de Robert N. Golden et al., *Am J Psychiat*, vol. 162, abril de 2005, pp. 656-62.

108 ... mas a análise dos dados até o momento sugere que ela também possa ser eficaz para tratar da depressão não sazonal, mais uma vez funcionando tão bem quanto a medicação: ibid.

109 muitos aparelhos possuem comprimentos de onda de luz azul que são prejudiciais à visão, aumentando o risco de Degeneração Macular Relacionada à Idade (DMRI): "The Dark Side of the Light: Rhodopsin and the Silent Death of Vision. The Protector Lecture", *Investig Ophthalmol Vis Sci*, vol. 46, 2005, pp. 2676-82; veja também: "The Risk of Eye Damage from Bright Light and Blue Light Therapy", postado em *sunnexbiotech.com*, http://www.sunnexbiotech.com/therapist/main.htm.

109 (O engenheiro Herbert Kern, o primeiro a experimentar esse tipo de terapia, declara em um artigo na revista *Science*, em 2007): "Psychiatry Research. Is Internal Timing Key to Mental Health?, de Y. Bhattacharjee, *Science*, vol. 317(5844), 14 de setembro de 2007, pp. 1488-90.

112 Pesquisas recentes sugerem que medicações antidepressivas podem aumentar o risco: Steven Rosenberg, "Study Hints at Link Between Antidepressants and Heart Trouble," apresentado por dr. Amit Shah na reunião anual de 2011 do American College of Cardiology, *HealthDay News*, 2 de abril de 2011; L. Cosgrove, Lig Shi et al., "Antidepressants and Breast and Ovarian Cancer Risk: A Review of the Literature and Researchers' Financial Associations with Industry", *PlosOne*, www.plosone.org/article/info%3Adoi%2F10.1371%2Fjournal.pone.0018210.

114 Essa planta europeia (*Hypericum perforatum*) tem um longo histórico de uso medicinal, incluindo o uso para alavancar o humor: "St. John's Wort: A Systematic Review of Adverse Effects and Drug Interactions for the Consultation Psychiatrist", de Paul Hammernes, Ethan Basch et al., *Psychosomatics*, vol. 44, agosto de 2003, pp. 271-82.

114 e grande parte dos resultados experimentais com depressão leve a moderada tem sido positivos, com a erva-de-são-joão demonstrando melhor desempenho que placebo, com resultados frequentemente melhores que os antidepressivos prescritos e algumas vezes mostrando-se mais eficazes que os medicamentos farmacológicos: Hammernes et al., "St. John's Wort".

116 ... o SAMe vem sendo estudado minuciosamente como antidepressivo e no tratamento da dor da osteoartrite: "SAMe for Treatment of Depression", *The National Center for Complementary and Alternative Medicine at the National Institutes of Health*, 22 de dezembro de

2008, http://www.healthyplace.com/depression/alternative-treatments/same-for-treatment-of-depression/menu-id-68/.

116 **Em um estudo recente... pesquisadores da Escola de Medicina de Harvard e do Hospital Geral de Massachusetts administraram SAMe ou placebo para 73 adultos com depressão:** "S-Adenosyl Methionine (SAMe) Augmentation of Serotonin Reuptake Inhibitors for Antidepressant Nonresponders with Major Depressive Disorder: A Double-Blind, Randomized Clinical Trial", de George I. Papakostas et al., *Am J Psychiat*, vol. 167, agosto de 2010, pp. 942-8.

118 *A Rhodiola rosea*: "Rhodiola rosea: A Phytomedicinal Overview", de Richard P. Brown, Patricia L. Gerbarg, Zakir Ramazanov, American Botanical Council, *HerbalGram*, edição 56, 2002, pp. 40-52.

118 [*Rhodiola rosea*] **foi exaustivamente estudada por cientistas russos e suecos:** Brown et al., "Rhodiola rosea".

118 **A raiz da rhodiola contém rosavina, componente que aparentemente aumenta a atividade dos neurotransmissores e pode ser responsável pelos efeitos benéficos da erva sobre o humor e a memória:** ibid.

118 **Em um estudo duplo-cego realizado na Suécia, em 2007, com seres humanos em um grupo de controle que utilizava placebo:** "Clinical Trial of *Rhodiola rosea* L. Extract SHR-5 in the Treatment of Mild to Moderate Depression", de V. Darbinyan et al., *Nordic J Psychiat*, vol. 61(5), 2007, pp. 343-8.

119 **A valeriana vem da raiz de uma planta europeia (*Valeriana officinalis*) usada com segurança durante séculos para promover relaxamento e sono:** informações sobre valeriana retiradas de *The ABC Clinical Guide to Herbs*, do American Botanical Council, Nova York: Thieme Publishers, 2003, pp. 351-64.

119 **A kava-kava é outra raiz com efeito sedativo...:** ibid, pp. 259-71.

119 **A kava-kava é um excelente ansiolítico, demonstrado em estudos controlados com seres humanos como sendo tão eficaz quanto os medicamentos benzodiazepínicos:** ibid.

120 **Pesquisas com animais mostram que a ashwagandha é equivalente ao ginseng verdadeiro (*Panax*) na proteção contra o estresse, sem o efeito estimulante do ginseng:** ibid; veja também: "Adaptogenic Activity of Withania Somnifera: An Experimental Study Using a Rat Model of Chronic Stress", de S. K. Bhattacharya e A. V. Muruganandam. *Pharmacol Biochem Behav*, vol. 75(3), junho de 2003, pp. 545-55.

120 **Estudos com seres humanos na Índia comprovam as propriedades tranquilizantes e de melhora no humor e confirmam que a ashwagandha não é tóxica:** "Withania Somnifera: an Indian Ginseng", de S. K. Kulkarni e A. Dhir, *Prog Neuropsychopharmacol Biol Psychiat*, vol. 32(5), 1º de julho de 2008, pp. 1093-1105.

121 **O manjericão santo ou tulsi (*Ocimum sanctum*) é uma planta sagrada na Índia... Pesquisas mais recentes com animais e seres humanos demonstraram que ele não é tóxico, além de propiciar uma variedade de benefícios:** "Evaluation of Anti-inflammatory Potential of Fixed Oil of *Ocimum sanctum* (Holy Basil) and Its Possible Mechanism of Action", de S. Singh, D. K. Majumdar, H. M. S. Rehan, *J Ethnopharmacol*, vol. 54, 1996, pp. 19-26; veja também: *Adaptogens: Herbs for Strength, Stamina, and Stress Relief*, de David Winston e Steven Maimes, Rochester, Vermont: Inner Traditions – Bear & Co., 2007; veja também: *Tulsi – Mother Medicine of Nature*, de dr. Narendra Singh e dr. Yamuna Hoette, International Institute of

Herbal Medicine (Lucknow, India), 2002, http://www.holy-basil.com/6685.htmland http://www.pharmainfo.net/reviews/ocimum-sanctum-and-its-theurapeutic-applications.

121 **Meu colega, o dr. Jim Nicolai, diretor médico do Programa Integrativo de Bem-Estar no Miraval Spa e Resort, em Tucson, conta sobre o enorme sucesso do manjericão santo com seus pacientes:** comunicação pessoal, 2010.

122 **A cúrcuma, tempero amarelo que dá cor ao caril e à mostarda americana amarela, é um potente agente anti-inflamatório:** American Botanical Council, *HerbalGram* 84, 2009, pp. 1-3, http://cms.herbalgram.org/herbalgram/issue84/article3450.html.

122 **Seu componente ativo, a curcumina, mostrou-se promissor como antidepressivo:** "Antidepressant Activity of Curcumin: Involvement of Serotonin and Dopamine System", de S. Kulkarni, M. K. Bhutani, M. Bishnoi, *Psychopharmacol*, vol. 201(3), 3 de setembro de 2008, pp. 435-42.

122 **Pesquisadores indianos sugerem que sejam feitos estudos clínicos para explorar sua eficácia como um novo antidepressivo:** "Potentials of Curcumin as an Antidepressant", de S. Kulkarni, A. Dhir, K. K. Akula, *Scientific World J*, vol. 9, novembro de 2009, pp. 1233-41.

123 **a absorção é bastante ampliada pela presença da piperina na pimenta-do-reino:** "Influence of Piperine on the Pharmacokinetics of Curcumin in Animals and Human Volunteers", de G. Shoba, D. Joy, T. Joseph et al., *Planta Med*, vol. 64(4), maio de 1998, pp. 353-6.0

123 **... em um estudo controlado na China, em 1994, pacientes com depressão que se trataram seis vezes por semana com acupuntura, por um período de seis semanas, melhoraram tanto quanto os tratados com amitriptilina (Elavil):** "Clinical Observation on Needling Extrachannel Points in Treating Mental Depression", de X. Yang, X. Liu et al., *J Tradit Chin Med.*, vol. 14(1), março de 1994, pp. 14-18; veja também: "Role of Acupuncture in the Treatment of Depression, Benefits and Limitations of Adjunctive Treatment and Monotherapy", de Pavel Jalynytchev e Valentina Jalynytchev, *Psychiat Times*, vol. 26(6), 12 de maio de 2009, http://www.psychiatrictimes.com/depression/content/article/10168/1413274.

123 **alguns estudos usam a eletroacupuntura:** "Eletroacupuncture: Mechanisms and Clinical Application", de G. A. Ulett, S. Han, J. S. Han, *Biol Psychiat*, vol. 44(2), 15 de julho de 1998, pp. 129-38.

124 **Sabemos que bebês humanos e animais privados de contato físico não se desenvolvem normalmente; alguns, na realidade, adoecem e morrem:** "How Important Is Physical Contact with Your Infant?, de Katherine Harmon, *Scientific American Newsletters*, 6 de maio de 2010, www.scientificamerican.com/article.cfm?id=infant-touch.

124 **Novos e fascinantes estudos começam a documentar os benefícios bioquímicos do toque:** "A Preliminary Study of the Effects of a Single Session of Swedish Massage on Hypothalamic-Pituitary-Adrenal and Immune Function in Normal Individuals", de Mark Hyman Rapaport, Pamela Schettler, Catherine Bresee, *J Compl Alt Med*, vol. 16(10), 18 de outubro de 2010, pp. 1079-88.

125 **O toque promove liberação de oxitocina, o que por sua vez causa a liberação da dopamina no centro de recompensa do cérebro:** "The Neurobiology of Trust", de Paul J. Zak, Robert Kurzban, William T. Matzner, *Ann New York Acad Sci*, vol. 1032, 2004, pp. 224-7.

125 **O dr. Paul J. Zack, PhD, fundador de uma nova área chamada neuroeconomia:** "The Power of Handshake: How Touch Sustains Personal and Business Relationships", de Paul Zack com

Susan Kuchinskas, *Huffington Post*, 29 de setembro de 2008, http://www.huffingtonpost.com/paul-j-zack/the-power-of-a-handshake_b_129441.html.

125 **O cérebro dos que receberam a massagem liberou mais oxitocina do que as pessoas que descansaram. E os voluntários que receberam a massagem propiciaram 243% mais dinheiro aos estranhos que lhes demonstraram confiança**: "Monetary Sacrifice Among Strangers Is Mediated by Endogenous Oxytocin Release After Physical Contact", de Vera B. Morhenn, Jang Woo Park, Elisabeth Piper, Paul J. Zack, *Evol Human Behav*, vol. 29(6), novembro de 2008, pp. 375-83.

126 **Um artigo polêmico cujo tema era "Mexer com a terra é o novo Prozac?"**: "Is Dirt the New Prozac?", de Josie Glausiusz, *Discover*, julho de 2007, http://discovermagazine.com/2007/jul/raw-data-is-dirt-the-new-prozac.

CAPÍTULO 6:
OTIMIZAÇÃO DO BEM-ESTAR EMOCIONAL COM
REPROGRAMAÇÃO E CUIDADOS PARA A MENTE

131 **O conselho de Mark Twain é: "Arraste seus pensamentos para longe dos problemas... pegando-os pelas orelhas, pelos calcanhares ou do jeito que conseguir"**: Frase atribuída a Mark Twain.

132 **... da área conhecida como psicologia positiva é bem recente. Seu principal defensor, Martin Seligman**: *Authentic Happiness: Using the New Positive Psychology to Realize Your Potential for Lasting Fulfillment*, de Martin E.P. Seligman, Nova York: Free Press, 2004. Ed. bras.: *Felicidade autêntica: usando a Psicologia Positiva para a realização permanente*, Ed. Ponto de Leitura.

132 **"Lembre-se de que palavras rudes ou explosões não são ultrajantes por si só, mas sim o seu julgamento sobre elas"**: Citação atribuída a Epicteto (55 a 135 d.C.), *Internet Encyclopedia of Phylosophy*, 2011, http://www.iep.utm.edu/epictetu.

134 **Seligman testou muitas intervenções para ajudar as pessoas a terem mais prazer, fluidez e significado em suas vidas, descobrindo que três delas são especialmente eficazes**: Seligman, op. cit.

137 **O psiquiatra americano Aaron T. Beck (1921-), que desenvolveu a teoria cognitiva da depressão na década de 1960, é considerado o pai da terapia cognitiva**: Veja: http://en.wikipedia.org/wiki/Aaron_Temkin_Beck.

137 **(Em seu manual de tratamento original, Beck escreveu: "As origens filosóficas da terapia cognitiva podem ser remontadas à época da doutrina filosófica do estoicismo)"**: *Cognitive Therapy of Depression*, de A. T. Beck, A. J. Rush, B.F. Shaw, G. Emery, Nova York: Guilford Press, 1979, p. 8. Ed. bras.: *Terapia cognitiva da depressão*, Ed. Artmed, 1997.

138 **Em uma publicação de 2011, o British Royal College of Psychiatrists concluiu que a TCC**: Os itens que se seguem são de "Cognitive Behavioural Therapy (CBT)", *Royal College of Psychiatrists*, 2011, http://rcpsych.ac.uk/mentalhealthinformation/therapies/cognitivebehaviouraltherapy.aspx?theme.

138 **Os sintomas depressivos normalmente melhoram nessa fase inicial, e muitos pacientes não se sentem mais deprimidos depois de apenas 8 a 12 sessões**: "Cognitive Therapy for Depression", de A.C. Butler e A.T. Beck, *The Clinical Psychologist*, vol. 48(3), 1995, pp. 3-5.

139 **Em um estudo relatado na edição de dezembro de 2010 na revista *Archives of General Psychiatry:*** "Antidepressant Monotherapy vs. Sequencial Pharmacotherapy and Mindfulness-Based Cognitive Therapy, or Placebo, for Relapse Prophylaxis in Recurrent Depression", de Zindel V. Segal, Peter Bieling, Trevor Young et al., *Arch Gen Psychiat*, vol. 67(12), dezembro de 2010, pp. 1256-64.

143 **Os elefantes andam o tempo todo com a vara na posição vertical, o tronco fixo...**: *Meditation: a Simple Eight-Point Program for Translating Spiritual Ideals into Daily Life*, de Eknath Easwaran, Tomales, Cailf: Nilgiri Press, 1991, p. 58.

144 **Usando o livro de Easwaran, *The Mantram Handbook*, vários pesquisadores documentaram a eficácia desse método**: *The Mantram Handbook: A Practical Guide to Choosing Your Mantram and Calming Your Mind*, de Eknath Easwaran, Tomales, Calif: Nilgiri Press, 2008.

144 **Um estudo, publicado no *Journal of Continuing Education in Nursing*, em 2006**: "Relationship of Frequent Mantram Repetition to Emotional and Spiritual Well-Being in Healthcare Workers", de Jill E. Bormann, Sheryl Becker et al., *J Cont Educ Nursing*, vol. 37(5), setembro-outubro de 2006, pp. 218-24.

144 **Outros pesquisadores chegaram a conclusões parecidas depois de testar a repetição de mantras em veteranos de guerra e indivíduos soropositivos**: "Increases in Positive Reappraisal Coping During a Group-Based Mantram Intervention Mediate Sustained Reductions in Anger in HIV-Positive Persons", de Jill E. Bormann e Adam W. Carrico, *Int J Behav Med*, vol. 16(1), janeiro de 2009, pp. 74-80; veja também: "Mantram Repetition for Stress Management in Veterans and Employees: a Critical Incident Study", de J. E. Bormann, D. Oman et al., *J Adv Nurs*, vol. 53(5) março de 2006, pp. 502-12.

145 **(C. G. Jung incorporou o uso da mandala em seu trabalho psicanalítico com os pacientes)**: "Chaos Theory: Interface with Jungian Psychology", de Gerald Schueler, 1997, http://www.schuelers.com/chaos/chaos1.htm.

149 **"Uma mente que devaneia é uma mente infeliz" é o título de uma matéria**: "A Wandering Mind is an Unhappy Mind", de Matthew A. Killingsworth e Daniel T. Gilbert, *Science*, vol. 300(6006), 12 de novembro de 2010, p. 932.

151 **Se você identificar, mesmo que ocasionalmente, os pensamentos que passam por sua mente como simples pensamentos...**: Citação de *Stillness Speaks*, de Eckhart Tolle, Vancouver, B.C., Canadá: Namaste Publishing, 2003, pp. 14-15.

152 **Escrevi sobre o valor da meditação no meu primeiro livro, *The Natural Mind* (A mente natural), nos idos de 1972**: *The Natural Mind*, de Andrew Weil. Boston: Houghton Mifflin Company, 1972.

153 **Em seu cativante e mais recente livro, *In Pursuit of Silence: Listening for Meaning in a World of Noise*, o ensaísta George Prochnik conta a história de sair em patrulha com um policial de Washington, D.C., chamado John Spencer**: o trecho que se segue é do livro *In Pursuit of Silence: Listening for Meaning in a World of Noise*, de George Prochnik, Nova York: Doubleday, 2010, pp. 17-18.

157 **Obtemos muito mais informações do que desejamos...**: O trecho foi tirado de "Complexity and Information Overload in Society: Why Increasing Efficiency Leads to Decreasing Control", de Francis Heylighen, Free University of Brussels, 2002 (versão preliminar de *The Information Society*), http://pespmc1.vub.ac.be//Papers/Info-Overload.pdf.

164 Em 1900, apenas 5% dos lares americanos eram constituídos de pessoas morando sós...: "Loneliness and Isolation: Modern Health Risks", *The Pfizer Journal*, vol. 4(4), 2000.

164 Um estudo publicado em 2006 na *American Sociological Review* descobriu que os americanos tinham em média somente dois amigos íntimos nos quais podiam confiar, média menor que a de 1985, de três amigos: "Social Isolation in America: Changes in Core Discussion Networks Over Two Decades", de Miller McPherson, Lynn Smith-Lovin, Matthew E. Brashears, *Am Soc Rev*, vol. 71(3), 2006, pp. 353-75.

164 O isolamento social e a solidão estão intimamente relacionados à depressão: "Risk Factors for Depression in Later Life; Results of a Prospective Community Based Study (AMSTEL)", de R. A. Schoevers, A.T. Beekman, D. J. Deeg et al., *J Affect Disord*, vol. 59(2), agosto de 2000, pp. 127-37.

164 Em sua obra clássica, *O suicídio*, Émile Durkheim (1858-1917), o pai da sociologia moderna, escreveu: *Suicide*, de Émile Durkheim, Nova York: Free Press, 1997, p. 210. Ed. bras.: *O suicídio*, VMF Martins Fontes, 2011.

164 Pesquisadores documentaram a associação entre o uso da internet, o isolamento social e a depressão entre adolescentes: "The Relationship of Use of the Internet and Loneliness Among College Students", de Carole Hughes, Boston College Dissertations and Theses, Paper AAI99 23427, (1º de janeiro de 1997), http://escholarship.bc.edu/dissertations/AAI9923427/; veja também: "The Relationship Between Depression and Internet Addiction", by Kimberly S. Young e Robert C. Rodgers, *Cyber Psychol Behav*, vol. 1(1), 1998, pp. 25-8; "The Relationship of Internet Use to Depression and Social Isolation Among Adolescents", de Christopher E. Sanders, Tiffany M. Field, Miguel Diego, Michele Kaplan, *Health Publications*, verão de 2000, http://findarticles.com/p/articles/mi_m2248/is_138_35/ai_66171001/pg_2/.

CAPÍTULO 7:
ESPIRITUALIDADE SECULAR E BEM-ESTAR EMOCIONAL

170 A medicina mente-corpo vem crescendo e cada vez mais cientistas estão levando a sério as respostas ao placebo: "Placebo Research: The Evidence Base for Harnessing Self-Healing Capacities", de Harald Walach e Wayne B. Jonas, *J Alt Comp Med*, vol. 10(1), 2004, pp. S103-12.

174 Um grande número de pesquisas científicas confirmam os benefícios à saúde em geral, e à saúde emocional em particular, de viver na companhia de animais de estimação: "Animal Assisted Therapy: A Meta-Analysis", de J. Nimer e B. Lundahl, *Anthrozoo*, vol. 20(3), 2007, pp. 225-38.

174 Lynette A. Hart, doutora em veterinária e professora na Universidade da Califórnia, em Davis, escreve: "Companion Animals Enhancing Human Health and Wellbeing (Proceedings)", de Lynette A. Hart, *CVC Proceedings*, 1º de agosto de 2008, http://veterinarycalendar. dvm360.com/avhc/content/printContentPopup.jsp?id=567242.

174 "Estar próximo de animais de estimação parece nutrir a alma, promovendo um sentimento de ligação emocional e bem-estar geral": "Pet Therapy and Depression", de Dennis Thompson Jr., *Everyday Health*, 2011, http://www.everydayhealth.com/depression/pet-therapy-and-depression.aspx.

175 "É importante desenvolver e elevar a consciência humana através da beleza", ele escreveu: Citação atribuída a Mokichi Okada (1882-1955) http://ikebanasangetsu.org/.

177 Em seu livro lançado em 2001, *The Healing Power of Doing Good*: *The Healing Power of Doing Good*, de Allan Luks, Nova York: Fawcett Columbine, 1991.

177 ... e advogado... Allan Luks, introduziu o termo "barato do bem" para descrever o fluxo de bons sentimentos que as pessoas têm quando ajudam outras pessoas: ibid., p. xiii.

177 Desde então, neurocientistas vêm demonstrando que ajudar os outros ativa os mesmos centros cerebrais envolvidos nas respostas de prazer ligadas à comida e sexo mediadas pela dopamina: "The Helper's High", de Shoshana Alexander e James Baraz, *The Greater Good*, University of California, Berkeley, 1º de fevereiro de 2010, http://greatergood.berkeley.edu/article/item/the_helpers_high/.

177 Em um estudo clínico, esses centros de prazer se iluminavam quando os participantes simplesmente pensavam em doar dinheiro para instituições de caridade: ibid.

177 A partir de um estudo com mais de 3 mil voluntários, Allan Luks concluiu que pessoas que ajudam os outros regularmente têm dez vezes mais chances de gozar de boa saúde do que as que não são voluntárias: Luks, op. cit., p. xi.

177 "Ajudar outras pessoas protege a saúde geral duas vezes mais do que a aspirina protege contra doenças do coração": Citação e trecho que se seguem são de Christine L. Carter, "What We Get When We Give", *Psychology Today*, 18 de fevereiro de 2010, http://psychologytoday.com.

177 Uma das descobertas da memorável pesquisa publicada em 2000, denominada *Social Capital Community Benchmark Survey*, com cerca de 30 mil americanos: "Does Giving Make Us Prosperous?", de A. C. Brooks, *J Econ Finance*, vol. 31(3), outono de 2007, pp. 403-11.

178 A caridade é, "na verdade, interesse próprio mascarado como altruísmo": *Awareness: A De Mello Spirituality Conference in His Own Words*, de Anthony de Mello e J. Francis Stroud (ed.), Nova York: Random House, 1992, p. 19.

178 O Dalai Lama usa o termo "altruísmo egoísta" sem nenhum sentido pejorativo: "The Helper's High", Alexander e Baraz, op. cit.

180 **Compaixão e carinho ajudam o cérebro a funcionar de maneira mais harmoniosa...**: Citação do Dalai Lama, "Compassion Is the Source of Happiness", *The Berzin Archives*, maio de 2008, http://www.berzinarchives.com/web/en/archives/sutra/level2_lamrim/advanced_scope/bodhichitta/compassion_source_happiness.html.

180 Em estudos com imagens do cérebro, Richard Davidson e seus colegas documentaram mudanças no cérebro de monges tibetanos e leigos treinados em meditação compassiva: "Regulation of the Neural Circuitry of Emotion by Compassion Meditation: Effects of Meditative Expertise", de Antoine Lutz, Julie Brefczynki-Lewis, Tom Johnstone, Richard J. Davidson, *PLoS ONE*, vol. 3(3), 2008.

181 Em seu extraordinário livro *The Compassionate Mind*, o psicólogo Paul Gilbert: As citações a seguir são do livro *The Compassionate Mind*, de Paul Gilbert, Londres, UK: Constable, 2009.

182 "Perdoe sempre a seus inimigos – nada os aborrece tanto.": Citação atribuída a Oscar Wilde.

182 Pesquisas mostram que aqueles que perdoam desfrutam de melhor interação social e tornam-se mais altruístas com o passar do tempo: "Forgiveness and Health: Review and Reflections on a Matter of Faith, Feelings, and Psychology", de C. V. Witvliet, T. E. Ludowig,

K. L. Vander Lann, *J Psychol Theol*, vol. 29, 2001, pp. 212-24; veja também: "Granting Forgiveness or Harboring Grudges: Implications for Emotion, Psychology, and Health", de C. V. Witvliet e K. A. Phipps, *Psychol Sci*, vol. 12, 2001, pp. 117-23.

182 **um estudo de 2009 documenta a correlação entre perdão e depressão**: "Insecure Attachment and Depressive Symptoms: The Mediating Role of Rumination, Empathy, and Forgiveness", de J. L. Burnette, D. E. Davis et al., *Personality and Individual Differences*, vol. 46(3), fevereiro de 2009, pp. 276-80.

183 (seminário sobre perdão com foco na empatia): "Comparison of Two Group Interventions to Promote Forgiveness: Empathy as a Mediator of Change", de Stephen J. Sandage e Everett L. Worthington, *J Mental Health Couns*, vol. 32(1), janeiro de 2010, pp. 35-57.

183 **"Na minha opinião, foi limitante estarmos tão presos ao mundo material, tangível e mensurável, no que diz respeito a questões e buscas espirituais"**: Citação de Frederic Luskin em "Director of the Stanford Forgiveness Project Frederic Luskin Suggests Forgiving to Mediators", de Teresa Rose, *Examiner.com*, San Francisco, 4 de junho de 2010, vídeo. http://www.examiner.com/sf-in-san-francisco/director-of-the-stanford-forgiveness-project-frederic-luskin-suggests-forgiving-to-mediators-video.

184 **"a livre manifestação de uma emoção através de sinais exteriores faz com que esta se intensifique. Por outro lado, a contenção, tanto quanto possível, de qualquer sinal exterior, ameniza nossas emoções... Até mesmo a simulação de uma emoção pode despertá-la em nossas mentes"**: Esta citação é atribuída a Charles Darwin, *The Expression of Emotions in Man and Animals*, Londres: John Murray, 1872; veja também: *The Expression of Emotions in Man and Animals*, de Charles Darwin, Joe Cain e Sharon Messenger (eds.). Nova York: Penguin, 2009, p. xxviii.

184 **Um estudo de 1988, feito por pesquisadores da Universidade de Mannheim, na Alemanha, fez justamente isso**: "Inhibiting and Facilitating Conditions of the Human Smile: a Nonobtrusive Test of the Facial Feedback Hypothesis", de F. Stack, L. L. Martin, S. Stepper, *J Pers Soc Psychol*, vol. 54(5), maio de 1988, pp. 768-77.

185 **... estudos similares demonstram claramente que as emoções estimulam as expressões físicas e as expressões físicas estimulam as emoções**: Os estudos incluem: "Facial, Autonomic, and Subjective Components of Emotion: the Facial Feedback Hypothesis Versus Externalizer-Internalizer Distinction", de M. Zuckerman, R. Klorman, D. T. Larrance, N. H. Spiegel, *J Pers Soc Psychol*, vol. 41, 1981, pp. 929-44; "The Role of Facial Response in the Experience of Emotion", de R. Tourangeau e P. C. Ellsworth, *J Pers Soc Psychol*, vol. 37(9), setembro de 1979, pp. 1519-31; "Facial Efference and the Experience of Emotion", de Pamela K. Adelmann e R. B. Zajonc, *Ann Rev Psychol*, vol. 40, 1989, pp. 249-80.

185 **Iniciado pelo dr. Madan Kataria, um médico de Mumbai, na Índia, o primeiro clube do riso aconteceu em março de 1995, com apenas algumas pessoas**: "What is Laughter Yoga?" http://www.laughteryoga.org/index.php?option=com_content&view=article&id=180:what-is-laughter-yoga&catid=85:about-laughter-yoga&Itemid=265.

186 **As participações constantes em clubes do riso têm demonstrado melhoras de longo prazo na saúde física e emocional de várias maneiras**: "Laughter Lowers Blood Pressure", 21 de julho de 2008, http://www.laughteryoga.org/index.php?option=com_content&view=category&id=125&layout=blog&Itemid=275&limitstart=160.

187 "Será que temos medo do que iremos descobrir quando estivermos cara a cara com nós mesmos?": Citação de "Silence Please", de Susan Hill, *StandPoint Magazine*, junho de 2009, http://standpointmag.co.uk/silence-please-features-june-09-susan-hill.

187 "o silêncio é um solo rico e fértil no qual muitas coisas crescem e florescem...": ibid.

188 **Temos agora evidências científicas de que o contágio emocional...**: "Emotions as Infectious Diseases in a Large Social Network: the SISa Model", de Alison L. Hill, David G. Rand, Martin A. Nowaand, Nicholas A. Christakis, *Proc Biol Sci*, vol. 277(1701), 22 de dezembro de 2010, pp. 3827-35.

189 Essa é uma descoberta de um estudo publicado no *British Medical Journal* em 2008: ibid.

189 **Outra análise dos mesmos dados mostra que as emoções negativas são tão transmissíveis quanto as positivas... O mesmo acontece com a depressão**: Veja: *Depression Is Contagious: How the Most Common Mood Disorder Is Spreading Around the World and How to Stop It*, de Michael Yapko, Nova York: Free Press, 2009.

190 **Existem fortes evidências de que o poder da gratidão eleva o humor**: A discussão que se segue é da pesquisa de Robert Emmons. Veja: *Thanks! How Practicing Gratitude Can Make You Happier*, de Robert A. Emmons, Nova York: Houghton Mifflin Harcourt, 2007.

190 **... praticar o pensamento de gratidão regularmente pode melhorar em 25% seu ponto de ajuste de felicidade**: "Shiny Happy People: Can You Reach Nirvana with the Aid of Science?, de Brad Lemley, *Discover*, agosto de 2006, http://discovermagazine.com/2006/aug/shinyhappy.

191 **Em primeiro lugar, a gratidão é o reconhecimento das coisas boas na vida de uma pessoa...**: Emmons, op. cit., p. 4.

192 **O método mais usado em pesquisas sobre os efeitos da prática da gratidão é o "diário da gratidão"**: "Enhance Happiness and Health by Cultivating Gratitude: Interview with Robert Emmons, de Alvaro Fernandez, *SharpBrains*, 29 de novembro de 2007, http://www.sharpbrains.com/blog/2007/11/29/robert-emmons-on-the-positive-psychology-of-gratitude/.

193 **"Aquele que recebe com gratidão terá colheita farta"**: *The Complete Poetry & Prose of William Blake*, de William Blake, David V. Erdman, Harold Bloom, William Golding, Nova York: Anchor, ed. rev., 1997, p. 37.

Impresso nas oficinas da
SERMOGRAF - ARTES GRÁFICAS E EDITORA LTDA.
Rua São Sebastião, 199 - Petrópolis - RJ
Tel.: (24)2237-3769